Hans Gerd Rötzer

Literarische Texte verstehen und interpretieren

Eine Einführung für Schülerinnen und Schüler der Jahrgangsstufen 5 mit 10

Band II:

Gedichte
Balladen (Erzählgedichte)
ABC poetischer Grundbegriffe

MANZ VERLAG MÜNCHEN

Herausgegeben von Dr. Hermann Bendl

Die Deutsche Bibliothek – CIP-Einheitsaufnahme

Rötzer, Hans Gerd,
Literarische Texte verstehen und interpretieren: eine Einführung für Schülerinnen und Schüler der Jahrgangsstufen 5 mit 10 / Hans Gerd Rötzer. – München: Manz
Bd. 2. Gedichte. Balladen. ABC poetischer Grundbegriffe. – 2. Aufl. – 1995
ISBN 3-7863-0644-3

Manzbuch 644

6 5 4 3 2 1998 97 96 95

(Die jeweils letzte Zahl bezeichnet die Auflage bzw. das Erscheinungsjahr).

Umschlagentwurf und Illustrationen: Hans Limo Lechner, Erding
Satz und Layout: DTP Wizard Erding
Gesamtherstellung: Verlag und Druckerei G. J. Manz AG, München/Dillingen

Printed in Germany

ISBN 3-7863-0644-3

Inhaltsverzeichnis

Vorwort 6

1 Einführung 8

2 Interpretationen 18

2.1 Gedichte 18

2.1.1 Warum habe ich die Pflicht, einem Musterkind zu gleichen? 18

Katharina — Hans Manz 18
Leute — Günter Kunert 20
An einem Tag — Hanna Hanisch 22
Vom unordentlichen Max — Adolf Glassbrenner 24
Nachmittag — Peter Maiwald 26

2.1.2 Ich will euch singen und nicht lügen 29

Lügenmärchen 29
Die vertauschten Wörter 31
Verkehrte Welt 32
Das Nasobēm — Christian Morgenstern 33
Der Abend im Frack — Wolfgang Bächler 34

2.1.3 An den Mond 37

An den Mond — Johann Wolfgang von Goethe 37
Der Mond — Marie Luise Kaschnitz 40
Der Mond kommt jetzt sehr früh herauf — Georg Britting 43

2.1.4 Jahreszeiten 45

Vorfrühling — Hugo von Hofmannsthal 45
Kurzes Unwetter — Karl Krolow 48
Herbstlied — Friedrich Hebbel 50
Vereinsamt — Friedrich Nietzsche 51

2.1.5 Im Schatten der Hochhäuser 55

Natur — Ludwig Fels 55
Augen in der Großstadt — Kurt Tucholsky 57
Blauer Abend in Berlin — Oskar Loerke 60
Im Schatten der Hochhäuser — Jürgen Becker 61
Weg zum Bahnhof — Günter Eich 63

2.2 Balladen 66

Erlkönig — Johann Wolfgang von Goethe 66
Der Ring des Polykrates — Friedrich Schiller 72
Der Handschuh — Friedrich Schiller 81
Das Riesenspielzeug — Adalbert von Chamisso 87
Schelm von Bergen — Heinrich Heine 91
Das Lied vom braven Hund 96
John Maynard — Theodor Fontane 99
Kinderkreuzzug — Bertolt Brecht 103

3 ABC poetischer Grundbegriffe 111

Absolutes Gedicht (112) Akzent (112) Akzentvers (113) Alexandriner (114) Alkäische Strophe (115) Allegorie (116) Alliteration (117) Alternation (118) Anapäst (118) Anapher (118) Antithese (119) Asklepiadeische Strophe (120) Assonanz (121) Auftakt (121)

Bänkelsang (121) Ballade (123) Bild (124) Bildgedicht (124) Blankvers (127)

Chevy-Chase-Strophe (128) Chiffre (128)

Daktylus (129) Dinggedicht (130) Dingsymbol (131) Distichon (133)

Elegie (133) Emblem (134) Endreim (135) Enjambement (137) Epigramm (138) Erlebnislyrik (138) Erweiterter Reim (139) Erzählgedicht (139)

Figurengedicht (139) Freie Rhythmen (139) Freie Verse (141)

Gattung (141) Gedankenlyrik (142) Gedicht (143) Ghasel (144) Gleichnis (144) Groteske (145)

Hebung (147) Hexameter (148) Humor (148) Hymne (149) Hyperbel (150)

Ironie (150) Jambus (150)

Kadenz (151) Kehrrein (151) Kinderreime (151) Klapphornverse (152) Knittelvers (153) Kolon (154) Komik (156) Konkrete Poesie (157) Kreuzreim (157) Kunstballade (158)

Langvers (160) Lautmalerei (161) Leberreim (162) Lehrgedicht (163) Leitmotiv (163) Lied (163) Limerick (164) Lyrik (164) Lyrisches Ich (165)

Metapher (166) Metonymie (169) Metrik (170) Metrum (170) Montage (172) Moritat (174) Motiv (174)

Naturlyrik (174) Nibelungenstrophe (176) Nibelungenzeile (178) Nonsens-Gedichte (178)

Ode (182)

Paarreim (182) Parodie (183) Pars pro toto (184) Pentameter (184) Personifikation (184) Poesie (185) Poetik (185) Pointe (186) Politische Lyrik (187) Prosa (189) Prosa-Gedicht (189) Prosavers (191)

Refrain (191) Reim (193) Reiner Reim (195) Rhetorik (195) Rhythmus (196) Rollengedicht (198) Romanze (200) Romanzenstrophe (200)

Sapphische Strophe (200) Satire (201) Scherzgedicht (202) Schüttelreim (203) Schweifreim (204) Senkung (205) Sinnbild (206) Sinngedicht (206) Sonett (206) Stabreim (206) Stabreimvers (206) Stanze (207) Stil (207) Stimmungslyrik (208) Strophe (208) Symbol (209) Synästhesie (211) Synekdoche (211)

Terzine (212) Trochäus (213)

Umarmender Reim (213) Unreiner Reim (214)

Vergleich (214) Vers (215) Versfuß (216) Versmaß (216) Volksballade (217) Volkslied (219) Volksliedstrophe (220)

Waise (222)

Zäsur (222)

Quellenverzeichnis 223

Vorwort

Liebe Schülerinnen und Schüler!

Im zweiten Band der Reihe *Literarische Texte verstehen und interpretieren* behandle ich Gedichte und Balladen. Ich wollte diesen Band weder mit Musterinterpretationen überfrachten noch als reines Arbeitsbuch gestalten. Deshalb habe ich einen Mittelweg versucht.

Der Band hat drei Teile.

- Der erste Teil ist eine allgemeine Einführung, als erste Übersicht gedacht.
- Im zweiten Teil stelle ich euch Einzelinterpretationen vor. Zum ersten Einüben beginne ich mit leichten Texten. Dann folgen auch Texte, bei denen man etwas tiefer schürfen muß, um sie richtig zu verstehen.
- Der Schlußteil ist ein „ABC poetischer Grundbegriffe". Unter ungefähr 150 Stichwörtern mit vielen Beispielen ist die Vielfalt der Aspekte dargestellt, die bei einer Interpretation hilfreich sein können. Einleitend zu diesem ABC habe ich die Stichwörter unter Schwerpunkten zusammengefaßt, damit ihr euch besser orientieren könnt.

  - Gedicht, Lyrik, Poesie, Poetik
  - Ballade
  - Bild
  - Aussageabsicht
  - Rhetorische Mittel
  - Metrik
  - Vers
  - Reim
  - Strophe

Durch das ganze Buch laufen – mit dem Zeichen ↗ – Querverweise zu diesem ABC. Mit deren Hilfe könnt ihr im einzelnen jeweils genauer nachlesen, was in der Einführung oder bei den Interpretationen nur kurz angedeutet ist.

Das ABC ist nicht nur vom Umfang her der wichtigste Teil des Bandes. Es gibt euch auch das „Rüstzeug" für eigene Interpretationsversuche; es ist somit eine Art Leitfaden.

Mein Vorschlag:

- Lest erst einmal die Einführung durch. Begriffe, die euch nicht ganz klar sind, könnt ihr dabei schon im ABC nachschlagen.

- Als zweites könnt ihr euch durch dieses ABC anhand der Schwerpunktlisten auf der Seite 111 in die verschiedenen Interpretationswege einlesen. Dann werdet ihr auch die Interpretationen im zweiten Teil leichter verstehen.

Und wieder bitte ich euch, mir eure Erfahrungen mit dem Buch, eure Kritik und eure Vorschläge zu schreiben. Schickt sie an die Adresse des Verlags:

Manz Verlag
Anzinger Straße 15
81671 München

Ich wünsche euch viel Freude bei der Lektüre.

Hans Gerd Rötzer

1 Einführung

Was ist ein Gedicht? – Eine Frage, die sich nicht so einfach beantworten läßt.

„An einem frühen Morgen, lange vor Hahnenschrei, wurde ich geweckt durch ein Pfeifen und ging zum Fenster. Auf meinem Kirschbaum – Dämmerung füllte den Garten – saß ein junger Mann mit geflickter Hose und pflückte lustig meine Kirschen. Mich sehend, nickte er mir zu; mit beiden Händen holte er die Kirschen von den Zweigen in seine Taschen. Noch eine Zeitlang, als ich wieder in meiner Bettstatt lag, hörte ich ihn sein lustiges kleines Lied pfeifen."

Wenn ihr den Text lest, kommt ihr wahrscheinlich nicht gleich auf die Idee, daß sich hinter dieser kleinen Erzähl-Skizze ein ↗Gedicht verbergen könnte. Der Text stammt von Bertolt Brecht (1898 – 1956). Er hat ihn in der Originalfassung etwas anders angeordnet:

Der Kirschdieb

An einem frühen Morgen, lange vor Hahnenschrei
Wurde ich geweckt durch ein Pfeifen und ging zum Fenster.
Auf meinem Kirschbaum – Dämmerung füllte den Garten –
Saß ein junger Mann mit geflickter Hose
Und pflückte lustig meine Kirschen. Mich sehend
Nickte er mir zu; mit beiden Händen
Holte er die Kirschen von den Zweigen in seine Taschen.
Noch eine Zeitlang, als ich wieder in meiner Bettstatt lag
Hörte ich ihn sein lustiges kleines Lied pfeifen.

Gliederung in Zeilen

Beide Passagen stimmen im Wortlaut genau überein, – und trotzdem unterscheiden sie sich. Der erste Text ist fortlaufend in ↗Prosa geschrieben. Er hat ein anderes Druckbild als *Der Kirschdieb*. Dieser ist in Zeilen (vgl. ↗Vers) von unterschiedlicher Länge geschrieben. Die Gliederung in Zeilen richtet sich nicht nach der jeweiligen Länge der Sätze – das könnte ja auch ein Gliederungsschema für den Text sein –; vielmehr reichen die Sätze über die Zeilen hinaus oder enden innerhalb einer Zeile. Es muß der Gliederung also ein anderer „Plan" zugrundeliegen. Wenn ihr euch beide Texte laut vorlest, dann werdet ihr folgendes beobachten:

– Den Prosatext lest ihr Satz für Satz in Satzbögen. Der Punkt am Ende des Satzes bildet jeweils auch einen Sinn- und Sprechschluß; ihr geht mit der Stimme herunter und fangt mit dem nächsten Satz neu an. Innerhalb der Sätze gibt es leichte Tonabstufungen in der Sprechfolge und kurze gedankliche Einschnitte oder Pausen, die durch Satzzeichen markiert sind.

– Den Originaltext von Brecht werdet ihr versuchen ähnlich zu lesen. Aber: Ihr nehmt auch Rücksicht auf die Zeilenlänge und das Zeilenende. Und: Ihr lest die Zeilen nicht nur in einem Satzbogen; ihr unterscheidet zwischen betonten (vgl. ↗Hebung) und weniger betonten oder unbetonten (vgl. ↗Senkung) Silben.

Neben dem Satz- oder Sinnbogen gebt ihr auch auf den Wechsel von Hebung und Senkung acht; in der Senkung können eine oder zwei Silben stehen. Es überlagern sich sozusagen zwei Betonungsebenen:

An einem frühen Morgen, lange vor Hahnenschrei
x x́ x x́ x x́ x // x́ x x x́ x x́ //

Wurde ich geweckt durch ein Pfeifen und ging zum Fenster.
x́ x x́ x x́ x x x́ x // x x́ x x́ x //

Die Zahl der Hebungen wechselt im Originaltext zwischen fünf und sieben Hebungen; Zeilen mit fünf Hebungen – vor allem im Mittelteil – überwiegen. *Der Kirschdieb* hat also eine gewisse, wenn auch keine streng festgelegte metrische Struktur (vgl. ↗Metrum). Sie bildet das formale Gerüst für den Text, – neben der Gliederung in Zeilen. An diesen Rahmen ist der Text gebunden. Gedichte unterscheiden sich von der Prosa durch die „Gebundene Rede” (vgl. ↗Poesie, ↗Lyrik).

„Gebundene Rede”

Das Ineinanderfließen oder die Überlagerung von Satzbogen bzw. Satzmelodie und regelmäßigem Wechsel zwischen Hebung und Senkung gibt dem Gedicht seinen eigenen ↗Rhythmus. Die Sinn- und Sprechpausen, die einzelne Abschnitte im Redefluß voneinander abgrenzen (vgl. ↗Kolon), unterbrechen die metrische Gleichmäßigkeit, die eintönig wirken kann, – vor allem dann, wenn man sie „überbetont”.

Wie läßt sich nun aber der Satzbau, der seine eigene syntaktische Struktur hat – man kann auch in der Prosa nicht einfach Wort an Wort reihen –, mit dem metrischen Gerüst, mit der gleichmäßigen Abfolge von Hebung und Senkung bzw. Senkungen verbinden? Schaut euch noch einmal Brechts Gedicht an:

Satzbau und Versbau

An einem frühen Morgen, lange vor Hahnenschrei
Wurde ich geweckt durch ein Pfeifen und ging zum Fenster.

Könnte es nicht auch heißen:

Ich wurde an einem frühen Morgen, lange vor Hahnenschrei,
Durch ein Pfeifen geweckt und ging zum Fenster.

Grammatikalisch wäre der Satz in dieser Gestalt sogar näher am „gewohnten" Satzbau, aber er ließe sich nicht so sprechen und betonen wie in dem Gedicht.

Und pflückte lustig meine Kirschen. Mich sehend
Nickte er mir zu, mit beiden Händen
Holte er die Kirschen von den Zweigen in seine Taschen.

Könnte es nicht auch heißen:

Und pflückte lustig meine Kirschen. Als er mich sah,
Nickte er mir zu, mit beiden Händen
Holte er die Kirschen von den Zweigen in seine Taschen.

Die Verse im Mittelstück des Gedichts haben durchgehend weibliche Endung (vgl. ↗Kadenz). Die Formulierung „Als er mich sah" würde aus dem Rahmen fallen, da durch sie der Vers männlich endet.

Ein Gedicht setzt die Grammatik nicht außer Kraft, aber es wagt Formulierungen, die in der Alltagssprache unüblich sind.

Gehobene Ausdrucksweise

In der dritten Zeile des Gedichtes *Der Kirschdieb* heißt es: „Dämmerung füllte den Garten". Würdet ihr in einem Bericht oder in einer Erzählung so schreiben? Wahrscheinlich stünde in eurem Text: „Der Garten lag noch im morgendlichen Dunkel" – oder einfach: „Es war noch dunkel". Brecht wählt eine gehobene Ausdrucksweise; statt der farblosen Verben „liegen" oder „sein" wählt er das Verbum „füllen". Auch in Goethes berühmtem Gedicht *An den Mond* (↗S. 37) lauten die Eingangsverse:

Füllest wieder Busch und Tal
Still mit Nebelglanz, [...].

Beim lauten Lesen werdet ihr merken, daß der eingeschobene Satz einen daktylischen (vgl. ↗Daktylus) Rhythmus hat:

„Dämmerung füllte den Garten"
x́ x x x́ x x x́ x

In Brechts Gedicht sind diese poetischen Mittel sparsam eingesetzt; es ist rhythmisierte Prosa.

Was kann alles zu einem Gedicht gehören?

Wenden wir uns einem anderen Gedicht zu. Sein Autor, Joseph von Eichendorff, lebte von 1788 bis 1857.

Nachts

Ich stehe in Waldesschatten
Wie an des Lebens Rand,
Die Länder wie dämmernde Matten,
Der Strom wie ein silbern Band.

Von fern nur schlagen die Glocken
Über die Wälder herein,
Ein Reh hebt den Kopf erschrocken
Und schlummert gleich wieder ein.

Der Wald aber rühret die Wipfel
Im Traum von der Felsenwand,
Denn der Herr geht über die Gipfel
Und segnet das stille Land.

Diesen Text werdet ihr sofort ein Gedicht nennen. Warum wohl?

- Der Text ist nicht nur nach Zeilen angeordnet, sondern die Zeilen haben auch eine gewisse Länge, die sich regelmäßig wiederholt.
- Die Verszeilen haben durchgehend drei Hebungen; sie enden abwechselnd männlich und weiblich.
- Der Text ist in drei gleichgroße und gleichgebaute ↗Strophen gegliedert.
- Die Versen reimen (vgl. ↗Reim, ↗Endreim) nach dem Schema a b a b (vgl. ↗Kreuzreim).
- Selbst wenn man das Gedicht fortlaufend wie einen Prosatext schreibt, sind die Verseinschnitte und das sich wiederholende ↗Versmaß beim lauten Lesen nicht zu überhören. Das Gedicht hat einen eigenen Rhythmus.

Dies sind zunächst nur die *formalen Kriterien*. Es ist aber auch noch anderes zu beobachten:

- Das Gedicht fängt eine Stimmung ein: „Nachts". Die Stimmung wird von einem Ich (vgl. ↗Lyrisches Ich) beschrieben.
- Die Beschreibung ist aber keine reine Naturbeobachtung. Schon in der ersten Strophe heißt es:

  Ich stehe in Waldesschatten
  Wie an des Lebens Rand.

  Ein Naturbild wird mit dem Menschenbild verglichen (vgl. ↗Vergleich). Das Naturbild ist nur ein Anlaß, um über etwas ganz anderes nachzudenken. Die letzten Zeilen des Gedichts lauten:

  Denn der Herr geht über die Gipfel
  Und segnet das stille Land.

  Dies ist keine Wiedergabe von Geschautem, es ist ein Bild in einem übertragenen Sinne (vgl. ↗Metapher). An anderer Stelle erhält die Natur sogar menschliche Züge (vgl. ↗Personifikation):

  Der Wald aber rühret die Wipfel
  Im Traum von der Felsenwand.

  „Traum" oder „träumen" gehören in den menschlichen Bereich. Oder es werden, um etwas zu verdeutlichen, um etwas im Stimmungsbild zu veranschaulichen, Vergleiche aneinandergereiht:

  Die Länder wie dämmernde Matten,
  Der Strom wie ein silbern Band.

- Auch in der Alltagssprache sprechen wir manchmal in Bildern, aber weitaus nicht so häufig und in so poetischen, stimmungsvollen Bildern. Die dichte Folge der Bilder hebt die lyrische Sprechweise von der Alltagssprache ab.

Diese Beobachtungen will ich im folgenden etwas vertiefen.

Vers

Schon in dem ↗Prosa-Gedicht *Der Kirschdieb* konntet ihr sehen, daß die Gliederung eines Textes in Zeilen ein erstes, noch sehr allgemeines Merkmal für ein Gedicht ist. Wenn die Zeilen sich in einer regelmäßigen Anordnung wiederholen, wenn man ein übergeordnetes Bauprinzip erkennt, dann spricht man von ↗Versen.

Versmaß

Wie kann die Anordnung oder das Bauprinzip der Verse aussehen? In der Antike „maß" man einen Vers nach der Länge und Kürze der Silben und nach der Reihenfolge, wie die Längen und Kürzen sich abwechselten. In den romanischen Sprachen wird ein Vers nach der Anzahl der Silben benannt (Elfsilber usw.). Im deutschen Versbau ist der ↗Akzent bestimmend; die Verse werden nach der Anzahl der betonten Silben (vgl. ↗Hebung) charakterisiert (Fünfheber usw.). Die Füllung der ↗Senkungen mit unbetonten Silben wird im Deutschen sehr frei gehandhabt. Wenn aber die Kombination von Hebung und Senkung oder Senkungen eine gewisse Regelmäßigkeit aufweist, dann spricht man in Anlehnung an die antike Verslehre von jambischen (vgl. ↗Jambus), trochäischen (vgl. ↗Trochäus) oder daktylischen (vgl. ↗Daktylus) Versen (z.B. jambischer Dreiheber).

Reim

„Das reimt sich ja nicht einmal." So oder so ähnlich wird manchmal über einen Gedichttext geurteilt, wenn die Verse reimlos (vgl. ↗Reim) sind. Dabei ist der Reim gar kein unerläßliches Merkmal für ein Gedicht, für einen Text in Versen. Dies gilt besonders für den ↗Endreim. Die Antike kannte den Endreim nicht; er taucht erst im Mittelalter auf. Die Reimform der germanischen Dichtung war der Anfangsreim (vgl. ↗Stabreim); mehrere Wörter innerhalb einer Verszeile stimmten im Anlaut überein. Wir sagen heute noch: Haus und Hof – klipp und klar (vgl. auch ↗Alliteration). Eine „Übergangsform" zum Endreim – sie kommt aus der romanischen Dichtung – ist der regelmäßige Wechsel von betontem und unbetontem, von männlichem und weiblichem Versausgang (vgl. ↗Kadenz). Der Endreim entsteht durch den Gleichklang von mindestens zwei Versenden; in diesen Gleichklang muß der Vokal der letzten betonten Silbe eingeschlossen sein:

Einst waren wir alle im glücklichen G*arten*
ich weiß nicht mehr, vor welchem H*aus*,
wo wir die kindliche Stimme sp*arten*
Für Gras und Amsel, Kamille Str*auß*. [...]

(P. Huchel *Der glückliche Garten*, Anfang)

Die *Reimkombination* bietet viele Möglichkeiten, vom einfachen ↗Paarreim (aa bb) über den ↗Kreuzreim (ab ab) und ↗Umarmenden Reim (abba) bis zum ↗Schweifreim (aab ccb) und zu kunstvollen Strophenreimen. Dies könnt ihr alles im dritten Teil dieses Bandes, im „ABC poetischer Grundbegriffe" (S. 111ff.) genauer nachlesen. Der Endreim gibt einem Gedicht von Strophe zu Strophe einen gewissen Gleichklang, da die Struktur der Reimfolge sich wiederholt. Ob das Reimschema ein reines Wortgeklingel ist oder ein virtuoses, kunstreiches Spiel, das dem Inhalt und der Stimmung des Gedichtes dient, dies hängt davon ab, wie unaufdringlich sich die Reimfolge in die Gesamtposition des Gedichts einfügt und ihr ihre eigene „Melodie" gibt.

Strophe

Die ↗Strophe ist eine Anordnung von Versen, die sich in einem Gedicht nach einer bestimmten, erkennbaren Gliederung regelmäßig wiederholt. Es gibt kurze Strophen (Zweizeiler oder Vierzeiler) und lange Strophen (z.B. Achtzeiler). Innerhalb eines Gedichtes sind verschiedene Kombinationen möglich. Der durchgehend gleiche Strophenbau ist die häufigste Strophenform (vgl. ↗Nibelungenstrophe, ↗Volksliedstrophe). Die antiken Strophenformen zeichnen sich durch eine sehr kunstvolle Binnenstruktur aus, die im Deutschen nur schwer nachzuahmen ist (vgl. ↗Alkäische, ↗Asklepiadeische, ↗Sapphische Strophe).

In modernen Gedichten wird der Strophenbau sehr frei gehandhabt. Oft sind die Strophen nur noch Sinnabschnitte unterschiedlicher Versgestalt und Länge, ohne eine feste Strophenstruktur.

Gedicht

Ein ↗Gedicht kann vom Aufbau her unterschiedlich strukturiert sein:
- Die Verse sind nicht zu Strophen angeordnet. Das Gedicht besteht sozusagen aus einer einzigen Strophe; Vers reiht sich an Vers.
- Das Gedicht besteht aus verschieden langen Strophenabschnitten (vgl. ↗Freie Rhythmen). Die Untergliederung ist eher durch den Inhalt, als durch ein festes Strophenschema bedingt.
- Ein Gedicht ist nach einem festen Strophenschema gebaut, das sich regelmäßig wiederholt. Dies ist die häufigste Gedichtform (vgl. ↗Volkslied).
- In einem Gedicht werden verschiedene Strophenstrukturen verwendet, die nach einem Gesamtplan angeordnet sind. Im ↗Sonett folgen z.B. auf zwei Vierzeiler zwei Dreizeiler, die untereinander durch ein übergreifendes Reimschema verbunden sind.

Sinn und Form

Dies alles – Vers, Versmaß, Reim, Strophenbau und Gesamtplan – macht noch kein Gedicht aus; es ist nur das „Fachwerk“, aus dem erst durch sprachliche Ausgestaltung, durch die Sprachbilder, durch die Aussageabsicht und durch den Inhalt ein lyrischer Text, ein Gedicht entsteht. Ein Gedicht ist mehr als das strukturelle Regelinventar, das ihm zugrundeliegt. Die Qualität eines Gedichtes ist seine Individualität, seine unverkennbare Eigenart. Zu ihr gehört mehr als nur die Beherrschung der Form.

Dazu als Beispiel zwei Gedichtausschnitte:

Herr! schicke, was du willt,
Ein Liebes oder Leides;
Ich bin vergnügt, daß beides
Aus deinen Händen quillt.

(Eduard Mörike)

Herr, der du alles wohlgemacht!
Ich will nichts, was nicht du willst schenken.
Du machst es nicht, wie wir's gedacht;
Du machst es besser, als wir's denken.

(Friedrich Rückert)

Mörike und Rückert gestalten ein und dasselbe Thema. Beide Lyriktexte haben eine klar erkennbare Struktur. Bei Mörike ist es der jambische Dreiheber mit Umarmendem Reim und Kadenzwechsel. Bei Rückert ist es der jambische Vierheber mit Kreuzreim und Kadenzwechsel. Aber wie schwerfällig wirken Rückerts gedankenträchtige Zeilen gegenüber der „vergnügten" Gottergebenheit Mörikes! Während Rückert seine Sätze gleichförmig in das Versmaß einbettet, legt Mörike über das vorgegebene Versmaß einen eigenen Sprechrhythmus (vgl. ↗Rhythmus), der die Gleichförmigkeit der Verse aufhebt und über das Zeilenende hinausspringt (vgl. ↗Enjambement). Was Rückert gedanklich erklärt, faßt Mörike in ein anschauliches Bild zusammen:

Ich bin vergnügt, daß beides
Aus deinen Händen quillt.

Rhythmus und Metrik

Der deutsche Vers ist ein ↗Akzentvers (vgl. auch ↗Akzent); d.h. das Gliederungsprinzip des Versmaßes – und im weiteren Sinn: der ↗Metrik – ist die geordnete Abfolge von betonten und unbetonten Silben, von Hebungen und Senkungen. Würde man nur auf diese metrische Zweiteilung achten, könnte im Redefluß sehr schnell eine lähmende Gleichförmigkeit entstehen. Aber auch in der Alltagssprache ist Betonung nicht gleich Betonung; es gibt viele „Abtönungen". Wir sprechen die Sätze in Betonungsbögen, wir geben den Sätzen eine Melodie. Wir setzen mit dem Sprechen ab, machen eine Pause und beginnen neu. Wir sprechen nicht in gleichmäßiger Redegeschwindigkeit, wir wechseln das Tempo dem Sinn entsprechend. Und so weiter.

Auch in der Alltagssprache spielen wir sehr frei auf der Klaviatur der Satzmuster. Warum sollte dies bei einem lyrischen Text anders sein? Nur: Bei einem Gedicht kommt zu den Satzmustern auch noch die Struktur in Takten – wie bei einem Musikstück –. Diese Taktstruktur ist das Versmaß und der Strophenbau. Wie in einem Musikstück auf der Grundstruktur der Takte sehr verschiedene Melodieführungen und Tempi möglich sind, so auch im Gedicht auf der Grundstruktur der Metrik. Dieses freie Spiel ist im Gedicht der ↗Rhythmus; er lockert die metrische Strenge auf und gibt dem Gedicht einen eigenen „Ton". Dies könnt ihr an den kurz vorher genannten Beispielen von Mörike und Rückert sehr leicht überprüfen. Und noch eins: Wie wir in der Alltagssprache und in der ↗Prosa ganz allgemein die von der Grammatik vorgegebenen Grundmuster der Sätze variieren, um etwas hervorzuheben oder zu betonen, so geschieht dies auch im Gedicht mit Rücksicht auf das Versmaß und den Rhythmus.

Bildliches Sprechen ist ein Sprechen in ↗Vergleichen. Ein Gedanke oder eine Stimmung, die sich der unmittelbaren Anschauung entziehen, werden in ein ↗Bild gekleidet. Das Bild meint nicht sich selbst, es steht für etwas anderes, das es sinnenhaft veranschaulichen will. Besonders reich ist die Bildlichkeit in Gedichten; Bildlichkeit
sie ist geradezu charakteristisch für diese literarische ↗Gattung. Was umständlich erläutert und beschrieben werden müßte, wird so mit einem Blick im übertragenen Sinne (vgl. ↗Metapher) erfaßt. Lebloses oder nur Denkbares wird belebt (vgl. ↗Personifikation, ↗Allegorie). Ausführlich könnt ihr darüber im dritten Teil „ABC poetischer Grundbegriffe" (S. 111ff.) unter weiteren Stichwörtern nachlesen: ↗Chiffre, ↗Dingsymbol, ↗Emblem, ↗Gleichnis, ↗Hyperbel, ↗Metonymie, ↗Pars pro toto, ↗Sinnbild, ↗Symbol, ↗Synästhesie.

Vielfach ist zu lesen, daß die ↗Lyrik die subjektivste literarische Gattung sei. Dies stimmt nicht generell, besonders mit Blick auf die moderne Lyrik und auf die ↗Erzählgedichte; es ist aber ein hilfreicher Einstieg. Nicht selten spricht in einem Gedicht ein Ich; es scheint sich unmittelbar zu äußern, seine Stimmungen und Gefühle wiederzugeben und die Welt aus seiner Perspektive zu sehen. Dieses ↗Lyrische Ich, wie man es nennt, ist aber nicht mit Subjektivität
dem Autor identisch – muß es zumindest nicht sein –; es ist eine Kunstfigur, in die auch der Leser sich versetzen kann, wenn ihn die Stimmung und der Inhalt des Gedichtes ansprechen. In diesem Sinne sind Gedichte persönlicher als Dramen oder Romane; die Distanz zum Dargestellten ist geringer. Man darf aber bei der Interpretation nie vergessen, daß dieses Lyrische Ich eben nur eine Kunstfigur ist, in der das Allgemeine konkret wird. Neben diesen anscheinend persönlichen Gedichten gibt es aber auch Gedichte, in denen kein „Sprecher" auftaucht oder in denen der „Sprecher" sich zumindest zurückhält und das Erzählte in den Vordergrund tritt; z.B. in der ↗Ballade und ihr verwandten Formen. Das Spektrum der Lyrik ist sehr breit; es reicht vom ↗Erlebnisgedicht bis zur ↗Montage und zum ↗Absoluten Gedicht, vom Stimmungsbild bis zur dramatischen Szene.

Dies möge zur Einführung genügen. Es folgen nun Einzelinterpretationen von Gedichten und Balladen. Den Schlußteil bildet ein „ABC poetischer Grundbegriffe" mit vielen Beispielen. Es soll euch das „Rüstzeug" für eigene Interpretationsversuche bereitstellen.

2 Interpretationen

2.1 Gedichte

2.1.1 Warum habe ich die Pflicht, einem Musterkind zu gleichen?

Katharina **Hans Manz**

Katharina, Katharine
schrieb auf einer Schreibmaschine
nachts um zwölf, als alles schlief,
an die Eltern diesen Brief:
Sagt mir einmal, warum dürfen
große Leute Suppe schlürfen?
Warum dürfen sie laut gähnen,
warum stochern sie in Zähnen,
weshalb dürfen sie in Ohren
mit dem kleinen Finger bohren?
Warum darf ich's aber nicht?
Warum habe ich die Pflicht,
einem Musterkind zu gleichen
Fragezeichen

Das Gedicht ist schon durch das Druckbild und die unterschiedliche Schrift in zwei Teile gegliedert:

- Katharina setzt sich nachts an die Schreibmaschine, um ihren Eltern zu schreiben.
- Der Brief an die Eltern, in dem sie fragt, warum Erwachsene all das tun dürfen, was einem Kind verboten wird, und warum sie ein Musterkind sein muß. Es ist eine bezeichnende Situation, daß Katharina nachts einen Brief an die Eltern schreibt. Sie redet nicht unmittelbar mit den Eltern über ihre Probleme. Vielleicht hat sie Angst, daß sie mit ihren Fragen nicht durchkommt, daß sie überrannt wird, daß man sie nicht in Ruhe zu Wort kommen läßt. Der Brief gibt ihr die Möglichkeit, ihre Gedanken auszuformulieren . Der Brief ist ein Notruf an die Adresse der Erwachsenen, die von Kindern mehr fordern als sie selbst zu tun gewillt sind.

Wer über andere urteilt, wie sie sich verhalten sollen, der muß mit seinen Vorstellungen bei sich selbst anfangen. Das ist eine einfache Regel. Katharina sieht einen Unterschied zwischen dem, was die Erwachsenen von ihr – d.h. von Kindern – fordern, und dem eigenen Verhalten der Erwachsenen. Dieses zweierlei Maß will ihr – und vielen Kindern – mit Recht nicht einleuchten. Die Eltern kommen in dem Gedicht nicht zu Wort, aber aus Katharinas Fragen ist zu entnehmen, wie sich die Eltern ein „gutes" Kind, ein „Musterkind" vorstellen und wünschen. Die Fragen, die Katharina stellt, sind nur Beispiele für die Widersprüche, die sie beobachtet. Katharina macht niemandem Vorwürfe, sie will nur Antworten auf ihre Fragen. Sie möchte grundsätzlich wissen, warum im Verhalten zwischen Erwachsenen und Kindern ein Unterschied gemacht wird, warum die Erwachsenen Verbote aufstellen, die sie selbst nicht befolgen. Der Brief ist eine Bitte um ein Gespräch. Die Eltern sollen sich mit Katharina und ihren Problemen beschäftigen; denn „Suppe schlürfen", „laut gähnen", in Zähnen „stochern", sich in den Ohren „bohren", – das sind ja nur kleine Äußerlichkeiten. Katharinas Fragen gehen viel tiefer.

Wahrscheinlich hat Katharina den Brief so nicht geschrieben. Hans Manz (geb. 1931) hat aus Katharinas Geschichte ein Gedicht gemacht. Es ist in ↗Versen geschrieben, die einen ↗Paarreim haben. Jeder Vers – mit Ausnahme der Schlußzeile – hat vier Hebungen; er besteht aus vier ↗Trochäen:

Katharina, Katharine
x́ x x́ x x́ x x́ x
schrieb auf einer Schreibmaschine ...
x́ x x́ x x́ x x́ x

Das „Fragezeichen" am Schluß ist nicht nur um des ↗Reimes willen ausgeschrieben. Der Schlußvers ist nur ein halber Vers. Die zweite Hälfte fehlt; es ist die Lücke für die (noch) fehlende Antwort auf Katharinas Fragen.

Leute

Günter Kunert

Kleine Leute, große Leute
gab es gestern, gibt es heute,
wird es sicher immer geben,
über, unter, hinter, neben

dir und mir und ihm und ihr:
Kleine, Große sind wie wir.
Größer als ein großer kann
aber sein ein kleiner Mann.

Klein und groß sagt gar nichts aus,
sondern nur, was einer draus
für sich selbst und alle macht.
Darum habe darauf acht:

Wer den andern hilft und stützt
und sich nicht nur selber nützt,
hat das richtige Format –
ob ein Zwerg er oder grad,

lang wie eine Latte ist,
oder einen Meter mißt:
Kleine Leute, große Leute,
gab es gestern, gibt es heute.

Anfang und Ende der Geschichte lauten gleich:

> Kleine Leute, große Leute,
> gab es gestern, gibt es heute.

Die Kernaussage steht in der Mitte:

> Klein und groß sagt gar nichts aus,
> sondern nur, was einer draus
> für sich selbst und alle macht.

Das Gedicht ist symmetrisch aufgebaut. In der ersten und zweiten Strophe werden die landläufigen Meinungen über „große Leute" in Frage gestellt. In der vierten und fünften Strophe stehen die Antworten; sie unterstreichen die Aussage der Mittelstrophe, der dritten Strophe: „Groß" ist, wer nicht nur an sich selbst denkt, sondern „den andern hilft und stützt".

Das Gedicht besteht aus fünf Strophen zu je vier Zeilen. Die ➚Verse sind aus vier ➚Trochäen gebaut, sie haben ➚Paarreim mit weiblichem und männlichem Schluß (vgl. ➚Kadenz). Diese Strophenform gehört zu den Grundmustern der ➚Volksliedstrophe; sie kommt auch im ➚Bänkelsang vor.

In der Sprache fällt die Doppelung und Reihung auf:

Kleine Leute, / große Leute Gab es gestern, / gibt es heute	Doppelung der Satzteile
– – –	
über, unter, hinter, neben dir und mir und ihm und ihr:	Reihung von Präpositionen und Pronomina

Günter Kunert (geb. 1929) erreicht durch die Doppelung und Reihung, daß die Aussage des Gedichts noch deutlicher, noch eindringlicher wird. Der Satzbau paßt sich durch Umstellung dem ➚Metrum der Verse und dem ➚Rhythmus an. Zwischen Strophe eins und zwei und zwischen Strophe vier und fünf geht der Satzbau über das Strophenende hinaus; er verbindet die auch gedanklich zusammenhängenden Strophen. Auch innerhalb der Strophen geht der Satzbau über die einzelne Verszeile hinaus (vgl. ➚Enjambement):

Größer als ein Großer kann aber sein ein kleiner Mann.	Enjambement, Zeilensprung

An einem Tag

Hanna Hanisch

Axel und ich auf dem Schulhof
brüten im Schwitzkasten.
Riß in der Hose,
Dreck im Gesicht.
Axel heult.
Ich pfeife vor Wut.

Zu Hause: Wie siehst du aus?
Hast du schon wieder ...
Daß du mir nie mehr mit dem da,
marsch, in die Küche!

Am Telefon streiten sie:
Axels Vater und meiner.

Axel und ich auf der Mauer
tauschen postfrisch und gestempelt
Polen gegen Uruguay –
Max und Moritz gegen Apollo acht.
Axel grinst.
Ich pfeif mir eins.

Telefonieren die immer noch?

Der Text besteht aus vier Szenen:

- Auf dem Schulhof
  Zwei Jungen raufen miteinander. Sie und ihre Kleider sehen übel aus.
- Zu Hause bei dem einen Jungen
  Die Eltern verbieten ihm, mit dem andern noch einmal zu spielen. Zur Strafe muß er in die Küche.
- Am Telefon
  Die Väter streiten sich; sie führen den Streit der Jungen auf ihrer Ebene weiter.
- Die Jungen auf der Mauer
  Sie haben den Streit schon längst wieder vergessen und tauschen Briefmarken aus: „Axel grinst. / Ich pfeife mir eins." Aber am Telefon läuft der Streit der Väter noch weiter. Darüber wundern sich die Jungen.

Die Handlung spielt auf zwei Ebenen:

- Eine übliche Rauferei unter Jungen; sie kann nur nicht vor den Eltern verborgen werden: „Riß in der Hose / Dreck im Gesicht." Aber der Streit ist schnell wieder vergessen; keiner trägt dem andern etwas nach. Beide wundern sich eher, warum die Eltern sich nun in die Haare kriegen und sich am Telefon beschimpfen.

- Bei den Erwachsenen geht es grundsätzlicher zu. Sie fragen nicht, warum die Kinder sich gerauft haben. Sie haben auch kein Verständnis dafür, daß dabei manchmal die Fetzen fliegen. Sofort ist auf beiden Seiten jeweils der andere Junge an dem Streit schuld. Man könnte meinen, die Väter machen die Rangelei der beiden Jungen zu ihrer eigenen, sehr ernsten Sache.

Entlarvend ist die Formulierung: „mit dem da". Dahinter steckt ein Vorurteil, das häufig zu hören ist: Mein Junge macht so etwas nicht, aber dem da ist alles zuzutrauen. Man weiß ja, wer seine Eltern sind.

Die Kinder sind einfach wütend – vielleicht, weil die Hose zerrissen ist, weil sie schon ahnen, was sie zu Hause erwartet; aber sie vergessen den Anlaß schnell wieder, sie haben keine gegenseitigen Vorurteile, sie hatten nur mal eine Auseinandersetzung. Und damit Schluß.

Ist diese Szenenfolge nun ein *Gedicht*? Sie hat keinen ↗Reim, keine feste Strophenform (vgl. ↗Strophe). Aber: Sie ist nach unterschiedlich langen Zeilen (vgl. ↗Vers) und nach Abschnitten gegliedert. Die einzelnen Zeilen sind Sinnabschnitte mit Pausen (vgl. ↗Kolon) im rhythmischen (vgl. ↗Rhythmus) Redefluß. Es ist ein Text, der durch Betonungsfolgen (vgl. ↗Akzent) und Zeilenanordnung strukturiert ist, – und zwar anders als in einer Erzählung (vgl. ↗Prosa):

Axel und ich auf dem Schulhof
x́ x x x́ x x x́ x — drei ↗Hebungen

brüten im Schwitzkasten.
x́ x x x́ x x — zwei Hebungen

Riß in der Hose,
x́ x x x́ x — zwei Hebungen

Dreck im Gesicht.
x́ x x x́ — zwei Hebungen

Axel heult.
x́ x x́ — zwei Hebungen

Ich pfeife vor Wut.
x x́ x x x́ — zwei Hebungen

Hanna Hanisch (geb. 1923) ist in ihrem Erzähl-Stenogramm zwar sehr frei mit den „Regeln" der gebundenen Rede (vgl. ↗Poesie) umgegangen, aber sie hat den Text nach Elementen der gebundenen Rede strukturiert (vgl. dazu ↗Freie Rhythmen).

Vom unordentlichen Max

Adolf Glassbrenner

I

Max war sehr unordentlich.
Seine Sachen legt er sich
Nie zurecht, nie abends nett
Seine Kleider vor das Bett.

II

Nichts, nichts lag an seinem Ort,
Ausgestreut lag's hier und dort.
Hier der eine Strumpf, bei Seite
Auf der Erde lag der zweite.

III

Hinter'm Ofen lag ein Schuh,
Seine Höschen auch dazu,
Und der and're Schuh, er stand,
Wo der Rock lag, an der Wand.

IV

Aber seht nur, Kinder, seht,
Wie es ihm des Morgens geht!
Vater nimmt die Kleider bunt,
Zieht sie an dem großen Hund!

V

Zieht ihm an den Rock so warm,
Und die Hos', und unterm Arm
Steckt er ihm die Mappe. Ah!
Max steht noch im Hemde da!

VI

Und was will der Vater nun,
Was der kleine Max soll tun?
In die Schule muß der Max
Gehen mit dem Hunde stracks.

VII

Seht nur den Max Liederlich
In dem Hemd! Wie schämt er sich!
Doch der Hund geht stolz einher,
Als ob er ein Schüler wär'!

Adolf Glassbrenner (1810 – 1876) erzählt, wie der Vater auf lustige Weise versucht, seinem Sohn die Unordentlichkeit abzugewöhnen. Er tut dies nicht mit erhobenem Zeigefinger, sondern setzt der Unordnung noch eins drauf. Er zieht die herumliegenden Kleider dem Hund an, und Max muß im Hemd in die Schule gehen, zum Gespött seiner Kameraden.

Die Leser sind das Publikum bei dieser Aktion; sie werden direkt angesprochen: „Aber seht nur, Kinder, seht, / wie es ihm des Morgens geht!" Die einzelnen ↗Strophen könnten als Begleittext unter Bildern stehen, auf denen alles zu sehen ist, was erzählt wird (vgl. ↗Bänkelsang).

Die Geschichte „Vom unordentlichen Max" gliedert sich in drei Szenen:

Strophe I bis III
    Das Zimmer des unordentlichen Max am Abend
Strophe IV und V
    Der Vater zieht am Morgen dem Hund die Kleider an.
Strophe VI und VII
    Max muß ohne Kleider in die Schule gehen.

Die Strophen bestehen aus vier trochäischen Vierhebern (vgl. ↗Trochäus, ↗Hebung) mit ↗Paarreim. Die Sätze sind meist kurz. Die Wortstellung ist dem Versbau und dem ↗Versmaß untergeordnet. Zum Beispiel:

Und der and're Schuh, er stand ...
Vater nimmt die Kleider bunt ...
Zieht ihm an den Rock so warm ...

Manchmal wird die natürliche Satzbetonung etwas gewaltsam in das Korsett des Versmaßes gezwängt:

Max war sehr unordentlich.
x́ x x́ x x́ x x́

statt

x́ x x́ x́ x x x́

Dies alles ist typisch für den volkstümlichen ↗Knittelvers.

Nachmittag

Peter Maiwald

I

Paul liegt im tiefen Gras
und sieht den hohen Himmel.
Miels Anna bräunt ihr Blaß.
Fred reitet einen Schimmel.

II

Pesch Erwin gräbt nach Gold.
Max liegt in Erdbeerfeldern.
Pits Seifenkiste rollt.
Heinz schleicht in Urwaldwäldern.

III

Ed geht per Schiff davon.
Ernst sitzt auf Bergen Kandis.
Fritz macht die Expedition
zur fernen Stadt Atlantis.

IV

Das ist doch gar nicht wahr!
Halt's Maul! Nicht unterbrechen!
Gut tut im Februar
vom Sommer warm zu sprechen.

Das Gedicht von Peter Maiwald (geb. 1946) beginnt mit einer unverfänglichen Feststellung:

Paul liegt im tiefen Gras
und sieht den hohen Himmel.

Auch die nächsten Aussagen klingen noch wahrscheinlich. In der zweiten Strophe ist dann schon Wahrscheinliches mit Unwahrscheinlichem vermischt:

- nach Gold graben
- in Erdbeerfeldern liegen
- Seifenkisten fahren
- in Urwäldern schleichen

In der dritten Strophe entlarven sich die Aussagen offen als phantastische Wunschträume:

- auf einem Berg Kandis sitzen
- die sagenhafte Stadt Atlantis suchen

Man könnte meinen, Paul denkt sich dies für die andern alles aus. Die vierte Strophe gibt die Lösung:

Gut tut im Februar
vom Sommer warm zu sprechen.

Dieser Satz ist der Vergleichspunkt (vgl. ↗Vergleich) für das vorher Gesagte:

So wie man im Februar vom Sommer träumt, kann man sich auch anderes ausdenken oder davon träumen. Von diesem Schlußsatz aus läßt sich das ganze Gedicht aufrollen:

> Zunächst träumt Paul vom Sommer, wie er im Gras liegt und in den blauen Himmel blickt. Dann allmählich beginnt das Spiel der Phantasie; Paul denkt sich für seine Freunde immer Abenteuerlicheres aus.

Anfang und Ende des Gedichts beziehen sich aufeinander. Der Schluß erklärt die tatsächliche Ausgangssituation. Dazwischen stehen in steigender Linie die Aussagen vom Wahrscheinlichen zum Unwahrscheinlichen und nicht Möglichen:

Strophe I		1		
		2	Paul im Gras.	
		3	Inge bräunt sich.	
		4	Fred reitet.	
Strophe II		1	Erwin gräbt nach Gold.	
	Das	2	Max im Erdbeerfeld	Steigende Linie
		3	Pits Seifenkiste	
	Ende	4	Heinz im Urwald	von durchaus
	erklärt			möglichen Szenen
Strophe III		1	Ed auf Schiff davon	
	den	2	Ernst auf Bergen Kandis	zu phantastischen
		3	Fritz nach Atlantis	
	Anfang.	4		Wunschträumen.
Strophe IV		1	Entlarvung der	
		2	Phantastereien	
		3	Begründung dieser	
		4	Tagträume	

Die Strophen bestehen aus vier jambischen Dreihebern (vgl. ↗Jambus, ↗Hebung) mit ↗Kreuzreim. Die Verse enden abwechselnd männlich und weiblich (vgl. ↗Kadenz).

Rückfragen und Aufgaben:

1. *Was würdet ihr noch in Katharinas Brief (S. 18) hineinschreiben? – Wie könnte das „Antwortschreiben" der Eltern lauten?*

2. *Faßt den Inhalt der einzelnen Strophen aus G. Kunerts Gedicht* Leute *(S. 20) in jeweils einem Satz zusammen. Schreibt das Gedicht in euer Heft und markiert die betonten Silben mit einem Farbstift.*

3. *Warum kann man den Text* An einem Tag *(S. 22) ein Gedicht nennen? Welche Bedingungen für ein Gedicht erfüllt er?*

4. *An welchen Stellen weicht in dem Gedicht* Vom unordentlichen Max *(S. 24) die Wortstellung von der Umgangssprache ab? Was ist der Grund dafür?*

5. *Was ist in dem Gedicht* Nachmittag *(S. 26) mit der „fernen Stadt Atlantis" gemeint? Informiert euch in einem Lexikon.*

6. *Welches Versmaß und welches Reimschema haben die* Kinderreime *auf S. 152?*

7. *Was versteht man unter Endreim?*

8. *Warum kann man Brechts* Kirschdieb *(S. 8) ein Prosa-Gedicht nennen?*

9. *Erklärt die Feststellung von James Krüss in seinem Gedicht* Wenn die Möpse Schnäpse trinken *(S. 179): „Aber sinnvoll ist es nicht!"*

2.1.2 Ich will euch singen und nicht lügen

Lügenmärchen

Ich will euch singen und nicht lügen:
Ich sah drei gebratene Hühner fliegen,
Sie flogen also schnelle,
Sie hatten die Bäuche zum Himmel gekehrt,
Die Rücken nach der Hölle.

Ein Amboß und ein Mühlenstein,
Die schwammen zusammen über den Rhein,
Sie schwammen also leise,
Da fraß ein Frosch einen glühenden Pflug
Zu Pfingsten auf dem Eise.

Es wollten drei Kerls einen Hasen fangen,
Sie kamen auf Krücken und Stelzen gegangen,
Der eine konnte nicht hören,
Der andre war blind, der dritte war stumm,
Der Vierte konnt' sich nicht rühren.

Nun will ich euch singen, wie es geschah:
Der Blinde zuerst den Hasen sah
Im Feld geschwind hertraben.
Der Stumme rief dem Lahmen zu,
Da faßt ihn der am Kragen.

Es segelten etliche über Land,
Die Segel hatten sie im Wind gespannt
Und segelten auf den Feldern.
Sie segelten auf einen hohen Berg,
Da ertranken sie in den Wäldern.

Es ging ein Krebs auf die Hasenjagd.
Die Wahrheit kommt heraus mit Macht
Und bleibt nicht lang verschwiegen:
Es lag eine Kuhhaut auf dem Dach,
Die war da hinauf gestiegen.

Hiemit will ich mein Lied beschließen,
Sollt' es die Leute gleich verdrießen,
Und will nicht länger lügen.
In meinem Land sind die Fliegen so groß,
Als hierzuland die Ziegen.

Das *Lügenmärchen* besteht aus fünfzeiligen ➚Strophen. Der ➚Versfuß ist der ➚Jambus. Die einzelnen Verse haben drei oder vier ➚Hebungen. Das Reimmuster ist der ➚Paarreim; das zweite Reimpaar umschließt jeweils eine reimlose Verszeile (vgl. ➚Waise). Die Verse enden weiblich oder männlich; nur die Waise endet immer männlich (vgl. ➚Kadenz). Die ➚Senkungen sind frei gefüllt.

Ich will euch singen und nicht lügen:
x x́ x x́ x x́ x x́ x — a — 4 Hebungen weibl.

Ich sah drei gebratene Hühner fliegen,
x x́ x x x́ x x x́ x x́ x — a — 4 Hebungen weibl.

Sie flogen also schnelle,
x x́ x x́ x x́ x — b — 3 Hebungen weibl.

Sie hatten die Bäuche zum Himmel gekehrt,
x x́ x x x́ x x x́ x x x́ — Waise — 4 Hebungen männl.

Die Rücken nach der Hölle.
x x́ x x́ x x́ x — b — 3 Hebungen weibl.

Der Titel *Lügenmärchen* unterstreicht doppelt, daß es sich um erlogene und unwahre Geschichten handelt; denn unter Märchen verstand man früher eine unglaubwürdige Geschichte. Wir sagen heute noch: „Erzähl mir doch keine Märchen!"

Die Methode des Erzählens ist in den einzelnen Strophen jeweils die gleiche: Die Voraussetzungen für das, was geschehen soll, stimmen nicht.

- Gebratene Hühner können nicht fliegen.
- Ein Amboß kann nicht schwimmen.
- Ein Blinder kann keinen Hasen sehen. usw.

Meist werden auch gleich mehrere falsche Voraussetzungen angeführt; es wird möglichst dick aufgetragen, die Unmöglichkeit wird verstärkt: Prinzip der übertreibenden Steigerung. Je dreister und je erfindungsreicher gelogen wird, desto lustiger wirkt die Geschichte und desto besser sitzt die ➚Pointe.

Die vertauschten Wörter

Vorigen Handschuh verlor ich meinen Herbst,
da ging ich ihn finden, bis ich ihn suchte.
Da kam ich an ein Guckte und schlucht hinein,
da saßen drei Stühle auf drei großen Herrn,
da nahm ich meinen guten Tag und sagte:
guten Hut meine Herren,
da bring ich drei Paar Strümpfe
auf drei Pfund Garn,
sie sollten morgen fertig werden,
daß ich sie heut noch anziehen kann.

In diesem Text scheint der Setzer einiges durcheinander gebracht zu haben. Was nicht stimmt, ist schon im Titel gesagt:

Vorigen *Handschuh* verlor ich meinen *Herbst*, (Herbst) (Handschuh)	Zwei Substantive wurden vertauscht.
da ging ich ihn *finden*, bis ich ihn *suchte*. (suchen) (fand) Infinitiv Imperfekt	Zwei Verben wurden vertauscht; die richtige grammatische Form wird aber beibehalten.
Da kam ich an ein *Guckte* und *schlucht* hinein, [...] (Schlucht) (guckte)	Hier wird ein Verb dekliniert und ein Substantiv konjugiert.

An diesem Spiel mit vertauschten Wörtern und den vertauschten Funktionen läßt sich einiges erkennen:

- Der Satz ist aus Satzgliedern gebildet, die nicht willkürlich verschoben werden können.
- Es gibt Wortarten, die dekliniert werden können (Substantiv, Adjektiv, Artikel, Pronomen) und eine Wortart, die konjugiert wird (Verb). Andere Wortarten sind unveränderlich (Adverb, Präposition, Konjunktion).
- Ein Satz ist nicht dann schon sinnvoll, wenn er nach den Regeln der Grammatik richtig gebaut ist; die Bedeutung der einzelnen Wörter muß auch in einem sinnvollen Zusammenhang stehen. Das Strukturgefüge des Satzes muß mit dem Sinngefüge übereinstimmen.

Die Verse sind ohne ↗Reim; sie bestehen aus drei bis fünf ↗Hebungen mit unterschiedlicher Füllung in den ↗Senkungen. Man kann auch sagen, daß es ein Prosatext (vgl. ↗Prosa) ist, der in Verszeilen gegliedert ist.

Verkehrte Welt

Des Abends, wenn ich früh aufsteh,
des Morgens, wenn ich zu Bett geh,
dann krähen die Hühner, dann gackert der Hahn,
dann fängt das Korn zu dreschen an.

Die Magd, die steckt den Ofen ins Feuer,
die Frau, die schlägt drei Suppen in die Eier,
der Knecht, der kehrt mit der Stube den Besen,
da sitzen die Erbsen, die Kinder zu lesen.

Der Stall ist aus dem Pferde gelossen,
Der Branntwein hat sich am Bauern versoffen,
arg haben die Linsen die Mäuse zerbissen,
die Hosen haben den Peter zerrissen.

O weh, wie sind mir die Stiefel geschwollen,
daß sie nicht in die Beine 'nein wollen!
Nimm drei Pfund Stiefel und schmiere das Fett,
dann stelle mir vor die Stiefel das Bett!

Auch in dem Gedicht *Verkehrte Welt* sind Wörter vertauscht worden. Der Satzbau stimmt zwar, aber die Sätze ergeben keinen Sinn:

Des *Abends*, wenn ich früh aufsteh, (Morgens) des *Morgens*, wenn ich zu Bette geh, (Abends)	Verkehrte Zeitordnung
dann *krähen* die Hühner, dann *gackert* der Hahn, (gackern) (kräht) dann fängt das *Korn* zu dreschen an. [...] (der Bauer)	Verkehrte Zuordnung der Tätigkeiten

Die vier ↗Strophen sind ↗Knittelverse: vier ↗Hebungen, ↗Paarreim.

Das Nasobēm

Christian Morgenstern

Auf seinen Nasen schreitet
einher das Nasobēm,
von seinem Kind begleitet.
Es steht noch nicht im Brehm.

Es steht noch nicht im Meyer.
Und auch im Brockhaus nicht.
Es trat aus meiner Leyer
zum ersten Mal ans Licht.

Auf seinen Nasen schreitet
(wie schon gesagt) seitdem,
von seinem Kind begleitet,
einher das Nasobēm.

Das Nasobēm ist nicht einfach ein lustiger Unsinn (vgl. ↗Nonsens-Gedichte), sondern ein freies Spiel mit der schöpferischen Phantasie. Christian Morgenstern (1871 – 1914) meinte, das „Kind im Menschen" wolle auch in der Kunst mitspielen; wie ein Kind erschaffe der Künstler im Spiel seine eigene Welt und seine eigenen Geschöpfe.

Daher stellt Morgenstern das neue Tier – in der *ersten* Strophe – vor, als existiere es wie selbstverständlich. Es hat sogar schon Nachkommenschaft. Nur eine Besonderheit ist zu vermerken: Es läuft nicht wie andere Tiere auf den Füßen, sondern auf der Nase; daher der Name.

Allerdings – so ist im Übergang zur *zweiten* Strophe zu erfahren – ist es nirgends in den einschlägigen Fachbüchern beschrieben (Brehm, Meyer, Brockhaus). Das hat einen einfachen Grund:

Es trat aus meiner Leyer
zum ersten Mal ans Licht.

Die Leyer ist hier eine ↗Metapher für ↗Lied und ↗Gedicht. Die Leyer war in der Antike ein Begleitinstrument zum Gedichtvortrag. Nach ihr ist die ganze Gattung benannt: die ↗Lyrik.

In der *dritten* Strophe wird der Inhalt der ersten Strophe wiederholt und unterstrichen: An der Existenz dieses Tieres – in der Phantasie des Autors – sei nicht zu zweifeln.

Für sein lustiges Spiel mit der erfinderischen Phantasie hat Morgenstern die ↗Volksliedstrophe gewählt: jambische Dreiheber (vgl. ↗Jambus, ↗Hebungen), ↗Kreuzreim, abwechselnd weibliches und männliches Zeilenende (vgl. ↗Kadenz). Die Sinnabschnitte der Sätze (vgl. ↗Kolon) entsprechen der Verslänge. Die Volksliedstrophe ist eine einfache Strophenform.

Der Abend im Frack — Wolfgang Bächler

Der Abend geht im Frack durch unsere Straße
und steckt die Sonne in die Hintertasche.
Er fängt die Vögel unter dem Zylinder
und heftet sich voll Sterne das Revers[1]
und einen goldnen Halbmond auf die Brust.

Im schwarzen Lackschuh tänzelt er vorbei
und trinkt die Lichter aus den Fenstern,
säuft die Laternen aus, frißt die Geräusche
und nimmt die keusche Nacht in seine Arme.

Am Morgen gleitet er betrunken aus
und fällt kopfüber in die Straßenrinne.
Da platzt ihm die Hintertasche auf:
die Sonne rutscht ihm wieder raus
und steigt ganz unbeschädigt
langsam über Haus und Dach
und lacht den Abend einen Tag lang aus.

[1] Aufschlag an Kleidungsstücken.

Schon durch die Überschrift wird man vermuten, daß der Abend in menschlicher Gestalt auftritt (vgl ↗Personifikation); die Eigenschaften des Abends werden auf eine menschliche Gestalt übertragen. Das läßt sich gut an der ersten Strophe zeigen:

Der Abend ist dunkel.	– Er trägt einen Frack, ein schwarzes Gewand.
Die Sonne geht unter.	– Er steckt die Sonne in die Hintertasche.
Die Vögel verschwinden am Himmel.	– Er fängt sie unter dem Zylinder.
Die Sterne gehen auf.	– Er heftet sich das Revers voll Sterne. Der Frack ist der Himmelsmantel, der nächtliche Sternenhimmel.
Der Mond leuchtet am Himmel.	– Er heftet sich einen goldenen Halbmond an die Brust.

Wolfgang Bächler (geb. 1925) hat das Gedicht in drei Strophen und Teile gegliedert:

1. Allmählich kommt der Abend.
2. Die Nacht hüllt alles in Dunkel.
3. Der erwachende Morgen vertreibt das nächtliche Dunkel.

Dieser zeitliche Ablauf vom Abend bis zum Morgen ist in lebendige Bilder, in Bewegung umgesetzt; alles ist auf den personifizierten Abend ausgerichtet (vgl. ↗Bild):

1. Strophe: Vom Abend, der sich festlich mit dem Nachthimmel schmückt, wie ein Bräutigam. Er ist ein lustiger Bräutigam.
2. Strophe: Der Abend als Liebhaber der Nacht.
3. Strophe: Die erlöschende Kraft des Abends in der Morgendämmerung, nach einer feuchtfröhlichen Tour. Er gleitet betrunken aus, er fällt kopfüber in die Straßenrinnen, sein Sternengewand ist beschädigt und verliert an Glanz. Die Sonne fällt ihm aus der Hintertasche „und lacht den Abend einen Tag lang aus".

Es gibt ganz andere Abendlieder, die beschaulich sind, feierlich oder von gemütvoller Stimmung. Es gibt sogar von Joseph von Eichendorff (1788 – 1857) ein Gedicht *Mondnacht*, das ebenfalls die nächtliche Stimmung mit einem Liebespaar vergleicht (vgl. ↗Vergleich):

Es war, als hätt der Himmel
Die Erde still geküßt,
Daß sie im Blütenschimmer
Von ihm nun träumen müßt. (...)

Man könnte fast meinen, daß Wolfgang Bächler eine freche ↗Parodie auf dieses berühmte Abendlied aus der Romantik geschrieben hat. Er verwendet eine ganz andere Sprache. Sein „Abend-Bräutigam" ist ein nächtlicher Zecher, dessen launische Streifzüge mit ganz anderen Worten kommentiert werden, eher schnodderig: in die Tasche stecken – ans Revers heften – trinken – saufen – betrunken ausgleiten – aufplatzende Hintertasche – rausrutschen – auslachen.

Wolfgang Bächler hat auch keine so „schönen" ↗Reime wie Eichendorff verwendet; sein Gedicht ist reimlos, – und es hält sich auch nicht an eine feste Strophenform: Die äußere Gestalt entspricht dem launischen Benehmen der Hauptfigur; der Abend im Frack pfeift auf alle „Etikette". Trotzdem ist nicht alles zufällig:

- Die erste und die zweite Strophe besteht aus Versen mit fünf Hebungen.
- In der dritten Strophe – sie hat sieben Zeilen – reimen Anfang, Mitte und Ende miteinander:

Am Morgen gleitet er betrunken *aus*	fünf Hebungen
[...]	
die Sonne rutscht ihm wieder *raus*	vier Hebungen
[...]	
und lacht den Abend einen Tag lang *aus.*	fünf Hebungen

Die dritte Strophe dreht sich um den Mittelvers wie um eine Achse.

Auch der „Abend im Frack" hat seine Ordnung, nur: er hat sie sich auf seine Weise zurechtgelegt; er liebt die Abwechslung.

Rückfragen und Aufgaben:

1. *Wie sind in dem* Lügenmärchen *(S. 29) die Lügen aufgebaut? Nennt einzelne Beispiele.*

2. *Schreibt den Text* Die vertauschten Wörter *(S. 31) weiter. Der Phantasie sind keine Grenzen gesetzt.*

3. *Warum ist der Text* Verkehrte Welt *(S. 32) der äußeren Form nach ein Gedicht?*

4. „Das Nasobēm *ist nicht einfach ein lustiger Unsinn (vgl. ↗Nonsens-Gedichte), sondern ein freies Spiel mit der schöpferischen Phantasie." (S. 33) Erläutert diese Behauptung mit eigenen Worten.*

5. Der Abend im Frack *(S. 34) ist ein gutes Beispiel für Personifikation. Was ist mit dieser Behauptung gemeint?*

6. *Wie stellt Eduard Mörike in dem Gedicht* Er ist's *(S. 185) den Frühling dar?*

2.1.3 An den Mond

An den Mond **Johann Wolfgang Goethe**

I

Fülltest wieder Busch und Tal
Still mit Nebelglanz,
Lösest endlich auch einmal
Meine Seele ganz;

II

Breitest über mein Gefild
Lindernd deinen Blick,
Wie des Freundes Auge mild
Über mein Geschick.

III

Jeden Nachklang fühlt mein Herz
Froh- und trüber Zeit,
Wandle zwischen Freud' und Schmerz
In der Einsamkeit.

IV

Fließ, fließe, lieber Fluß!
Nimmer werd' ich froh,
So verrauschte Scherz und Kuß,
Und die Treue so.

V

Ich besaß es doch einmal,
Was so köstlich ist!
Daß man doch zu seiner Qual
Nimmer es vergißt!

VI

Rausche, Fluß, das Tal entlang,
Ohne Rast und Ruh,
Rausche, flüstre meinem Sang
Melodien zu,

VII

Wenn du in der Winternacht
Wütend überschwillst,
Oder um die Frühlingspracht
Junger Knospen quillst.

VIII

Selig, wer sich vor der Welt
Ohne Haß verschließt,
Einen Freund am Busen hält
Und mit dem genießt,

IX

Was, von Menschen nicht gewußt
Oder nicht bedacht,
Durch das Labyrinth der Brust
Wandelt in der Nacht.

Die Überschrift ist eine Adresse. Ein ↗Lyrisches Ich spricht bereits in der ersten Zeile den Mond an: „Füllest wieder Busch und Tal", ohne ihn beim Namen zu nennen. Das Lyrische Ich beobachtet, wie das sanfte Licht des Mondes sich über die Landschaft legt: „Nebelglanz". Es ist eine Stimmung ohne dramatische Bewegung: „Still". Dieses Naturbild der Ruhe überträgt sich auf den Beobachter, oder besser: er überträgt es auf sich, auf seine Stimmung und Situation.

Dies wird in der zweiten ↗Strophe noch deutlicher ausgesprochen.Das sanfte, beruhigende Licht des Mondes über „Busch und Tal" (vgl. erste Strophe) breitet sich auch lindernd über das „Gefild", über die Gemütsverfassung des Sprechers; die Landschaft der Seele wird mit der Natur verglichen (vgl. ↗Vergleich, ↗Metapher). Und es folgt ein zweiter Vergleich: Der Mond mildert mit seinem sanften Licht die scharfen Konturen, ähnlich dem verstehenden Blick eines Freundes.

In der dritten Strophe werden Erinnerungen wach, die durch das Naturbild und den Vergleich zwischen Mond und Freund ausgelöst wurden. Aber es ist keine Gegenwart, von der gesprochen wird, sondern die Erinnerung, durch die das gegenwärtige Gefühl der Einsamkeit seine Bitternis verliert.

In der vierten Strophe ändert sich der Blickwinkel. Der Blick des Beobachters wechselt in dem abendlichen Panorama vom Mondlicht zum Fluß im Tal. Aber wie der Mond ist auch der Fluß nur Anlaß zu einem Vergleich mit der eigenen Gefühlssituation. Schon in der Antike hieß es: „Du steigst nie in den gleichen Fluß; alles fließt". Der Fluß ist eine ↗Metapher oder ein ↗Symbol für die unwiederbringliche Vergangenheit.

Diese Gedanken werden in den Strophen V bis VII wiederholt und in den Vergleich mit dem Fluß eingefügt. Was haben die beiden Vergleichsbilder vom Mond und vom Fluß gemeinsam? Der Mond kehrt in regelmäßigem Wechsel immer wieder zurück; und auch der Fluß tritt nach jeder Schneeschmelze über die Ufer, und in jedem Frühjahr bewässert er neu die „Frühlingspracht". In all der Vergänglichkeit, in all dem Wechsel, gibt es auch etwas, was bleibt, was sich wiederholt, was nicht hinwegfließt oder „verrauscht".

Das ist der Inhalt der achten und der neunten Strophe. Gemeint ist die Freundestreue, die – bildlich gesprochen – den Wechsel der Jahreszeiten überdauert. Sie ist, – wie bei dem Vergleich mit dem Mond und dem Fluß – das Unveränderliche im Wechsel.

Die Ansprache an den Mond, das vertrauliche Du, ist nur der Ausgangspunkt eines Nachdenkens über das, was im Wechsel des Lebens Bestand hat. Das Lyrische Ich verbindet mit seinem nachdenklichen Blick auf eine abendliche Landschaft die übertragene Bedeutung, die einzelnen Naturphänomenen im allgemeinen Bewußtsein der Zeit zugewiesen wurde. Zur Zeit Goethes und in der Romantik war der Mond ein ↗Sinnbild der inneren Ruhe und des Trosts. Goethe hat keine Landschaft, keine Abendstimmung beschrieben, sondern eine innere Verfassung des Lyrischen Ich oder des Autors selbst auf das Naturbild übertragen.

Goethe hat den Text mehrmals überarbeitet. In einer frühen Fassung von 1777 hieß es in der zweiten Strophe noch:

Breitest über mein Gefild
Lindernd deinen Blick,
Wie der Liebsten Auge mild
Über mein Geschick.

Aus dem Liebeslied ist im Verlauf der Bearbeitungen ein Freundeslied geworden; das eine schließt das andere nicht aus.

Der Versuch, das Bleibende im Vergänglichen darzustellen, spiegelt sich auch in der äußeren Gestalt des Textes. Das Gedicht besteht aus neun gleich strukturierten Strophen. Jede Strophe hat vier Zeilen (vgl. ➚Vers) mit ➚Kreuzreim. Der Versfuß ist der ➚Trochäus. Die Verse enden männlich (vgl. ➚Kadenz); sie haben abwechselnd drei und vier ➚Hebungen:

Fülltest wieder Busch und Tal	a	männlich
x́ x x́ x x́ x x́		vier Hebungen
Still mit Nebelglanz,	b	männlich
x́ x x́ x x́		drei Hebungen
Lösest endlich auch einmal	a	männlich
x́ x x́ x x́ x x́		vier Hebungen
Meine Seele ganz;	b	männlich
x́ x x́ x x́		drei Hebungen

Die Sätze sind übersichtlich gebaut. Die Sinneinschnitte und Sprechpausen (vgl. ➚Kolon) stimmen meist mit den Zeilenenden überein. Nur wenige Wörter haben mehr als drei Silben. Nach außen hin scheint es, ein „einfaches" Gedicht zu sein; in seiner Bildlichkeit verlangt es vom Leser und Zuhörer jedoch einiges an Bereitschaft, die Bilder aufzuschlüsseln und in den Alltag umzusetzen.

Was ist nun das Lyrische (vgl. ➚Lyrik) an der Sprache dieses Gedichtes, die sie von der Alltagssprache abhebt? Dem Redefluß ist ein ➚Metrum untergelegt, auf das die Satzmelodie Rücksicht nimmt:

– Wörter werden leicht verändert:
  „Füllest" statt „füllst"
  „Gefild" statt „Gefilde"
  „zwischen Freud' und Leid" statt „zwischen Freude und Leid"

– Das Personalpronomen kann fehlen:
  „Füllest" statt „du füllst"
  (ebenso „Lösest" und „Breitest")

– Wortgruppen werden umgestellt:
  „Jeden Nachklang fühlt mein Herz
  Froh– und trüber Zeit" statt
  „Jeden Nachklang froher und trüber Zeit fühlt mein Herz"

Diese „Abweichungen" sind keine Zwänge, die der Sprache auferlegt werden, im Gegenteil: sie beleben, sie geben dem Gedicht einen eigenen ➚Rhythmus, einen eigenen Ton.

Auch die Wortwahl geht über den Wortbestand der Alltagssprache hinaus: „Nebelglanz" – „Frühlingspracht / Junger Knospen" – „Einen Freund am Busen" – „Durch das Labyrinth der Brust". Es ist eine poetische Redeweise (vgl. ↗Poesie). Doppelungen häufen sich: „Busch und Tal" – „Freud' und Schmerz" – „Scherz und Kuß" – „Rast und Ruh".

Die Aufzählung der stilistischen Einzelheiten (vgl. ↗Stil) ist natürlich nur eine beschreibende Annäherung, die das kunstvolle Zusammenspiel, die Gesamtkomposition des Gedichts zu erklären versucht.

Der Mond — Marie Luise Kaschnitz

I
Wie wundersam erwacht
Die kaum entschlafne Welt
Wenn in das Haus der Nacht
Der Schein des Mondes fällt.

II
O Auge, das nicht sieht,
Erloschener Trabant,
O weißer Kelch, entblüht
Der dunklen Himmelswand.

III
Dein Licht beglänzt die Saat,
Der schwarzen Wälder Hut,
Und zittert wie ein Pfad
Auf der bewegten Flut.

IV
Und wie in rascher Flucht
Die Wolken dich umwehn,
Erschimmern Land und Bucht
Und schatten und vergehn.

V
Wie oft schon, reines Licht,
Der Liebe zugesellt,
Hast du das Angesicht
Des Freundes mir erhellt.

VI
Es fällt der Liebe Wort
Süß in die dunkle Zeit,
Wie Mondschein auf den Ort
Der Traurigkeit.

Strophe I: Der plötzliche Wechsel von Dunkel zu Licht

Der Mond geht auf, und die Welt gewinnt neue Konturen. Dieser Vorgang wird in eine belebte ↗Metapher (vgl. auch ↗Personifikation) umgesetzt:

> Wie wundersam erwacht
> Die kaum entschlafne Welt, (...)

Es folgt ein zweiter ↗Vergleich. Die Nacht ist ein Haus, in das der „Schein des Mondes fällt" und die schlafende Welt weckt. Die erste Strophe beschreibt als Eingangsbild den aufgehenden Mond. Die Beobachtung verwandelt sich in bewegte Vergleichsbilder (vgl. ↗Bild).

Strophe II: Anrede an den Mond

Daß der Mond um die Erde kreist und sein Licht von der Sonne empfängt, wird wiederum in Bildern veranschaulicht:

Oh Auge, das nicht sieht, Erloschener Trabant,	– Begleiter der Erde, ohne eigenes Licht (blind).
O weißer Kelch, entblüht Der dunklen Himmelswand.	– Er reflektiert das Licht der Sonne; er leuchtet aus dem Dunkel auf wie ein Blütenkelch.

Strophe III: Wiederholung der Antithese von „blind" und „lichtspendend"

Der Mond gibt das empfangene Licht an die Erde weiter, er beleuchtet die Erde. Die Erde wird nicht global benannt, sondern durch „Saat", „Wälder" und „Flut" angedeutet (vgl. ↗Synekdoche, ↗Pars pro toto).

Strophe IV: Das Spiel von Licht und Schatten

Die Beschreibung der vorbeiziehenden Wolken wird durch Bewegung wiedergegeben (Häufung der Verben: umwehn, erschimmern, schatten, vergehn).

Strophe V: Perspektivenwechsel

Der Mond ist der nächtliche Begleiter der Liebenden. Das Naturbild am Anfang ist nur der Rahmen für die Erinnerung des ↗Lyrischen Ich.

Strophe VI: Vergleich zwischen dem Mond und dem Menschenleben

Der Schein des Mondes erhellt das Dunkel wie ein Wort der Liebe die Traurigkeit. Dies ist der Sinn des Vergleichs. Im Text ist er aber anders ausgeführt:

Es fällt der Liebe Wort	der Liebe Wort →	
Süß in die dunkle Zeit,	(erhellt)	die dunkle Zeit
Wie Mondschein auf den Ort	Mondschein →	
Der Traurigkeit.	(erhellt)	Traurigkeit

Die beiden Vergleichsebenen sind miteinander verschränkt. „Der Liebe Wort", so könnte man meinen, erhellt eher die „Traurigkeit", und der Mondschein erhellt eher die „dunkle Zeit". „Traurigkeit" und „dunkle Zeit" sind aber austauschbar. Die „dunkle Zeit" ist nicht nur wörtlich, sondern auch im übertragenen Sinn zu verstehen.

Das Gedicht hat drei Teile:

Einleitung: Beschreibung des aufgehenden Mondes (1. Strophe)
Hauptteil: Anrede an den Mond. Wie er die nächtliche Erde erhellt (2.– 4. Strophe)
Schluß: Die Übertragung der Naturszene auf den Menschen; der Mond als Begleiter der Liebenden, als Tröster in der Nacht, d.h. in dunkler Zeit (5. und 6. Strophe).

Das Gedicht gibt eine Stimmung wieder; sie ist die Hoffnung auf Liebe und Freundestreue in dunkler Zeit, an dem Ort der Traurigkeit. Marie Luise Kaschnitz lebte von 1901 bis 1974. Sicherlich ist individuelle Erfahrung in das Gedicht eingeflossen, aber der Leser wird die Metaphern und Vergleiche für sich stets neu auflösen. Die beschriebenen Naturbilder stehen nicht für sich allein, sie haben eine übertragene Bedeutung. Wichtig ist dabei das Spiel mit dem Licht als Zeichen aufgehender Hoffnung (vgl. die Verben: entblühen, beglänzen, erschimmern, erhellen). Der Widersacher des Lichts ist – auch im übertragenen Sinne – das Dunkel, „die dunkle Zeit".

Die ↗Strophen bestehen aus jeweils vier jambischen Dreihebern (vgl. ↗Jambus, ↗Hebung) mit ↗Kreuzreim, der durchgehend männlich endet (vgl. ↗Kadenz). Der letzte Vers des Gedichts – sozusagen das inhaltliche Resümee: „Traurigkeit" – ist entweder nur zweihebig oder er ist ohne ↗Senkungen zwischen den Hebungen zu lesen; er hat dann ein besonderes Gewicht:

Der Traurigkeit.
x x́ x́ x́

Der Mond kommt jetzt sehr früh herauf — Georg Britting

Der Mond kommt jetzt sehr früh herauf
Und glänzt wie Silber matt.
Es schaut kein Mensch zu ihm hinauf –
So ist das in der Stadt,
Wo keiner Zeit zu haben meint
Nach oben hin zu spähn.
Er aber kommt und geht und scheint,
Auch wenn wir ihn nicht sehen.
Das kränkt ihn nicht, das macht ihm noch
Nicht das geringste aus.
Und wenn wir schlafen, taub und blind,
Fühllos, wie Schläfer sind –
Das gilt ihm gleich, er legt uns doch
Sein Licht auf unser Haus.

Georg Britting (1891–1964) greift in seinem Bilder-Inventar (vgl. ↗Bild, ↗Vergleich, ↗Metapher) zwar auf bekannte Mondgedichte aus der Zeit der Klassik und Romantik zurück, aber er zerstört oder desillusioniert die heile Gefühlswelt dieser Gedichte. Er konfrontiert die überlieferten Stimmungsbilder mit der Wirklichkeit heute:

Es schaut kein Mensch zu ihm hinauf –
So ist das in der Stadt, (...)

In den städtischen Ballungszentren ist die Naturverbundenheit nur noch eine literarische Erinnerung aus dem Lesebuch. Brittings ernüchternde Bestandsaufnahme überträgt sich auch auf die Sprache; es ist der Ton der Alltagssprache:

So ist das in der Stadt, (...)

– – –

Das kränkt ihn nicht, das macht ihm noch
Nicht das geringste aus. (...)

– – –

Das gilt ihm gleich, (...)

Der Mond bleibt aber trotzdem, auch wenn ihn die Menschen nicht mehr in ihre Stimmungen einbeziehen, die nächtliche Leuchte am Himmel. Er leuchtet weiterhin – jetzt über die Großstädte: „er legt uns doch / Sein Licht auf unser Haus".

Diese Spannung zwischen überlieferten, gefühlvollen Mondgedichten und dem Befund in unserer heutigen Welt einerseits und die Beharrlichkeit des Mondes, doch jede Nacht wieder über den Himmel zu ziehen, andererseits – : diese vermeintlichen Widersprüche oder Ungereimtheiten spiegeln sich auch in der äußeren Gestalt des Gedichtes.

Die ↗Verse sind abwechselnd jambische Vier- und Dreiheber (vgl. ↗Jambus, ↗Hebung) mit unterschiedlicher Reimbindung (vgl. ↗Reim, ↗Kreuzreim, ↗Paarreim). Das einstrophige Gedicht läßt sich aber auch nach der strengen Bauform des ↗Sonetts aufgliedern:

- Zwei Vierzeiler mit Kreuzreim.
- Zwei Dreizeiler, die durch Reimkombination (a b c / c a b) miteinander verbunden sind.

Hinter dem vermeintlich nüchternen ↗Stil verbirgt sich eine kunstvolle Gestaltung.

Rückfragen und Aufgaben:

1. *Welche Vergleiche verwendet Goethe in seinem Gedicht* An den Mond *(S. 37)? Was bedeuten sie im einzelnen? Worüber spricht das Lyrische Ich? Was unterscheidet dieses Gedicht von der Alltagssprache?*

2. *Wie beschreibt Goethe (S. 37) den Mond? Wie beschreibt ihn M.L. Kaschnitz (S. 41)? Worin unterscheiden sich die Bilder? Sind beide Gedichte auch inhaltlich vergleichbar?*

3. *„Hell" und „dunkel" haben in dem Gedicht* Der Mond *(S. 40) jeweils eine wörtliche und eine übertragene Bedeutung. Nennt Beispiele, an denen sich dies sehr deutlich zeigen läßt.*

4. *Welche wichtigen Unterschiede zwischen Goethes* An den Mond *(S. 37) und Brittings Mondgedicht (S. 43) könnt ihr feststellen?*

5. *Lest den Absatz über Naturlyrik (S. 174-6) und faßt das Wichtigste mit eigenen Worten zusammen.*

2.1.4 Jahreszeiten

Vorfrühling — Hugo von Hofmannsthal

I
Es läuft der Frühlingswind
Durch kahle Alleen,
Seltsame Dinge sind
In seinem Wehn.

II
Er hat sich gewiegt
Wo Weinen war,
Und hat sich geschmiegt
In zerrüttetes Haar.

III
Er schüttlet nieder
Akazienblüten
Und kühlte die Glieder
Die atmend glühten.

IV
Lippen im Lachen
Hat er berührt,
Die weichen und wachen
Fluren durchspürt.

V
Er glitt durch die Flöte
Als schluchzender Schrei,
An dämmernder Röte
Flog er vorbei.

VI
Er flog mit Schweigen
Durch flüsternde Zimmer
Und löschte im Neigen
Der Ampel Schimmer.

VII
Es läuft der Frühlingswind
Durch kahle Alleen,
Seltsame Dinge sind
In seinem Wehn.

VIII
Durch die glatten
Kahlen Alleen
Treibt sein Wehn
Blasse Schatten.

IX
Und den Duft,
Den er gebracht,
Von wo er gekommen
Seit gestern Nacht.

Hugo von Hofmannsthal (1874 – 1929) schrieb das Gedicht mit achtzehn Jahren. Das Thema des Gedichts, der Vorfrühling wird nur in der Überschrift genannt. Im Text selbst ist der Frühlingswind die „Hauptperson"; er kündet den Vorfrühling an. Die Bewegung des Windes – in vielen Verben wiedergegeben: wehn, sich wiegen, sich schmiegen, schütteln, durchspüren, gleiten, fliegen ist in den musikalischen ↗Rhythmus der ↗Verse und ↗Strophen eingegangen; alles lebt in und aus der Bewegung: Der Wind weht gleichsam durch das Gedicht. Die Verse sind kurz, meist zweihebig (vgl. ↗Hebung); schnell folgen die ↗Reime aufeinander. Bald sind die Verse in fortschreitenden Tempo der ↗Jamben zu lesen:

Er schüttelte nieder	x x́ x x x́ x
Akazienblüten	x x́ x x x́ x
Und kühlte die Glieder	x x́ x x x́ x
Die atmend glühten.	x x́ x x́ x

Bald wandeln sich die Jamben durch den fehlenden ↗Auftakt in ↗Trochäen:

Durch die glatten   x́ x x́ x
Kahlen Alleen   x́ x x x́
Treibt sein Wehn   x́ x x́
Blasse Schatten.   x́ x x́ x

Die Doppelfüllung der ↗Senkungen gibt den Versen manchmal die tänzelnde Bewegung der ↗Daktylen: x́ x x

Er glitt durch die Flöte   x x́ x x x́ x
Als schluchzender Schrei, (...)   x x́ x x x́

Und es mischen sich Jamben, Trochäen und Daktylen zu einer eigenen Melodie:

Und den Duft,   x́ x x́
Den er gebracht,   x́ x x x́
Von wo er gekommen   x x́ x x x́ x
Seit gestern Nacht.   x x́ x x́

Bald fallen die Sinneinschnitte oder Sprechpausen (vgl. ↗Kolon) mit den Versgrenzen zusammen:

Er hat sich gewiegt, /
Wo Weinen war, /   (...)

Bald geht die Satzmelodie in den nächsten Vers hinüber (vgl. ↗Enjambement):

Er flog mit Schweigen
Durch flüsternde Zimmer /
Und löschte im Neigen
Der Ampel Schimmer. /

Auch der Reim bleibt nicht starr. Die Strophen I bis VII haben ↗Kreuzreim, in Strophe VIII steht ↗Umarmender Reim, in der letzten Strophe reimen nur die zweite und vierte Zeile miteinander.

Es gibt Strophen mit durchgehend männlichem Versende (vgl. Strophe I). In den anderen Strophen wechseln weibliches und männliches Versende (vgl. ↗Kadenz) alternierend (vgl. ↗Alternation) ab.

Die meisten Verse sind zweihebig; nur in den Strophen I und VII, die gleichlautend sind, haben der erste und der dritte Vers jeweils drei Hebungen.

All diese Einzelbeobachtungen zeigen, wie wandlungsreich ↗Metrum und Rhythmus in diesem Gedicht sind.

Was ist nun der *Inhalt* des Gedichts? In der ersten Strophe heißt es im Präsens, daß der Frühlingswind durch (noch) kahle Alleen läuft; er kündet das Kommen des Frühlings an, aber die Natur ist noch nicht erwacht. Im zweiten Teil der Strophe ist von seltsamen Dingen die Rede, die er mit sich trägt. Es sind – um es gleich zu sagen – Erinnerungen und Bildausschnitte auf seinem Weg zur Gegenwart des Gedichts. Was in den Strophen bis zur Wiederholung der Eingangsstrophe erzählt und erwähnt wird, ist Vergangenheit; es liegt vor der Ankunft des Frühlingswindes in den kahlen Alleen. In diesen Erinnerungsbildern (Strophe II bis VI) vermischen sich Momentaufnahmen oder kleine Szenen aus der „Menschenwelt" mit Naturskizzen. Oder: Beide Ebenen – Naturwelt und Menschenwelt – werden auch sprachlich eine Einheit:

Lippen im Lachen	– Menschenwelt
Hat er berührt,	– Es ist von der Natur, von den Fluren die
Die weichen und wachen	Rede; aber die Adjektive „weich" und
Fluren durchspürt.	„wach" gehören doch eher in menschliche Bezirke.

Es werden keine ausgestalteten Erinnerungsbilder vorgestellt, sondern kurze (nicht immer nachvollziehbare) Eindrücke angedeutet. Die Stimmung der Bilder ist wichtiger als der genau beschriebene Inhalt. Diese Art der bruchstückhaften Aufnahme der Außenwelt durch momentane Eindrücke nennt man in der Kunst und in der Literatur *Impressionismus* (lat. – Eindruckskunst). In diesem Momentaufnahmen eines Eindrucks, einer Stimmung, eines Gefühls hebt sich auch das natürliche, logische Beziehungsgefüge auf:

Er flog mit Schweigen Durch flüsternde Zimmer (...)	In der Verbindung „flüsternde Zimmer" werden zwei Bereiche zusammengefügt: Nicht das Zimmer flüstert, sondern in dem Zimmer wird geflüstert. Diese Feststellung ist sehr nüchtern, aber sie erklärt, wie sich in dem Text die Ebenen überlagern. Die Eindrücke sind nicht logisch nachzuerzählen; viel wichtiger ist die Gesamtstimmung, die Impression.

Aus diesen Erinnerungsskizzen wird deutlich, daß die Erwartung des nahenden Frühlings nicht nur wörtlich im Sinne der Jahreszeit zu verstehen ist. Die Erwartung ist ebenso im übertragenen Sinn (vgl. ↗Metapher) gemeint, wie auch der Frühlingswind, als Bote des Frühlings, durch die ↗Personifikation über das Naturbild „Vorfrühling" hinausweist. (Ist Vorfrühling vielleicht nur eine Metapher, ein ↗Bild für jugendliche Lebenserwartung, die sich noch nicht in genauen Konturen artikulieren kann?) Im Gedicht bleibt das Verhältnis von Naturbild und ↗Vergleich oder ↗Gleichnis in der Schwebe. Der Grundton ist eine erwartungsvolle Unruhe. In der siebten Strophe wird die Eingangsstrophe wiederholt, oder anders gesagt: das erinnernde Vorspiel abgeschlossen. Wir sind wieder in der Gegenwart des Gedichts und in der Erwartung des Frühlings – im wörtlichen wie im übertragenen Sinne –: Der Frühlingswind ist da. Aber der Inhalt der achten Strophe weist keine Perspektive auf Neues. Der Frühlingswind treibt „Blasse Schatten". Hoffnung und Erwartung auf neue, ungeahnte Lebenserfahrung widersprechen der Metapher des Schattens, der nur ein Abbild, ein Schein des Wirklichen ist. Trotzdem: Der Frühlingswind hat etwas mit sich gebracht. In der neunten und letzten Strophe heißt es:

Und den Duft,
Den er gebracht,
Von wo er gekommen
Seit gestern Nacht.

Die Zauberformel, das magische Wort, heißt „Duft"; es kann für vieles stehen. Wenn man im Naturbild bleibt, dann ist es der frische Frühlingsduft, der Duft der aufspringenden Knospen. Aber dies allein kann nicht gemeint sein; denn im erinnernden Vorlauf der Strophen II bis VI gehen Natur und Menschenwelt ineinander. Der Duft ist auch eine Metapher oder ein ↗Symbol für jugendliche Lebenserwartungen, die noch nicht genauer beschreibbar sind. Wichtig aber ist: Der Frühlingswind hat den Duft von fernher mitgebracht. *Vorfrühling* ist nur vordergründig ein Jahreszeitengedicht; man könnte ihm auch den Titel „Erwartung" geben. Was aber erwartet wird, das ist in den Bildern des Gedichts nicht zu erraten. Außer: etwas ganz Ungewöhnliches. Gerade diese Ungenauigkeit scheint dieses Gedicht für viele Leser so faszinierend zu machen; unter der Formel des ganz anderen läßt sich vieles an individuellen Erwartungen und Wünschen unterbringen.

Kurzes Unwetter — Karl Krolow

I Die Wolkenpferde
ins Licht sich stürzen.
Es qualmt die Erde
von starken Würzen.

II Die schweren Leiber
den Himmel fegen.
Sturm ist ihr Treiber,
schlägt Staub und Regen

III aufs schwarze Wasser.
Die Gräser sausen.
Die Beerenprasser
befällt ein Grausen.

IV Ahorne biegen
sich in den Lüften.
Wildblumen fliegen
mit fremden Düften.

V Es fahren Flammen
verzückt im Strauche.
Weg stürzt zusammen.
Mit gelbem Bauche

VI drehn sich die Blätter
wie angesogen. –
Schon ist das Wetter
vorbeigezogen.

Früher erzählte man sich, wenn es nachts stürmte, daß Wodan mit seinem wilden Heer durch die Lüfte reite. Man stellte sich den Naturvorgang als das Treiben mythischer Gestalten vor (vgl. ↗Personifikation). Auch das Gedicht *Kurzes Unwetter* von Karl Krolow (geb. 1915) beginnt mit einer belebten ↗Metapher: „Wolkenpferde". Die Wolken, die am heiteren Himmel plötzlich aufziehen, stürzen sich wie eine Herde wilder Pferde in das Licht und verdunkeln den Himmel. Der Sturm ist ihr Treiber; auch dies ist eine Personifikation. Der Staub, den sie aufwirbeln, ist der „Regen aufs schwarze Wasser". Schwarz ist das Wasser, da die dunklen Wolken, die

„schweren Leiber", sich vor die Sonne geschoben haben. Der kurze Vorgang, „Kurzes Unwetter", spielt sich in einer schnellen, galoppierenden Phasenfolge ab. Kaum ist das Unwetter hereingebrochen, verschwindet es schon wieder, – wie eine vorbeistürmende Herde:

> Wolken ziehen am heiteren Himmel auf (I).
> Sturm kommt auf und treibt die Wolken (II).
> Er fegt über die Wiesen und Felder (III).
> Die Bäume biegen sich im Sturm; Blumenblätter werden hochgewirbelt (IV).
> Blitze zucken (V).
> „Schon ist das Wetter vorbeigezogen" (VI).

Das Tempo, das Pferdegetrappel, wird durch die vielen Zeilensprünge (vgl. ↗Enjambement) hörbar. Zwischen den Strophen II und III sowie V und VI geht der Zeilensprung sogar in die nächste Strophe. Das Gedicht ist eine einzige stürmische Bewegung, der schnell wieder die Ruhe einer heiteren Landschaft folgt.

Die ↗Verse sind kurz mit zwei ↗Hebungen, meist mit jambischem Versfuß (vgl. ↗Jambus); sie haben durchgehend ↗Kreuzreim. Die wichtigste Wortart sind die Verben, vor allem Verben der Bewegung: sich stürzen, fegen, sausen, fliegen.

Herbstbild

Friedrich Hebbel

Dies ist ein Herbsttag, wie ich keinen sah!
Die Luft ist still, als atmete man kaum,
Und dennoch fallen raschelnd, fern und nah,
Die schönsten Früchte ab von jedem Baum.

O stört sie nicht, die Feier der Natur!
Dies ist die Lese, die sie selber hält,
Denn heute löst sich von den Zweigen nur,
Was von dem milden Strahl der Sonne fällt.

Die erste Strophe scheint ein Bild heiterer Ruhe zu sein. Ein ↗Lyrisches Ich genießt die beschauliche Stille eines Herbsttages, „wie ich keinen sah!" Nichts rührt sich, kein Lüftchen bewegt sich. Aber dann folgt in der dritten Zeile ein „dennoch". Die schönsten Früchte fallen von den Bäumen, nicht von fremder Hand gepflückt oder geschüttelt, nicht vom Wind gelöst; sie fallen, weil sie reif sind, von selbst von den Bäumen.

Feierlich wie Schillers Gedankenlyrik fängt die zweite Strophe an: „Oh stört sie nicht, die Feier der Natur!" Dem Naturbild in der ersten Strophe folgt die Deutung in der zweiten Strophe. Das Naturbild in der ersten Strophe hat den Übergang von der reifen Fülle oder besser: Erfüllung – zum Vergehen eingefangen; das Naturbild kündet ein Ende an, ohne Gewalt, sondern im „milden Strahl der Sonne". Diese herbstliche Momentaufnahme steht nicht für sich selbst. Obwohl der ↗Vergleich mit der Menschenwelt nicht ausgeführt ist, so drängt sich doch das Wort „Vergänglichkeit" auf und was an Gedanken damit verbunden ist.

Feierlich und getragen wie die Anrede zu Beginn der zweiten Strophe und wie die Wortwahl – Lese für Ernte –, ist auch der Strophenbau (vgl. ↗Strophe). Friedrich Hebbel (1813 – 1863) hat nicht den spielerischen Dreiheber oder Vierheber (vgl. ↗Hebung) der ↗Volksliedstrophe gewählt, sondern den majestätisch schreitenden jambischen (vgl. ↗Jambus) Fünfheber, der mit dem klassischen ↗Blankvers zu vergleichen ist. Mehrere ↗Verse sind durch rhythmische Einschnitte (vgl. ↗Zäsur) und Pausen (vgl. ↗Kolon) deutlich untergliedert. Auch die Versenden fallen mit Sprech- und Sinneinschnitten zusammen; es gibt keine Zeilensprünge (vgl. ↗Enjambement). Beide Strophen haben ↗Kreuzreim mit männlichem Versausgang (vgl. ↗Kadenz).

Inhalt und äußere Gestalt sind eine harmonische Einheit eingegangen, sie sind aufeinander abgestimmt.

Vereinsamt

Friedrich Nietzsche

I Die Krähen schrein
Und ziehen schwirren Flugs zur Stadt:
Bald wird es schnein. –
Wohl dem, der jetzt noch – Heimat hat!

II Nun stehst du starr,
Schaust rückwärts, ach! wie lange schon!
Was bist du Narr
Vor Winters in die Welt entflohn?

III Die Welt – ein Tor
Zu tausend Wüsten stumm und kalt!
Wer das verlor,
Was du verlorst, macht nirgends halt.

IV Nun stehst du bleich,
Zur Winter-Wanderschaft verflucht,
Dem Rauche gleich,
Der stets nach kältern Himmeln sucht.

V Flieg, Vogel, schnarr
Dein Lied im Wüsten-Vogel-Ton! –
Versteck, du Narr,
Dein blutend Herz in Eis und Hohn!

VI Die Krähen schrein
Und ziehen schwirren Flugs zur Stadt:
– Bald wird es schnein,
Weh dem, der keine Heimat hat!

Zwei fast gleichlautende ↗Strophen rahmen das Gedicht ein: Die Krähen flüchten sich vor dem nahenden Winter in die Stadt. Dort werden sie vielleicht noch Nahrung finden, wenn draußen die Äcker verschneit sind. Tiere haben eine Vorahnung, sie wittern Gefahr und Bedrohung, sie retten sich frühzeitig. Es ist ein Vogelzug in grellen Tönen: „schrein" – „schwirren Flugs". Die Krähen sind schwarze Vögel. Die kurze Naturskizze in drei Zeilen fängt eine düstere Stimmung ein: „Bald wird es schnein." – Dieser Satz ist keine Hoffnung auf Winterfreuden. Er ist in Verbindung mit dem heiseren Schrei der Krähen und ihrem „schwirren" Flug (einer ungewöhnlichen Ableitung aus dem Verbum „schwirren") eher eine Warnung. Nur ein Gedan-

kenstrich trennt in der ersten Strophe die Naturbeobachtung von einer nachdenklichen Überlegung, die auf den Titel des Gedichts und auf die Menschenwelt bezogen ist. Angst vor der Einsamkeit („Vereinsamt") – das ist das Thema des Gedichts. Die Krähen suchen ihre Zuflucht in der Stadt, sie ist im Winter ihre bergende „Heimat". Das Wort „Heimat" hat hier nicht den sentimentalen Beigeschmack rührseliger Heimatschnulzen. Heimat ist der Ort der Geborgenheit vor Bedrohung und Vereinsamung. Vorsichtig wird das Wort in den Text gesetzt, ein weiterer Gedankenstrich bereitet es vor und hebt es heraus. Zu Beginn des Gedichts lautet der Schlußvers (vgl. ↗Vers) der Strophe noch: „Wohl dem, der jetzt noch – Heimat hat!" Aber dieses vielleicht irgendwo noch trostreiche „Wohl dem" ist in der Schlußstrophe durch „Weh dem" ausgetauscht worden; ebenso auch das zögernde „noch" durch die nüchterne Verneinung „keine". Die Zeile „Bald wird es schnein. –" gehörte in der ersten Strophe noch zu der Naturskizze als Begründung für das Verhalten der Krähen. In der letzten Strophe ist dieser Satz durch die Interpunktion dem resignierenden, fast verzweifelten Ausruf zugeordnet: „Weh dem, der keine Heimat hat!" Die Krähen haben ihre Heimat, ihre Möglichkeit zu überwintern gefunden; aber das beobachtende ↗Lyrische Ich bleibt draußen vor der Stadt; es weiß, „Bald wird es schnein", ohne sich – wie die Krähen – in eine bergende Zuflucht retten zu können: „keine Heimat".

Zwischen dem Wechsel von „Wohl dem" zu „Weh dem" liegen vier Strophen. Sie sind keine Naturskizzen, sondern quälende Selbstgespräche. Ihr Inhalt ist der Vorwurf, mehrfach wiederholt, daß das Lyrische Ich aus der Begrenztheit – der Heimat (?) – ausgebrochen ist, neue Wege gesucht hat und dafür den Preis zu zahlen hat: „Vereinsamt". Aber ist das Abenteuer „Welt", der Mut zum Wagnis und zur Neugier über die abgezirkelten Grenzen vorbestimmter Lebensläufe hinaus, nicht auch eine Erfahrung, die eines Lebens wert ist? In Friedrich Nietzsches (1844 – 1900) Wintergedicht – im wörtlichen und übertragenen Sinn (vgl. ↗Metapher) – hat die Resignation, die Trauer über die Einsamkeit, den jugendlichen Elan zu neuen Ufern verdrängt. Es ist ein Rückblick ohne Perspektive in die Zukunft. Aber reizt diese resignierende Bestandsaufnahme nicht gerade zum Widerspruch? Was wäre, wenn alle in der bergenden Obhut vertrauter Umgebung („Heimat") blieben? Darüber sollte man nachdenken. Vielleicht ist diese Provokation, gegen den Strich wohlgeordneter „Lebensläufe" zu denken und das ganz Andere zu wagen – auch wenn es seinen Preis hat –, das eigentlich Lebenswerte, die wirkliche Bereicherung.

Der Text verneint diese Alternative: „Die Welt – ein Tor / Zu tausend Wüsten stumm und kalt!" Aber wer ist verpflichtet, sich damit abzufinden? Dieses Gedicht, sehr bestimmt in seiner Aussage, ist gerade durch seine Bestimmtheit eine Herausforderung an den Leser: Er soll sich angesprochen fühlen und selbst in die Argumentation des Gedichts eintreten und eingreifen.

Zwischen dem Inhalt des Gedichts (Resignation, Klage, Ratlosigkeit) und seiner metrischen (vgl. ↗Metrum) und strophischen Gestalt besteht eine gewisse Spannung, wenn nicht sogar ein Widerspruch. Denn im Gegensatz zur Zerrissenheit des quälenden Selbstgesprächs sind die Strophen sehr formbewußt gestaltet – gleichsam als ob die „Etikette" den Zweifel zudecken sollte. Die vierzeiligen Strophen sind im Wechsel von jambischen (vgl. ↗Jambus) Zweihebern und Vierhebern (vgl. ↗Hebung) mit durchgehend männlichem Versende (vgl. ↗Kadenz) gebaut. Sie haben ↗Kreuzreim, die häufigste Form der ↗Volksliedstrophe.

Rückfragen und Aufgaben:

1. *Wie hat Hugo von Hofmannsthal in seinem Gedicht* Vorfrühling *(S. 45) die Bewegungen des Frühlingswindes sprachlich wiedergegeben?*
Wie ist das Zeitgefüge in dem Gedicht?
Welche Versmaße finden sich in dem Gedicht? Hat ihre Wahl auch etwas mit dem Inhalt zu tun?

2. *Mit welchen Bildern, Vergleichen, Metaphern wird in dem Gedicht* Kurzes Unwetter *(S. 48) der Naturvorgang dargestellt?*
Erklärt Versbau, Reimform und Strophenschema.

3. *Was ist der gedankliche Inhalt des Naturbildes in Hebbels* Herbstbild *(S. 50)?*

4. *Wie greifen in Nietzsches Gedicht* Vereinsamt *(S. 51) Naturbeobachtung und Menschenwelt ineinander?*
Welche Bilder und Vergleiche bestimmen den Text?
Wer spricht in dem Gedicht? An wen wendet sich der Text?

2.1.5 Im Schatten der Hochhäuser

Natur

Ludwig Fels

Hierher, sagen mir Bekannte, bauen wir
unser Häuschen.
Auf ihrem Grundstück grasen Kühe
und Blumen wachsen im Klee.
Hier ist noch alles so natürlich, sagen sie, die Luft
und der Wald, Hügel und Felder
hier werden wir wohnen ...

Ohne euch
sag ich
würde es so bleiben.

Um die einzelnen Redezuordnungen in dem Text besser zu erkennen, ist es für die Interpretation hilfreich, Anführungszeichen zu setzen:

„Hierher", sagen mir Bekannte, „bauen wir
unser Häuschen."
Auf ihrem Grundstück grasen Kühe
und Blumen wachsen im Klee.
„Hier ist noch alles so natürlich", sagen sie, „die Luft
und der Wald, Hügel und Felder
hier werden wir wohnen ..."

„Ohne euch",
sag ich,
„würde es so bleiben."

Der Text ist eine pointierte (vgl. ↗Pointe) Redeszene mit einem kurzen erzählenden Einschub. Referent des Gesprächs ist ein Ich-Erzähler (vgl. ↗Lyrisches Ich). Ein „Häuschen", – das klingt idyllisch und heimelig: ein Häuschen im Grünen. Man könnte – durch die Wortwahl – meinen, man sei in ein beschauliches Landleben hineingestolpert: Häuschen, Kühe grasen, Blumen wachsen im Klee, alles so natürlich, Luft, Wald, Hügel, Felder. – Das ganze Vokabular und Inventar eines romantischen Naturgedichtes scheint aufgeboten zu sein. Nur: es fehlen Reime, metrisch (vgl. ↗Metrum) gebaute ↗Verse und sich wiederholende ↗Strophen. Dies ist ein deutlicher Kontrast zur scheinbaren Idylle.

Ludwig Fels (geb. 1946) hat den Text in Zeilen unterschiedlicher Länge gesetzt; es ist ein ↗Prosa-Gedicht. Die Zeilen lassen sich nicht singen wie „O Täler weit, o Höhen" von Eichendorff. In der knappen Schlußbemerkung des Ich-Sprechers wird das Spiel der niedlichen Worte und Träume als Selbstbetrug entlarvt: Ohne die ständigen Eingriffe des Menschen könnte die Natur noch Natur bleiben. Denn: Ein Häuschen im Grünen, und dann noch ein Häuschen im Grünen usw. Wo bleibt dann noch Platz für die Natur?

Augen in der Großstadt

Kurt Tucholsky

I Wenn du zur Arbeit gehst
am frühen Morgen,
wenn du am Bahnhof stehst
mit deinen Sorgen:
da zeigt die Stadt
dir asphaltglatt
im Menschentrichter
Millionen Gesichter:
Zwei fremde Augen, ein kurzer Blick,
die Braue, Pupillen, die Lider –
Was war das? vielleicht dein Lebensglück ...
vorbei, verweht, nie wieder.

II Du gehst dein Leben lang
auf tausend Straßen;
du siehst auf deinem Gang,
die dich vergaßen.
Ein Auge winkt,
die Seele klingt;
du hasts gefunden,
nur für Sekunden ...
Zwei fremde Augen, ein kurzer Blick,
die Braue, Pupillen, die Lider –
Was war das? kein Mensch dreht die Zeit zurück ...
vorbei, verweht, nie wieder.

III Du mußt auf deinem Gang
durch Städte wandern;
siehst einen Pulsschlag lang
den fremden Andern.
Es kann ein Feind sein,
es kann ein Freund sein,
es kann im Kampfe dein
Genosse sein.
Es sieht hinüber
und zieht vorüber ...
Zwei fremde Augen, ein kurzer Blick,
die Braue, Pupillen, die Lider –
Was war das?
Von der großen Menschheit ein Stück!
Vorbei, verweht, nie wieder.

Das ↗Gedicht hat drei ↗Strophen. Jede Strophe ist in drei Abschnitte von je vier Zeilen (vgl. ↗Vers) gegliedert, die auch graphisch unterschiedlich abgesetzt sind. Nur das Mittelstück der letzten Strophe hat sechs Zeilen.

Der erste Abschnitt besteht aus jambischen (vgl. ↗Jambus) Drei- und Zweihebern (vgl. ↗Hebung) mit ↗Kreuzreim; sie enden abwechselnd männlich und weiblich (vgl. ↗Kadenz).

Im zweiten Abschnitt stehen jambische Zweiheber mit ↗Paarreim. Auch sie enden männlich und weiblich. Im dritten Abschnitt wechseln jambische Vier- und Dreiheber mit Kreuzreim. Dieser Abschnitt wiederholt sich fast gleichlautend in jeder Strophe. Nur auf die Frage „Was war das?" variiert jeweils die Antwort. Dieser Abschnitt ist der ↗Refrain.

Bereits im Titel wird ein Wort genannt, das an mehreren wichtigen Stellen im Text wieder aufgenommen wird: „Augen". Das Wort „Augen" steht stellvertretend für Menschen, die man sieht und von denen man gesehen wird (vgl. ↗Synekdoche, ↗Pars pro toto). Das Auge ist in diesem Zusammenhang ein ↗Symbol; es meint den ganzen Menschen (vgl. auch ↗Bild, ↗Metapher). Es symbolisiert als Teil für das Ganze den Kontakt zu den Menschen, das „Fenster" zur Außenwelt. Und es charakterisiert den Menschen, dem man gegenübertritt; auch in der Umgangssprache äußern wir unsere Meinung über jemanden durch die Beschreibung seiner Augen: gütige Augen, aufmerksame Augen, kalte Augen (teilweise wird das Wort „Auge" auch durch „Blick" ersetzt).

Das Gedicht fängt fast alltäglich an: „Wenn du zur Arbeit gehst" (...). Aber schon nach wenigen Zeilen tauchen Wortfügungen auf wie „Menschentrichter", „Millionen Gesichter", „Lebensglück". Dies sind keine Wörter der Alltagssprache. Sie lassen vermuten, daß mit dem Eingangsbild bereits mehr angedeutet wird als die morgendliche „rush hour" im Großstadtgewühl.

Wir gehen die Strophen im einzelnen durch:

Erste Strophe:

Ein Ich-Erzähler (vgl. ↗Lyrisches Ich) spricht mit sich selbst in der zweiten Person. Vielleicht auch meint er nicht nur sich selbst, sondern jeden, der in ähnlicher Situation ist: Morgen, Bahnhof, Gedränge, Menschengewühl; eine durchaus realistische Szene. Und in dem Gedränge ist das erzählende Ich mit seinen Sorgen beschäftigt. Plötzlich aber in dieser Asphaltlandschaft, in diesem großstädtischen Gedränge, in dieser Anonymität der „Millionen Gesichter" entdeckt er „zwei fremde Augen", die mit ihm einen kurzen Blick wechseln im vorbeiströmenden Gedränge. Es ist ein Augenblick, in dem die Anonymität des „Menschentrichter(s)" aufgehoben wird. Ein kurzer Blick; aber noch ehe er voll wahrgenommen wird, ist die Szene schon wieder Vergangenheit:

> Was war das? Vielleicht dein Lebensglück ...

Die Pünktchen deuten eine lange, fragende Pause an. Erbarmungslos ist das Fazit:

> vorbei, verweht, nie wieder.

Es ist der leitmotivische Abschluß (vgl. ↗Leitmotiv) aller drei Strophen; dreifach wird die Unwiederbringlichkeit unterstrichen, durch die drei Ausdrücke und durch die dreifache Setzung jeweils am Strophenende. Sie ist auch das Ende, die letzte Aussage des Gedichts.

Zweite Strophe:

In der ersten Strophe war sehr konkret vom Bahnhof die Rede. aber in der zweiten Strophe ist das Verbum „gehen" auf eine ganz andere Ebene bezogen:

> Du gehst dein Leben lang (...)

„Gang" und „gehen" sind der Lebensweg, der über „tausend Straßen" führt. Das Bild entgrenzt sich, wird eine Metapher: Vom „Bahnhof" zu den „tausend Straßen". Es gab glückliche Augenblicke mitmenschlicher Begegnung. Aber:

> du siehst auf deinem Gang,
> die dich vergaßen.

An dem Fazit der ersten Strophe ändert sich nichts. Im Gegenteil: Es festigt sich; denn:

> (...) kein Mensch dreht die Zeit zurück ...

Dritte Strophe:

Auch die dritte Strophe beginnt – zumindest im Inhalt – wie die Strophen vorher: Wieder das „Du" (stellvertretend für viele?) und wieder die Metapher des Unterwegsseins („Gang", „wandern"). Aber der Raum weitet sich: Bahnhof (erste Strophe), Straßen (zweite Strophe), Städte (dritte Strophe). Aus dem Gang zum Bahnhof an einem bestimmten Tag ist der Lebensweg durch die Städte geworden. Das erzählende Ich begegnet Feinden, Freunden und Genossen. Auf die Frage „Was war das?" folgt die Antwort, nun mit Ausrufezeichen:

> (...) Von der großen Menschheit ein Stück!

Das Gedicht *Augen in der Großstadt* – man nennt es ein *Chanson,* weil es von Kurt Tucholsky (1890 – 1935) für den Liedvortrag gedacht war – erschließt sich in seinem Sinn erst durch den genauen Blick auf seine metaphorische Bilderwelt, die über die Momentaufnahmen hinausreicht.

Blauer Abend in Berlin

Oskar Loerke

Der Himmel fließt in steinernen Kanälen;
Denn zu Kanälen steilrecht ausgehauen
Sind alle Straßen, voll vom Himmelblauen;
Und Kuppeln gleichen Bojen, Schlote Pfählen

Im Wasser. Schwarze Essendämpfe schwelen
Und sind wie Wasserpflanzen anzuschauen.
Die Leben, die sich ganz am Grunde stauen,
Beginnen sacht vom Himmel zu erzählen,

Gemengt, entwirrt nach blauen Melodien.
Wie eines Wassers Bodensatz und Tand
Regt sie des Wassers Wille und Verstand

Im Dünen, Kommen, Gehen, Gleiten, Ziehen.
Die Menschen sind wie grober bunter Sand
Im linden Spiel der großen Wellenhand.

Der erste Eindruck: das Gedicht hat einen formal streng geordneten, kunstvollen Aufbau; es ist ein ↗Sonett, eine Gedichtform (vgl. ↗Gedicht), die aus der italienischen Renaissance stammt. Auf zwei Vierzeiler (Quartette) folgen zwei Dreizeiler (Terzette). Die beiden Vierzeiler (vgl. ↗Strophe) haben gleichlautenden ↗Umarmenden Reim: a b b a. In den beiden Dreizeilern wiederholt sich gleichlautend die Reimkombination: c d d.

Oskar Loerke (1884 – 1941) läßt die einzelnen Strophen durch ↗Enjambement ineinanderfließen. Dieses Gleiten und Fließen über die Strophengrenze hinaus hat etwas mit dem Inhalt des Gedichtes zu tun. Die bestimmende ↗Metapher des Gedichts ist die übertragene Bedeutung des Wortes „Wasser". Berlin ist eine Stadt der Kanäle, die sich weitverzweigt durch das Weichbild ziehen. Dadurch wird auch die Nennung der Farbe blau im Titel in ihrem Doppelsinn verständlich: das Blau des Himmels und das Blau des Wassers. Im Text vermischen sich die beiden Ebenen, oder anders: die Beschreibung der Topographie der Stadt als ein System von Kanälen wird auf den abendlichen Himmel übertragen und umgekehrt. So wie Berlin keine freie Naturlandschaft mehr ist, sondern ein Netz von „steinernen Kanälen", so wird auch der blaue Himmel über Berlin analog diesem ↗Bild beschrieben:

> Der Himmel fließt in steinernen Kanälen;
> Denn zu Kanälen steilrecht ausgehauen
> Sind alle Straßen, voll vom Himmelblauen; (...)

Die bildliche Beschreibung der Großstadt Berlin („Und Kuppeln gleichen Bojen, Schlöte Pfählen / Im Wasser.") als eines künstlich geregelten Gewässerverlaufs wirkt auf das Naturbild zurück; auch der Natur, dem Himmel, bleibt nur noch der Weg über die steinernen Kanäle, um in die Städte einzudringen und die Menschen an sich, an den blauen Himmel und an die Natur, zu erinnern.

Und dann folgt noch eine weitere Metapher; sie bleibt im Vergleichsbild (vgl. ↗Vergleich) der Gewässerlandschaft. Das Gewoge der Menschen am Grunde der Städte wird mit dem der Wasserpflanzen verglichen, die „Beginnen sacht vom Himmel zu erzählen", und mit dem groben bunten Sand „Im linden Spiel der großen Wellenhand." Diese Stadt lebt wie ein großes Wellenspiel, von fremder Hand geleitet; aber nicht in einer offenen Seen- oder Flußlandschaft – um im Bild zu bleiben –, sondern in den „steinernen Kanälen", die sie sich selbst gebaut hat.

Es gehört zum bildlichen Sprechen, zur Metapher und zum Vergleich, zum ↗Symbol und zur ↗Allegorie, daß sich die Vergleichspunkte nie ganz decken oder wechselseitig erklären; es bleibt immer ein Freiraum persönlicher Ausdeutung durch den Leser. Ein Bild ist keine statistische Vergleichsliste, es ist eben nur eine bildliche Vergleichsmöglichkeit. Eines aber kann man sagen: „Die Menschen" – wie sie auch im Text im kollektiven Plural vorgestellt werden – werden nicht als Individuen eingeführt, sondern:

> Die Menschen sind wie grober bunter Sand
> Im linden Spiel der großen Wellenhand.

Sollte man damit resignierend einverstanden sein? Wer ist die große „Wellenhand", die über die Menschen „Im linden Spiel verfügt"? Das wäre doch ein Ansatz, um dieses „schöne" Gedicht, dieses formstrenge Gedicht, etwas kritischer zu lesen und zu befragen.

Im Schatten der Hochhäuser — Jürgen Becker

Die Leute unten haben schlechteren
Fernseh-Empfang. Ihre Kinder, die kleinen,
schießen den ganzen Tag; die größeren
schaffen mehr noch mit ihren Mofas.

Die Leute unten leben in der Nähe
der Wiesen, die mit leeren
Fläschchen und Päckchen, Kippen
und Hundekacke bestreut sind.

Die Leute unten haben weniger Himmel
und zahlen weniger Miete; sie sparen
für Fertighäuser auf dem Land, wo
die Autobahn nahe,
und das Kraft- und das Klärwerk im Bau
und der Fernseh-Empfang klar ist.

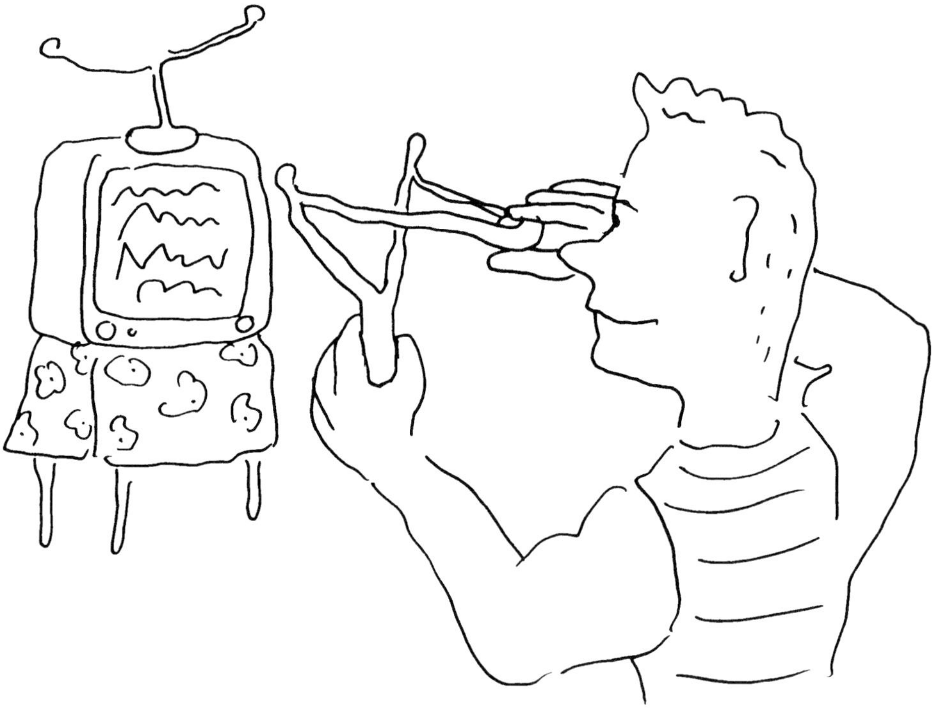

Der Text *Im Schatten der Hochhäuser* von Jürgen Becker (geb. 1932) hat keinen Endreim (vgl. ↗Reim), keinen gegliederten Versbau (vgl. ↗Vers), keine geordnete Struktur von ↗Hebungen und ↗Senkungen. Es scheint ein ↗Prosa-Gedicht zu sein. Aber: Es ist in ↗Strophen gegliedert. Und wenn man die letzte Strophe in zwei Dreizeiler zerlegt, dann entsteht ein ↗Sonett, zumindest nach der Anzahl der Strophen (zwei Vierzeiler, zwei Dreizeiler). Vielleicht war es die Absicht des Autors, eine formal sehr streng geregelte Gedichtform (vgl. ↗Gedicht) für sein Thema zu wählen, ohne sich der Normerwartung dieser Gedichtform, des Sonetts, zu fügen. Das kann etwas mit dem Thema, mit dem Inhalt des Textes zu tun haben.

Im Text wird eine „Ersatzlandschaft", vielleicht eine Trabantenstadt beschrieben; Die Silhouette wird durch die Hochhäuser bestimmt. Sie ist im Vergleich zu einer gewachsenen Wohnlandschaft so normativ geplant und konstruiert wie ein Sonett, nur nicht mit dessen geordneter Harmonie. Die Bewohner dieses Areals bemessen die Lebensqualität nicht nach Luft und Sonne, nach Licht und freier Grünfläche vor den Fenstern, sondern nach der Qualität des Fernsehempfangs. Und der vorübergehende Nachteil – „Wiesen, die mit leeren / Fläschchen und Päckchen, Kippen / und Hundekacke bestreut sind." – wird durch die Hoffnung aufgewogen, daß durch den billigen Mietpreis sich der Wunsch eines eigenen Fertighauses „auf dem Land" früher realisieren läßt. Aber wofür sparen – in der Argumentation des Textes – die Leute in den unteren Etagen der Hochhäuser wirklich?

für Fertighäuser auf dem Land wo
die Autobahn nahe,
und das Kraft- und das Klärwerk im Bau
und der Fernseh-Empfang klar ist.

„klar" ist in diesem Erwartungsbild einer besseren Wohn- und Lebensqualität nur der bessere „Fernseh-Empfang". Sonst – dies wird nicht weiter ausgeführt – hat sich nichts verändert, vielleicht eher verschlechtert („die Autobahn nahe, / das Kraft- und das Klärwerk im Bau"). Den „Reim" auf das Gedicht kann sich der Leser selbst machen. Denn, um im Wortspiel zu bleiben: der „Reim" auf all diese Widersprüche, – der fehlt dem Sonett von Jürgen Becker.

Weg zum Bahnhof — Günter Eich

I

Noch schweigt die Fabrik,
verödet im Mondschein.
Das Frösteln des Morgens
wollt ich gewohnt sein!

II

Rechts in der Jacke
die Kaffeeflasche,
die frierende Hand
in der Hosentasche,
so ging ich halb schlafend
zum Sechsuhrzug,
mich griffe kein Trauern,
ich wär mir genug

III

Nun aber rührt der warme Hauch
aus den Bäckereien
mein Herz an wie eine Zärtlichkeit,
und ich kann nicht gelassen sein.

Das Gedicht von Günter Eich (1907 – 1972) *Weg zum Bahnhof* erinnert durch den Hinweis im Titel an das Gedicht *Augen in der Großstadt* von Kurt Tucholsky. Beide Gedichte beginnen mit dem morgendlichen Weg des Ich-Erzählers (vgl. ↗Lyrisches Ich) zum Bahnhof. Aber es gibt wichtige Unterschiede:

– Günter Eich hat ein Gedicht geschrieben, ohne sich an ein festes, wiederkehrendes Reimschema (vgl. ↗Endreim) zu halten. Es gibt nur Andeutungen eines Endreims, aber über mehrere Verszeilen (vgl. ↗Vers) getrennt: „Mondschein / gewohnt sein – Bäckereien / gelassen sein." Die ↗Strophen haben eine unterschiedliche Länge (4 – 8 – 4). Die erste und die zweite Strophe haben zweihebige Verse (vgl. ↗Hebung); in der dritten Strophe wechseln Vierheber mit Dreihebern. Der Text ist ein Mittelding zwischen ↗Prosa-Gedicht, ↗Freien Versen und ↗Freien Rhythmen.

– Günter Eich bleibt in der Atmosphäre der morgendlichen Szene; er beschreibt den Weg zum Bahnhof minutiös genau: die frühe Stunde (Strophe I), den Weg zum Bahnhof (Strophe II), den Duft aus den Bäckereien (Strophe III). An keiner Stelle ist eine metaphorische (vgl. ↗Metapher) Ausweitung der Szene zu beobachten. Alles bleibt genaue Feststellung, reine Bestandsaufnahme des Vorgangs. Der Ich-Erzähler sinnt nicht über die Ausdeutbarkeit seines Verhaltens und seiner Eindrücke unterwegs nach; er konstatiert sie als Fakten.

Das Gedicht beschränkt sich auf die Eindrücke. Es ist sehr persönlich gehalten. Der „warme Hauch / aus den Bäckereien", der den Ich-Erzähler, sein „Herz", anrührt „wie eine Zärtlichkeit", gibt dem erlebten Moment eine größere Bedeutung als jegliche weitausholende Reflexion (wie beispielsweise in dem Gedicht *Augen in der Großstadt* von Kurt Tucholsky). Die Großstadt ist eine Realität, ebenso der morgendliche Weg zur Arbeit. Günter Eich fragt in dem Text nicht, was sein könnte; er beschreibt, was ist.

Rückfragen und Aufgaben:

1. *Wie ist der Text* Natur *(S. 55) von Ludwig Fels aufgebaut? Beachtet auch die Wortwahl.*
   Wie wird die Pointe, die überraschende Wende, vorbereitet?

2. *In dem Gedicht* Augen in der Großstadt *(S. 57) hat das Wort „Auge" eine besondere Bedeutung. Wofür steht es? Was wird mit ihm ausgedrückt?*
   Welche weiteren Wörter gehören in das Umfeld von „Auge"?
   Entdeckt ihr noch andere Metaphern?
   Wie sind die Strophen aufgebaut? Charakterisiert den Gesamtaufbau des Gedichtes.

3. *Was ist ein Sonett? Erklärt es am Beispiel des Gedichtes* Blauer Abend in Berlin *(S. 60) von Oskar Loerke.*
   Welche Funktion haben in dem Gedicht die Zeilensprünge (Enjambements)?
   Welche Metaphern, welches Bild bestimmt das ganze Gedicht?

4. *Vergleicht die unterschiedliche Wortwahl in den Gedichten* Blauer Abend in Berlin *(S. 60) und* Im Schatten der Hochhäuser *(S. 61)? Was fällt euch auf?*
   Welcher Text ist poetischer, welcher nähert sich der Alltagssprache?

5. *Beschreibt die Stimmung, die Günter Eich in dem Gedicht* Weg zum Bahnhof *(S. 63) eingefangen hat, mit eigenen Worten.*

2.2 Balladen

Erlkönig

Johann Wolfgang von Goethe

I	Wer reitet so spät durch Nacht und Wind?	Einleitender
	Es ist der Vater mit seinem Kind;	Erzählteil
	Er hat den Knaben wohl in dem Arm.	
	Er faßt ihn sicher, er hält ihn warm.	
II	Mein Sohn, was birgst du so bang dein Gesicht? –	Wechselge-
	Siehst, Vater, du den Erlkönig nicht?	spräch:
	Den Erlenkönig mit Kron und Schweif? –	Vater – Sohn
	Mein Sohn, es ist ein Nebelstreif. –	
III	„Du liebes Kind, komm, geh mit mir!	Erlkönig
	Gar schöne Spiele spiel ich mit dir;	(an den Sohn)
	Manch bunte Blumen sind an dem Strand,	
	Meine Mutter hat manch gülden Gewand."	
IV	Mein Vater, mein Vater, und hörest du nicht,	Wechselge-
	Was Erlenkönig mir leise verspricht? –	spräch:
	Sei ruhig, bleibe ruhig, mein Kind;	Vater – Sohn
	In dürren Blättern säuselt der Wind. –	
V	„Willst, feiner Knabe, du mit mir gehn?	Erlkönig
	Meine Töchter sollen dich warten schön;	(an den Sohn)
	Meine Töchter führen den nächtlichen Reihn	
	Und wiegen und tanzen und singen dich ein."	
VI	Mein Vater, mein Vater, und siehst du nicht dort	Wechselge-
	Erlkönigs Töchter am düsteren Ort? –	spräch:
	Mein Sohn, mein Sohn, ich seh es genau:	Vater – Sohn
	Es scheinen die alten Weiden so grau. –	
VII	„Ich liebe dich, mich reizt deine schöne Gestalt;	Erlkönig
	Und bist du nicht willig, so brauch ich Gewalt."	(an den Sohn)
	Mein Vater, mein Vater, jetzt faßt er mich an!	Vater
	Erlkönig hat mir ein Leids getan! –	(an den Sohn)
VIII	Dem Vater grauset's, er reitet geschwind,	Abschließen-
	Er hält in den Armen das ächzende Kind,	der Erzählteil
	Erreicht den Hof mit Müh und Not;	
	In seinen Armen das Kind war tot.	

Der Titel

Der Erlkönig ist der Herrscher eines Geisterreiches; er ist der König der *Elfen.* Johann Gottfried Herder, ein Freund Goethes, hat den Namen, der aus dem Dänischen kommt, irrtümlich mit *Erlkönig* übersetzt. Die ursprüngliche Bedeutung ist noch in dem Namen des Zwergs Alberich aus dem *Nibelungenlied* erhalten.

Die Elfen (auch: Elben, Alben) waren in der nordischen Sage Zaubergeister. In einem Lexikon steht über sie: „Bald scheinen sie Totenseelen, bald Schutz- und Hausgeister, bald Fruchtbarkeitsmächte darzustellen. Später haftet ihnen etwas Dämonisches an: Sie bringen Unheil und Krankheit, ihr verführerischer Gesang wird erwähnt. Erst im 18. Jahrhundert wird der Begriff Elfen in der Bedeutung anmutiger weiblicher Geister aus dem Englischen in die deutsche Literatur übernommen." (Brockhaus 6, S. 304)

Goethes Erlkönig ist noch ein verführerischer, unheilbringender Zaubergeist; er verlockt und bedroht den Knaben.

Der Inhalt

Ein Vater reitet mit seinem Sohn nachts durch den Wald. Der Knabe hat Angst; er spricht in Fieberphantasien vom Erlkönig, der ihn bedrohe. Der Vater versucht, den Knaben zu beruhigen, aber auch ihn erfaßt Unruhe. Als sie endlich im Hofe ankommen, ist der Knabe tot.

Eine „natürliche" Erklärung wäre, daß der Sohn hohes Fieber hatte und den anstrengenden nächtlichen Ritt nicht überlebte. Eine „übernatürliche" Erklärung wäre, wie es in der Ballade steht, daß der Erlkönig dem Knaben „ein Leids getan" hat.

Der Aufbau

Die Ballade hat je einen kurzen einleitenden und abschließenden Erzählteil (Strophen I und VIII). der Hauptteil besteht ausschließlich aus wörtlicher Rede. Das Wechselgespräch hat einen dramatischen Aufbau in steigender Linie.

Der Vater merkt, daß der Sohn unruhig und ängstlich ist. Er fragt ihn nach dem Grund. Der Sohn sagt ihm, daß er den Erlkönig sehe. Der Vater will ihn beruhigen; was er für den Erlkönig halte, sei nur ein Nebelstreif. (Strophe II)

Der Erlkönig spricht auf den Knaben ein, er solle mit ihm kommen: „Gar schöne Spiele spiel ich mit dir". Nur der Knabe hört die verlockende Rede des Erlkönigs (oder bildet sie sich in seinen Fieberphantasien ein?). Die Rede des Erlkönigs ist durch Anführungszeichen besonders markiert. (Strophe III)

Ängstlich wendet sich der Knabe an den Vater: „hörest du nicht, / Was Erlenkönig mir leise verspricht?" Wiederum versucht der Vater ihn zu beruhigen. Er bilde sich alles nur ein: „In dürren Blättern säuselt der Wind." (Strophe IV)

Erlkönigs Rede wird zudringlicher und verlockender. Er verspricht dem Knaben, daß die Elfentöchter mit ihm spielen werden. (Strophe V)

In panischer Angst wendet sich der Knabe an den Vater. Doch der tröstet ihn zum dritten Mal mit einer „natürlichen" Erklärung: „Es scheinen die alten Weiden so grau." (Strophe VI)

Nun verwandelt sich Erlkönigs verlockende Rede in Gewalt: „Und bist du nicht willig, so brauch ich Gewalt." Verzweifelt fleht der Sohn den Vater an: „Erlkönig hat mir ein Leids getan!" (Strophe VII)

Jetzt wird es auch dem Vater unheimlich, – vielleicht nicht weil er den Worten seines Sohnes glaubt, sondern weil er sich um den Zustand des Sohnes Sorgen macht. Er reitet schneller, aber zu Hause kann er nur noch den Tod des Knaben feststellen. (Strophe VIII)

Die Redesituation

Im Hauptteil sprechen drei Personen, – und zwar auf zwei getrennten Ebenen. Die erste Ebene ist das Wechselgespräch zwischen Vater und Sohn. Die zweite Ebene ist Erlkönigs Anrede an den Sohn. Der Vater nimmt nur wahr, was in der ersten Ebene gesprochen wird; die Rede des Erlkönigs erfährt er nur durch den Sohn. Der Sohn nimmt am Gespräch auf beiden Ebenen teil. Allerdings redet er nicht mit dem Erlkönig, sondern hört ihn nur.

Der Aufbau der Redesituation ist durch die Dreizahl der dramatischen Steigerung bestimmt:

Erste Stufe	Wechselgespräch zwischen Vater und Sohn (Strophe II) Erlkönigs Anrede an den Sohn (Strophe III)
Zweite Stufe	Wechselgespräch zwischen Vater und Sohn (Strophe IV) Erlkönigs Anrede an den Sohn (Strophe V)
Dritte Stufe	Wechselgespräch zwischen Vater und Sohn (Strophe VI) Erlkönigs Anrede an den Sohn und die Folgen (Der Vater erfährt dies aus dem Mund des Sohnes.) (Strophe VII)

Momente der Steigerung

Dreimal versucht der Vater, den Sohn zu beschwichtigen. Er versucht es jedesmal mit einer „natürlichen" Erklärung:

Strophe II	–	„Mein Sohn, es ist ein Nebelstreif."
Strophe IV	–	„In dürren Blättern säuselt der Wind."
Strophe VI	–	„Es scheinen die alten Weiden so grau."

Dreimal redet der Erlkönig auf den Knaben ein, und nur er hört, was Erlkönig sagt:

Strophe III	–	Er lädt das Kind zu schönen Spielen ein: „gar schöne Spiele spiel ich mit dir."
Strophe V	–	Erlkönig erzählt von seinen schönen Töchtern; er erweitert das Angebot.
Strophe VII	–	Erlkönig geht zur Tat über, da seine Verlockungen nicht wirken.

Darstellungsmittel

Goethe beschränkt sich auf einen kurzen Erzählteil je zu Anfang und Ende. Mit knappen Worten beschreibt er die Ausgangssituation, den nächtlichen Ritt, noch ohne irgendeinen Einbruch dämonischer Gewalten. Ebenso kurz ist der Schluß, die Ankunft nach dem unheimlichen Ritt im Gehöft: „In seinen Armen das Kind war tot." Nichts wird durch Erzählung breit ausgewälzt. Das dramatische Kernstück, der nächtliche Ritt, ist nur in Wechselreden auf zwei getrennten Ebenen wiedergegeben, wie in einem sich zuspitzenden Dialog. Der Erlkönig ist eine ↗Kunstballade mit vorwiegend dramatischen Darstellungsmitteln.

Ansätze zu einer Deutung

Der Vater lebt in einer Welt, deren Wirklichkeit vom Verstand bestimmt wird. Er hat für alles eine „natürliche" Erklärung. Trotzdem überfällt ihn am Schluß das Grausen, das Verhalten des Sohnes beunruhigt ihn. Nicht alles ist durch den Verstand erklärbar. Mag die Begegnung des Sohnes mit dem Erlkönig auch einer Fieberphantasie entsprungen sein und das Ergebnis von Erzählungen sein, von Geistersagen, die der Sohn gehört hat, – der Tod des (kranken) Sohnes ist keine Ausgeburt der Phantasie. Im Text selbst bleibt die Deutung des Inhalts in der Schwebe. Die Ballade beschränkt sich auf das, was wirklich geschieht oder sich in der Phantasie abspielt. Der Leser oder Hörer ist zur interpretierenden Stellungnahme aufgefordert.

Äußere Gestalt (Versbau, Strophenbau)

Die Ballade besteht aus acht ↗Strophen. Jede Strophe hat vier Verszeilen (vgl. ↗Vers), die paarweise (vgl. ↗Paarreim) reimen: a a b b. Das Versende ist jeweils männlich (vgl. ↗Kadenz). Der ↗Versfuß ist der ↗Jambus: x x́. Jeder Vers hat vier ↗Hebungen; er ist ein jambischer Vierheber (vgl. ↗Versmaß). Die Senkungen sind unterschiedlich gefüllt:

Mein Sohn, es ist ein Nebelstreif. x x́ x x́ x x́ x x́	gleichmäßige Füllung
Meine Mutter hat manch gülden Gewand. x x x́ x x́ x x́ x x x́	freie Füllung

Das Strophenende ist jeweils auch ein Satzende; an keiner Stelle springt der Satz in die nächste Strophe über (vgl. dazu ↗Enjambement). Auch das Versende fällt meistens mit einem Satzende oder mit einem Sinneinschnitt, einer Pause, zusammen (vgl. ↗Kolon):

Wer reitet so spät durch Nacht und Wind? Es ist der Vater mit seinem Kind;	Versende und Satzende fallen zusammen.
Meine Töchter führen den nächtlichen Reihn und singen und wiegen und tanzen dich ein.	Das Versende fällt mit einer Pause zusammen.

Dies alles sind strukturelle Merkmale der ↗Volksballade und des ↗Volksliedes (vgl. auch ↗Volksliedstrophe). Goethe hat dieses Bauelement bewußt benutzt.

Trotzdem ist der *Erlkönig* keine schlicht erzählte Volksballade; dies zeigt schon der kunstvolle, dramatisch gegliederte Aufbau, der auf eine Schlußpointe (vgl. ↗Pointe) zielt. Was dem Text Bewegung und Spannung gibt, ist der ↗Rhythmus.

Ruhig und gleichmäßig ist das Sprechtempo und der Satzrhythmus im einleitenden Erzählteil und in den beschwichtigenden Worten des Vaters. Unruhig, hastig und von Pausen unterbrochen ist die ängstliche Rede des Sohnes:

> Siehst, / Vater /, du den Erlkönig nicht? /
> Den Erlenkönig / mit Kron und Schweif? /

oder:

> Mein Vater, / mein Vater /, jetzt faßt er mich an! /
> Erlkönig hat mir ein Leids getan! – /

Einschmiegsam, faßt tänzelnd, ist die verführerische Redeweise des Erlkönigs. Der Inhalt wird durch die Melodie des Satzes (Reihung von Verben) verdeutlicht:

> Meine Töchter führen den nächtlichen Reihn
> Und wiegen und singen und tanzen dich ein.

Diese leicht schwingende Melodie wird erst abrupt unterbrochen, als der Erlkönig zum letzten Mittel, zur Gewalt, greift:

> Und bist du nicht willig, // so brauch ich Gewalt.

Dazu kommt noch die unterschiedliche Redegeschwindigkeit, bald ruhig erzählend, bald hektisch voranstürmend. Schon die Dialogform zeigt, daß diese Ballade *vorgetragen* werden muß, am besten mit verteilten Rollen.

Die Vorlage

Johann Gottfried Herder veröffentlichte 1778/79 unter dem Titel *Volkslieder* eine Sammlung von Volksliedern und Volksballaden aus verschiedenen Ländern. In dieser Anthologie steht auch die Ballade *Erlkönigs Tochter*, die auf eine dänische Quelle zurückgeht:

Erlkönigs Tochter

Herr Oluf reitet spät und weit,
Zu bieten auf seine Hochzeitsleut!

Da tanzen die Elfen auf grünem Land,
Erlkönigs Tochter reicht ihm die Hand.

„Willkommen, Herr Oluf, was eilst von hier?
Tritt her in den Reihen und tanz mit mir!" –

„Ich darf nicht tanzen, nicht tanzen ich mag;
Frühmorgen ist mein Hochzeitstag." –

„Hör an, Herr Oluf, tritt tanzen mit mir!
Zwei güldne Sporne schenk ich dir.

Ein Hemd von Seide so weiß und fein,
Meine Mutter bleicht's mit Mondenschein!" –

„Ich darf nicht tanzen, nicht tanzen ich mag;
Frühmorgen ist mein Hochzeitstag:" –

„Hör an, Herr Oluf, tritt tanzen mit mir!
Einen Haufen Goldes schenk ich dir." –

„Einen Haufen Goldes nähm ich wohl;
Doch tanzen ich nicht darf noch soll." –

„Und willt, Herr Oluf, nicht tanzen mit mir,
Soll Seuch und Krankheit folgen dir."

Sie tät einen Schlag ihm auf sein Herz,
Noch nimmer fühlt er solchen Schmerz.

Sie hob ihn bleichend auf sein Pferd,
„Reit heim nun zu dein'm Fräulein wert!"

Und als er kam vor Hauses Tür,
Seine Mutter zitternd stand dafür.

„Hör an, mein Sohn, sag an mir gleich:
Wie ist dein Farbe blaß und bleich?"

„Und sollt sie nicht sein blaß und bleich?
Ich traf in Erlenkönigs Reich."

„Hör an, mein Sohn, so lieb und traut,
Was soll ich nun sagen deiner Braut?"

„Sagt ihr, ich sei im Wald zur Stund,
Zu proben da mein Pferd und Hund."

Frühmorgen und als es Tag kaum war,
Da kam die Braut mit der Hochzeitsschar.

Sie schenkten Met, sie schenkten Wein:
„Wo ist denn Herr Oluf, der Bräutgam mein?"

„Herr Oluf, er ritt in Wald zur Stund,
Er probt allda sein Pferd und Hund."

Die Braut hob auf den Scharlach rot –
Da lag Herr Oluf, und er war tot.

Goethes *Erlkönig* (1782) lehnte sich an diese Vorlage an.

Rückfragen und Aufgaben:

1. *Vergleicht beide Balladen nach folgenden Gesichtspunkten:*
   - *Welche Personen treten auf?*
   - *Was geschieht?*
   - *Mit wem ist Herr Oluf vergleichbar?*
   - *Wo sind Gemeinsamkeiten zwischen Erlkönigs Tochter und dem Erlkönig?*
   - *Wie enden beide Balladen?*
   - *Welche Ballade ist im Aufbau einfacher gestaltet?*
   - *Wie ist der Versbau und die Strophenform?*
   - *Gibt es auch sprachliche Unterschiede (Wortwahl, Satzbau)?*

2.. *Welche Mittel der Steigerung setzt Goethe im* Erlkönig *(S. 66) ein?*

Friedrich Schiller — Der Ring des Polykrates

I
Er stand auf seines Daches Zinnen,
Er schaute mit vergnügten Sinnen
Auf das beherrschte Samos hin.
„Dies alles ist mir untertänig",
Begann er zu Ägyptens König,
„Gestehe, daß ich glücklich bin."

II
„Du hast der Götter Gunst erfahren!
Die vormals deinesgleichen waren,
Sie zwingt jetzt deines Zepters Macht.
Doch einer lebt noch, sie zu rächen,
Dich kann ein Mund nicht glücklich sprechen,
So lang des Feindes Auge wacht."

III
Und eh der König noch geendet,
Da stellt sich, von Milet gesendet,
Ein Bote dem Tyrannen dar:
„Laß, Herr! des Opfers Düfte steigen,
Und mit des Lorbeers muntren Zweigen
Bekränze dir dein festlich Haar.

IV Getroffen sank der Feind vom Speere,
Mich sendet mit der frohen Märe
Dein treuer Feldherr Polydor –"
Und nimmt aus einem schwarzen Becken,
Noch blutig, zu der beiden Schrecken,
Ein wohlbekanntes Haupt hervor.

V Der König tritt zurück mit Grauen.
„Doch warn ich dich, dem Glück zu trauen",
Versetzt er mit besorgtem Blick.
„Bedenk, auf ungetreuen Wellen,
Wie leicht kann sie der Sturm zerschellen,
Schwimmt deiner Flotte zweifelnd Glück."

VI Und eh er noch das Wort gesprochen,
Hat ihn der Jubel unterbrochen,
Der von der Reede jauchzend schallt.
Mit fremden Schätzen reich beladen,
Kehrt zu den heimischen Gestaden
Der Schiffe mastenreicher Wald.

VII Der königliche Gast erstaunet:
„Dein Glück ist heute gut gelaunet,
Doch fürchte seinen Unbestand.
Der Kreter waffenkund'ge Scharen
Bedrängen dich mit Kriegsgefahren:
Schon nahe sind sie diesem Strand:"

VIII Und eh' ihm noch das Wort entfallen,
Da sieht man's von den Schiffen wallen,
Und tausend Stimmen rufen: „Sieg!
Von Feindesnot sind wir befreiet,
Die Kreter hat der Sturm zerstreuet,
Vorbei, geendet ist der Krieg!"

IX Das hört der Gastfreund mit Entsetzen:
„Fürwahr, ich muß dich glücklich schätzen,
Doch", spricht er, „zittr' ich für dein Heil.
Mir grauet vor der Götter Neide,
Des Lebens ungemischte Freude
Ward keinem Irdischen zuteil.

X Auch mir ist alles wohlgeraten,
Bei allen meinen Herrschertaten,
Begleitet mich des Himmels Huld,
Doch hatt ich einen teuren Erben,
Den nahm mir Gott, ich sah ihn sterben,
Dem Glück bezahlt ich meine Schuld.

XI Drum, willst du dich vor Leid bewahren,
So flehe zu den Unsichtbaren,
Daß sie zum Glück den Schmerz verleihn.
Noch keinen sah ich fröhlich enden,
Auf den mit immer vollen Händen
Die Götter ihre Gaben streun.

XII Und wenn's die Götter nicht gewähren,
So acht auf eines Freundes Lehren
Und rufe selbst das Unglück her,
Und was von allen deinen Schätzen
Dein Herz am höchsten mag ergötzen,
Das nimm und wirf's in dieses Meer!"

XIII Und jener spricht, von Furcht beweget:
„Von allem, was die Insel heget,
Ist dieser Ring mein höchstes Gut.
Ihn will ich den Erinnen weihen,
Ob sie mein Glück mir dann verzeihen."
Und wirft das Kleinod in die Flut.

XIV Und bei des nächsten Morgens Lichte,
Da tritt mit fröhlichem Gesichte
Ein Fischer vor den Fürsten hin:
„Herr, diesen Fisch hab ich gefangen,
Wie keiner noch ins Netz gegangen,
Dir zum Geschenke bring ich ihn."

XV Und als der Koch den Fisch zerteilet,
Kommt er bestürzt herbeigeeilet
Und ruft mit hocherstauntem Blick:
„Sieh, Herr, den Ring, den du getragen,
Ihn fand ich in des Fisches Magen,
O, ohne Grenzen ist dein Glück!"

XVI Hier wendet sich der Gast mit Grausen:
„So kann ich ferner hier nicht hausen,
Mein Freund kannst du nicht weiter sein.
Die Götter wollen dein Verderben,
Fort eil ich, nicht mit dir zu sterben."
Und sprach's und schiffte schnell sich ein.

Die Quelle

Polykrates lebte im 6. Jahrhundert vor Christus. Er war Alleinherrscher über die Insel Samos. Mit seiner Flotte beherrschte er das Meer zwischen Griechenland und Kleinasien. Er baute die Hauptstadt großzügig aus. Er holte berühmte Künstler,

Gelehrte und Baumeister an seinen Hof. Die glückliche Hand, mit der er alles begann, war fast sprichwörtlich. Um so denkwürdiger war sein Ende; er wurde durch eine Hinterlist auf das kleinasiatische Festland gelockt und getötet. Sein gewaltsames Ende regte zu Warngeschichten an über die Vergänglichkeit des Glücks und den Neid der Götter. Der griechische Historiker Herodot hat die bekannteste Warngeschichte überliefert. Er schreibt:

> Während Kambyses gegen Ägypten zog, unternahmen auch die Lakedaimonier einen Kriegszug, und zwar gegen Samos und dessen Herrscher Polykrates, den Sohn des Aiakes. Polykrates hatte sich in einem Aufruhr zum Herrn gemacht und anfangs die Stadt in drei Teile geteilt, die er mit seinen Brüdern Pantagnotos und Syloson gemeinsam beherrschte. Später aber tötete er den einen und vertrieb den anderen, nämlich den jüngeren Syloson. So war er Herr von ganz Samos. Er schloß Freundschaft mit Amasis, dem König von Ägypten, sandte Geschenke und erhielt andere von ihm. Bald dehnte sich die Macht des Polykrates weiter aus, und man sprach von ihm in ganz Ionien und Hellas. Wohin er auch ins Feld zog, stets kämpfte er glücklich. Er hatte eine Flotte von hundert Fünfzigruderern und ein Heer von tausend Bogenschützen, und alles ohne Unterschied verwüstete er. Ja, er sagte, man verdiene sich den Dank seiner Freunde eher, wenn man ihnen ein entrissenes Land zurückgäbe, als wenn man es ihnen niemals nehme. Viele Inseln hatte er schon erobert und viele Städte des Festlands. So besiegte er auch die Lesbier in einer Seeschlacht, als sie mit ihrer ganzen Macht Milet zu Hilfe kommen wollten. Die Gefangenen mußten ihm den ganzen Graben rings um die Mauer von Samos graben.
>
> Auch zu Amasis drang die Kunde von den großen Erfolgen des Polykrates. Aber ihn machten sie besorgt. Und als sein Glück immer weiter andauerte, schrieb er folgenden Brief und sandte ihn nach Samos:
>
> „Amasis spricht zu Polykrates: süß ist es zu hören, daß ein guter Freund glücklich ist; aber deine vielen Erfolge wollen mich nicht froh machen, denn ich weiß, daß die Götter neidisch sind. Ich wünsche mir und denen, die ich liebe, daß uns nur einiges gelingt und anderes mißlingt. Ein wechselndes Los ist besser als ein dauerndes Glück. Immer noch habe ich gehört, daß ein Mensch, dem alles wohlgeriet, zuletzt ein furchtbares Ende genommen hat. Folge mir, und tue folgendes gegen dein Glück! Sinne nach, was dir das Liebste auf Erden ist und um dessen Verlust du am tiefsten trauern würdest. Das wirf fort, so daß es nie wieder in menschliche Hände kommt. Und wenn auch dann noch nicht Glück und Unglück bei dir wechseln, so hilf dir zum zweitenmal mit dem, was ich dir hier geraten habe."
>
> Polykrates las den Brief und erkannte wohl, wie gut ihm Amasis riet. Er dachte nach, um welches seiner Kleinode er wohl am tiefsten bekümmert sein würde, wenn er es verlöre. Da verfiel er denn auf den Ring, den er trug. Es war ein goldener Siegelring, mit einem Smaragd, ein Werk des Samiers Theodoros, Sohn des Telekles. Er beschloß, diesen Ring fortzuwerfen, und ließ einen Fünfzigruderer bemannen, bestieg ihn und gab den Befehl, aufs Meer hinauszufahren. Als das Schiff weit von der Insel entfernt war, zog er den Ring ab und warf ihn vor den Augen aller Mitfahrenden hinaus ins Meer. Dann fuhr er heim, ging in seinen Palast und trauerte.
>
> Fünf oder sechs Tage danach ereignete sich folgendes. Ein Fischer fing einen großen, schönen Fisch und meinte, er sei würdig, dem Polykrates zum Geschenk gemacht zu werden. Er kam an das Tor des Palastes und verlangte, zu Polykrates geführt zu werden. Als ihm dies gewährt wurde, gab er Polykrates den Fisch und sagte:
>
> „O König! Diesen Fisch, den ich gefangen habe, wollte ich nicht zu Markte tragen, obwohl ich von meiner Hände Arbeit lebe. Ich dachte, er sei deiner und deiner Macht würdig. So bringe ich ihn dir als Geschenk." Der König freute sich über die Worte und

entgegnete: „Du hast recht getan! Ich danke dir für deine Worte und deine Gabe und lade dich zur Tafel."

Stolz ging der Fischer nach Hause; als aber die Diener den Fisch zerteilten, fanden sie in seinem Bauch jenen Ring des Polykrates. Gleich nahmen sie ihn, trugen ihn voller Freude zu Polykrates und erzählten, wie sie ihn gefunden hätten. Da Polykrates das als göttliches Zeichen erkannte, schrieb er alles, was er getan und was sich ereignet, an Amasis und ließ den Brief nach Ägypten bringen.

Als Amasis den Brief las, den er von Polykrates erhalten, wurde er inne, daß kein Mensch einen anderen vor dem Schicksal, das ihm beschieden ist, bewahren kann, und daß Polykrates mit seinem wechsellosen Glück, das ihm sogar wiederbrächte, was er wegwürfe, kein gutes Ende nehmen würde. Er schickte einen Herold nach Samos und löste den Freundschaftsbund mit ihm. Das tat er, damit er nicht um Polykrates als um einen Freund trauern müßte, wenn schweres Unheil über ihn hereinbrechen würde.

Kernstück des Berichtes ist der Brief des ägyptischen Königs Amasis an seinen Freund Polykrates. In ihm rät er seinem Freund, dem alles zu gelingen scheint, das, was ihm am liebsten auf Erden ist, wegzuwerfen. Vielleicht könne er dadurch den Neid der Götter über sein Glück abwenden. Polykrates befolgt den Rat; er wirft seinen kostbarsten Ring ins Meer. Aber nach sechs Tagen bringt ihn ein Fischer zurück. Die Götter haben das Angebot des Polykrates nicht angenommen.

Herodot erzählt diese Geschichte als warnendes Beispiel: Je höher ein Mensch steigt, desto tiefer kann er fallen. Der Mensch solle seine Grenzen einhalten. Die Gründe läßt Herodot den König Amasis in seinem Brief an Polykrates sagen.

Der Bericht des Herodot läuft über eine längere Zeit. Die räumliche Distanz zwischen Samos und Ägypten wird durch Briefe überbrückt. Amasis ist bei dem „Experiment" des Polykrates nicht persönlich anwesend. Er erfährt erst aus einem Brief von dem Ausgang. Darauf löst er den Freundschaftsbund auf, „damit er nicht um Polykrates als um einen Freund trauern müßte, wenn schweres Unheil über ihn hereinbrechen würde."

Herodots Bericht hat folgende Gliederung:

- Der unaufhaltsame Aufstieg des Polykrates:
  - Wie Polykrates Herr über ganz Samos wurde.
  - Seine Freundschaft mit Amasis
  - Ausdehnung seiner Macht auf neue Gebiete; maßloser Expansionsdrang.
- Die Reaktion des Amasis auf die Erfolge des Polykrates; der Brief, in dem er ihn auffordert, den Neid der Götter durch ein Geschenk abzuwenden.
- Polykrates befolgt den Rat des Freundes.
- Der Ring kommt zurück.
- Polykrates erkennt das göttliche Zeichen seines zukünftigen Verhängnisses.
- Amasis trennt sich von Polykrates.

Die Darstellung der Ereignisse in Schillers Ballade

Schiller konzentriert das Geschehen auf zwei Tage in Samos. Deshalb erfindet er den Besuch des Amasis bei Polykrates. Als Moment der Steigerung führt er vor dem Rat des Amasis an Polykrates die drei Beispiele vom unbezwingbaren Glück des Polykrates ein. Der Rat des Amasis an Polykrates wird nicht in einem Brief mitgeteilt, sondern in einem Gespräch zwischen beiden nach den sich überstürzenden Erfolgsmeldungen. Diese Erfolgsmeldungen scheinen die Warnungen des Amasis von Stufe zu Stufe zu entkräften oder zu widerlegen, – bis dann die entscheidende Probe kommt, durch deren Ausgang Amasis sich in seiner Sorge bestätigt sieht.

Schiller hat die Erzählung des Herodot in eine dramatische Szene umgesetzt. Hauptteil ist das Gespräch zwischen Polykrates und Amasis, das mehrmals durch Erfolgsmeldungen kurz unterbrochen wird: Boten berichten von den glücklichen Ereignissen, die den sorgenvollen Warnungen des ägyptischen Königs zu widersprechen scheinen, – aber nur, um das Verhängnis der eigentlichen Probe dramatisch vorzubereiten. Der Schluß, die Ereignisse am nächsten Morgen, werden nur knapp wiedergegeben; das Verhängnis ist nicht mehr aufzuhalten: „Und sprach's und schiffte schnell sich ein."

Das entscheidende Gespräch zwischen Polykrates und Amasis ist nach dem Prinzip der dramatischen Steigerung aufgebaut. Dreimal warnt Ägyptens König den Herrscher von Samos, dreimal scheinen ihn die Fakten zu widerlegen. Beim vierten Mal aber wird seine Befürchtung zur Gewißheit; die Götter nehmen den freiwilligen Verzicht des Polykrates auf sein kostbarstes Kleinod nicht an.

Der Aufbau		
Strophe I	Ausgangspunkt: Polykrates rühmt sich vor Amasis. Dies ist eine Zusammenfassung der Vorgeschichte.	
Strophe II Strophe III/IV	Amasis warnt vor dem Rächer. Der Rächer wird besiegt.	1. Stufe 1. Warnung 1. Widerlegung
Strophe V Strophe VI	Amasis warnt vor den Gefahren des Meeres. Die Schiffe kehren reich beladen heim.	2. Stufe 2. Warnung 2. Widerlegung
Strophe VII Strophe VIII	Amasis warnt vor Kriegsgefahren. Die Kreter sind im Sturm zerstreut worden.	3. Stufe 3. Warnung 3. Widerlegung
Strophe IX Strophe X Strophe XI/XII Strophe XIII	Amasis warnt vor dem Neid der Götter. Amasis erzählt als Beispiel sein eigenes Schicksal; kein Glück sei ungetrübt. Aufforderung an Polykrates, den Göttern durch ein freiwilliges Opfer zuvorzukommen. Polykrates wirft den Ring ins Meer.	4. Stufe **Die Probe**
Strophe XIV/XV Strophe XVI	Am nächsten Morgen: Ein Fischer bringt einen Fisch. Im Inneren des Fisches ist der Ring. Amasis trennt sich von Polykrates: „Die Götter wollen dein Verderben."	5. Stufe **Das Ergebnis**

Vom Umfang her hat die Ballade deutlich zwei gleich große Teile. Die Strophen I bis VIII sind eine Art „Vorspiel": Polykrates fühlt sich auf dem Gipfel seiner Macht und seines Glücks; niemand kann sich ihm in den Weg stellen. Die Warnungen gehen in Erfolgsmeldungen unter. Die Strophen IX bis XVI beinhalten die eigentliche Probe. Wider alle Erwartung und Wahrscheinlichkeit landet der Ring, die Opfergabe an die Götter, wieder bei Polykrates; die Götter haben das Geschenk nicht angenommen.

Äußere Gestalt (Versbau, Strophenbau)

Die Ballade besteht aus sechzehn ↗Strophen zu je sechs Verszeilen (vgl. ↗Vers). Das ↗Reimschema ist der ↗Schweifreim; zwei Reimpaare werden durch einen dritten Reim unterbrochen: a a b c c b. Die Reimpaare enden weiblich, die dritte und sechste Zeile männlich (vgl. ↗Kadenz):

Er stand auf seines Daches Zinnen	a	weiblich
Und schaute mit vergnügten Sinnen	a	weiblich
Auf das beherrschte Samos hin.	b	männlich
„Dies alles ist mir untertänig“,	c	weiblich
Begann er zu Ägyptens König,	c	weiblich
„Gestehe, daß ich glücklich bin.“	b	männlich

Die meisten Strophen haben nach der dritten Zeile eine rhythmische oder gedankliche Pause, verursacht durch den Schweifreim, der die Strophe in zwei Teile gliedert. Dieses metrische Grundmuster kann aber vom Sprechrhythmus (vgl. ↗Rhythmus) überlagert werden; dadurch wird monotone Gleichmäßigkeit vermieden. Schiller war Schwabe; das merkt man an einzelnen Reimwörtern. Was in der Hochsprache ein ↗Unreiner Reim wäre, ist im Dialekt ein ↗Reiner Reim:

Untert**ä**nig / K**ö**nig
r**ä**chen / spr**e**chen
befr**ei**et / zerstr**eu**et
N**ei**de / Fr**eu**de

Jeder Vers ist aus vier ↗Jamben gebaut (jambischer Vierheber):

„Du hast der Götter Gunst erfahren!
x x́ x x́ x x́ x x́ x
Die vormals deinesgleichen waren,
x x́ x x́ x x́ x x́ x
Sie zwingt jetzt deines Zepters Macht.
x x́ x x́ x x́ x x́
Doch einer lebt noch, sie zu rächen
x x́ x x́ x x́ x x́ x
Dich kann ein Mund nicht glücklich sprechen,
x x́ x x́ x x́ x x́ x
So lang des Feindes Auge wacht.“
x x́ x x́ x x́ x x́

Schiller hat den alternierenden Wechsel von ↗Hebung und ↗Senkung streng beachtet. Trotzdem wirkt das Versmaß nicht beengend wie ein Korsett. Die gedanklichen Pausen, die Einschnitte im Sprechrhythmus, die unterschiedliche Sprechgeschwindigkeit, auch die antithetische (vgl. dazu ↗Antithese) Gegenüberstellung und das unvermittelte Aufeinanderprallen von Rede und Gegenrede – all dies gibt der Ballade eine eigene, nuancenreiche Dynamik. Die Sätze sind kurz und übersichtlich; komplizierte und langatmige Satzgefüge werden vermieden. Die dramatische Rede – unterbrochen von kurzen referierenden Erzähleinschüben – bestimmt den „Ton" der Ballade. Am besten, man liest sie mit verteilten Rollen.

Rückfragen und Aufgaben:

1. *Wie hat Schiller die Vorlage (Herodot) „dramatisiert"? Welche Mittel setzte er dazu ein?*
2. *Wie läßt sich die Ballade* Der Ring des Polykrates *gliedern?*
3. *Die Geschichte endet sehr unvermittelt: „Und sprach's und schiffte schnell sich ein." – Warum wohl?*
4. *Warum warnt der ägyptische König seinen Freund?*
5. *Welche Rolle spielen die Götter in dieser Ballade?*

Friedrich Schiller

Der Handschuh

I Vor seinem Löwengarten,
Das Kampfspiel zu erwarten,
Saß König Franz,
Und um ihn die Großen der Krone,
Und rings auf hohem Balkone
Die Damen in schönem Kranz.

Eingangsszene:
Die Hofgesellschaft vor dem Löwengarten versammelt, in Erwartung eines Kampfspiels unter Raubtieren.

II Und wie er winkt mit dem Finger,
Auf tut sich der weite Zwinger,
Und hinein mit bedächtigem Schritt
Ein Löwe tritt,
Und sieht sich stumm
Rings um,
Mit langem Gähnen,
Und schüttelt die Mähnen,
Und streckt die Glieder,
Und legt sich nieder.

Die „Raubtierszene":
Nacheinander kommen die Raubtiere in die Arena.

Zuerst ein Löwe.

III Und der König winkt wieder,
Da öffnet sich behend
Ein zweites Tor,
Daraus rennt
Mit wildem Sprunge
Ein Tiger hervor.
Wie der den Löwen erschaut,
Brüllt er laut,
Schlägt mit dem Schweif
Einen furchtbaren Reif,
Und recket die Zunge,
Und im Kreise scheu
Umgeht er den Leu
Grimmig schnurrend;
Darauf streckt er sich murrend
Zur Seite nieder.

Dann ein Tiger.

IV Und der König winkt wieder,
Da speit das doppelt geöffnete Haus
Zwei Leoparden auf einmal aus,
Die stürzen mit mutiger Kampfbegier

Zuletzt zwei Leoparden.

Auf das Tigertier,
Das packt sie mit seinen grimmigen Tatzen,
Und der Leu mit Gebrüll
Richtet sich auf, da wirds still.
Und herum im Kreis,
Von Mordsucht heiß,
Lagern die greulichen Katzen.

Die Tiere messen kurz ihre Kräfte, schnell klären sich die Machtverhältnisse, und die Tiere lagern in gespannter Ruhe, „Von Mordsucht heiß".

V Da fällt von des Altans Rand
Ein Handschuh von schöner Hand
Zwischen den Tiger und den Leun
Mitten hinein.

Der „Zwischenfall": Ein Frauenhandschuh fällt in den Zwinger (absichtlich geworfen?)

VI Und zu Ritter Delorges spottenderweis
Wendet sich Fräulein Kunigund:
„Herr Ritter, ist eure Liebe so heiß,
Wie Ihr mirs schwört zu jeder Stund,
Ei, so hebt mir den Handschuh auf."

Die „Menschenszene": Kunigundes spöttische Aufforderung an ihren Verehrer, den Handschuh zu holen.

VII Und der Ritter in schnellem Lauf
Steigt hinab in den furchtbarn Zwinger
Mit festem Schritte,
Und aus der Ungeheuer Mitte
Nimmt er den Handschuh mit keckem Finger.

Der Ritter holt den Handschuh aus dem Raubtierzwinger.

VIII Und mit Erstaunen und mit Grauen
Sehens die Ritter und Edelfrauen,
Und gelassen bringt er den Handschuh zurück.
Da schallt ihm sein Lob aus jedem Munde,
Aber mit zärtlichem Liebesblick –
Er verheißt ihm sein nahes Glück –
Empfängt ihn Fräulein Kunigunde.
Und er wirft ihr den Handschuh ins Gesicht:
„Den Dank, Dame, begehr ich nicht",
Und verläßt sie zur selben Stunde.

Staunen des Publikums über die mutige Tat.

Kunigunde ist von ihrem Verehrer begeistert.

Die überraschende Wende: Ritter Delorges verzichtet auf die Gunst Kunigundes und wirft ihr verächtlich „den Handschuh ins Gesicht".

Das szenische Panorama

Die Szene spielt am französischen Hofe. König Franz I. regierte von 1515 bis 1547. Schiller benutzte für seine Ballade, die 1797 entstand, eine französische Quelle.

Schiller kommentiert nicht, sondern berichtet – wie ein Augenzeuge –, was er sieht. Er ist Zuschauer bei dem Spektakel; in die gleiche Rolle versetzt er den Leser. Die Ballade beschränkt sich auf die Ereignisse, auf die reine Handlung. Wie der Zwischenfall und die Folgen zu beurteilen sind, – darüber muß sich der Leser (als Zuschauer) selbst Gedanken machen. Das Geschehen wird *von außen her* wiedergegeben, so wie es für den Beobachter abläuft. Trotzdem ist der Autor auch Interpret des Geschehens, und zwar durch die Anordnung und Verzahnung der Ereignisse.

Dreimal winkt der König Franz mit dem Finger, dreimal wird das Gatter für die Raubtiere geöffnet, die zum Kampfspiel in der Arena erwartet werden. Aber das Kampfspiel der Raubtiere findet nicht statt, – noch nicht, denn nach einem kurzen „Schlagabtausch" ist das Terrain für jedes Tier abgesteckt; die Leoparden ducken sich vor dem Tiger, und der Tiger macht um den Löwen einen Bogen. Die Tiere lagern sich im Zwinger, als ob sie selbst einem Schauspiel beiwohnen wollten. Die Ruhe ist prickelnd; die Tiere liegen auf der Lauer. Das Szenarium für ein „Kampfspiel" auf einer ganz anderen Ebene ist vorbereitet.

Ein deutlicher Einschnitt, eine erwartungsvolle Pause markiert den Wechsel. Der nächste Abschnitt beginnt unvermittelt mit dem Adverb „Da": Ein Handschuh fällt in den Zwinger. Fräulein Kunigunde übernimmt in der „Menschenszene" die Rolle, die in der „Raubtierszene" der König inne hatte; sie schickt Ritter Delorges spottend und herausfordernd in die Kampfarena. Und Delorges nimmt die Herausforderung an; er tritt wie vorher die Raubtiere – mitten in den Zwinger unter die lauernden Raubtiere und holt den Handschuh. Der Jubel für seinen Mut ist ihm gewiß; aber überraschend (vgl. ↗Pointe) verzichtet er auf den Lohn, er brüskiert das Fräulein Kunigunde vor dem ganzen Hofe. Kunigunde, die ihn angeblich liebt, hat ihn wie ein gefangenes Raubtier dem Hofe vorführen wollen. Dies ist eine falsche Spielregel für ein gemeinsames Leben. Delorges läßt sich nicht zum Spielball des launischen Ritterfräuleins erniedrigen. Delorges hat die Probe bestanden, aber anders als die Angebetete erhoffte; er weiß jetzt, mit wem er es zu tun hat. Wie die Tiere vorher in der „Raubtierszene", verdirbt Delorges in der „Menschenszene" dem Publikum das Spiel; niemand habe das Recht, über den anderen zu verfügen. Die Szene verwandelt sich zum Tribunal gegen diese Gesellschaft.

Daß die „Raubtierszene" das Vorspiel zur „Menschenszene" ist, verdeutlicht nur die Richtung, wie der „Zwischenfall" zu verstehen und zu interpretieren ist. Hätte der König nicht eingreifen müssen, um Kunigundes menschenverachtendes Ansinnen zu unterbinden?

Die äußere Gestalt

Schiller hat die Ballade nicht nach ↗Strophen, sondern nach Sinneinschnitten und Handlungsschritten gegliedert. Die Absätze haben eine unterschiedliche Länge. Die Gliederung richtet sich nach dem dramatischen Verlauf. Der Drehpunkt, die Achse der Ballade, ist der unvermittelte Wechsel der „Raubtierszene" zur „Menschenszene":

Da fällt von des Altans Rand
Ein Handschuh von schöner Hand
Zwischen den Tiger und den Leun
Mitten hinein.

Die ↗Verse sind sehr frei gestaltet; sie sind bald länger, bald kürzer (vgl. ↗Freie Verse). Sie gleichen sich dem Erzähltempo an oder versinnlichen Bewegungsabläufe, wie beim Auftritt des Löwen:

Ein Löwe tritt, /	Jeweils zwei ↗Hebungen:
Und sieht sich stumm /	
Rings um, //	Unterschiedliche Pausenlänge am Versende.
Mit langem Gähnen, //	
Und schüttelt die Mähnen, /	
Und streckt die Glieder, //	
Und legt sich nieder. // –	
– – –	Unterschiedliche Anzahl der Hebungen:
Und der Ritter in schnellem Lauf	drei Hebungen
Steigt hinab in den furchtbaren Zwinger	vier Hebungen
Mit festem Schritte,	zwei Hebungen
Und aus der Ungeheuer Mitte	vier Hebungen
Nimmt er den Handschuh mit keckem Finger.	vier Hebungen

Der bestimmende ↗Versfuß ist zwar der ↗Jambus, es tauchen aber auch der ↗Trochäus und der ↗Daktylus auf, gleichsam das Geschehen metrisch (vgl. ↗Metrum) untermalend. Die Versfüße mischen sich:

Vor seinem Löwengarten, x x́ x x́ x x́ x		
Das Kampfspiel zu erwarten, x x́ x x́ x x́ x	Jamben	
Saß König Franz, ... x x́ x x́		
– – –		
Wie der den Löwen erschaut, x x́ x x́ x x x́	Jamben	
Brüllt er laut, x́ x x́	Trochäen	Freie Füllung
Schlägt mit dem Schweif x́ x x x́	Trochäen	der ↗Senkungen.
Einen furchtbaren Reif, ... x x x́ x x x́	Jamben	
– – –		
Nimmt er den Handschuh mit keckem Finger. x́ x x x́ x x x́ x x́ x	Daktylen (und Trochäen)	

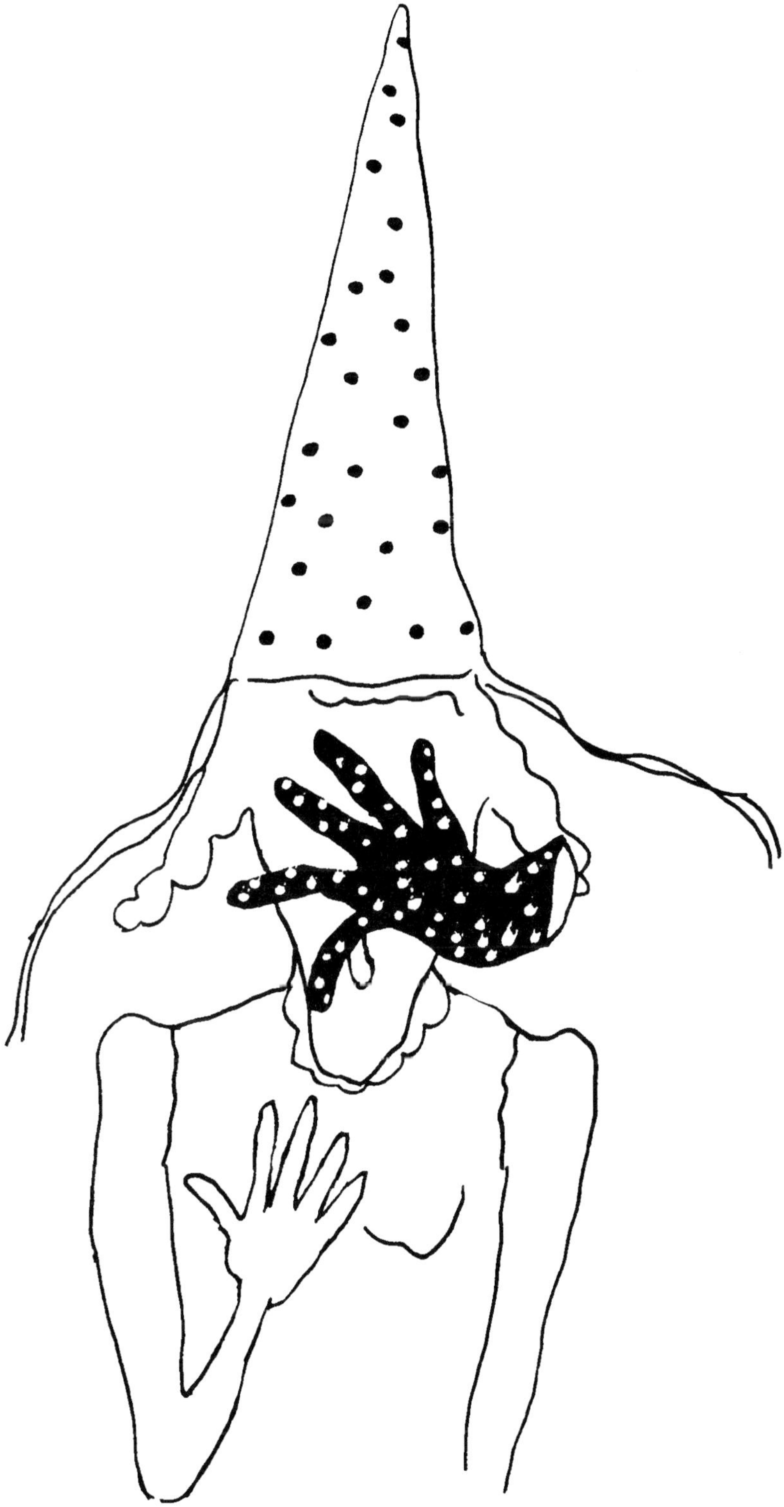

Die Verse haben ↗Endreim. Die Reimschemata sind aber in den einzelnen Absätzen verschieden:

I – ↗Schweifreim
II – ↗Paarreim
III – nur teilweise Reimbindung, über mehrere Zeilen reichend
IV – Paarreime, die von anderen Reimen umschlossen werden
V – Paarreim
VI – teilweise ↗Kreuzreim
VII – teilweise ↗Umarmender Reim
VIII – Mischung aus verschiedenen Reimschemata

Das Reimschema geht auch über die einzelnen Abschnitte hinaus und verbindet sie miteinander:

II/III Und legt sich nieder. //
Und der König winkt wieder, ...

– – –

III/IV Zur Seite nieder. //
Und der König winkt wieder, ...

– – –

VI/VII Ei, so hebt mir den Handschuh auf." //
Und der Ritter in schnellem Lauf ...

Man muß schon genau hinsehen und hinhören, um zu erkennen, wie souverän Schiller auf der Klaviatur spielt und Versbau, ↗Reim und ↗Rhythmus zu einem dramatischen Ablauf gestaltet. Im übertragenen Sinne (vgl. ↗Metapher) entspricht die freie Handhabung der Gestaltungsmittel dem Protest des Ritters Delorges gegen starre gesellschaftliche Konventionen, daß z.B. der Auserwählte sich vor der Angebeteten in einer Mutprobe „bewähren" müsse, wie bei einem „Kampfspiel".

Rückfragen und Aufgaben:

1. *Wie sind „Raubtierszene" und „Menschenszene" aufeinander bezogen?*

2. *Wo sitzt der Erzähler in dieser Runde? Wie wird erzählt?*

3. *Warum sagt Delorges: „Den Dank, Dame, begehr ich nicht"?*

Adalbert von Chamisso **Das Riesenspielzeug**

I Burg Niedeck ist im Elsaß der Sage wohlbekannt,
Die Höhe, wo vorzeiten die Burg der Riesen stand;
Sie selbst ist nun verfallen, die Stätte wüst und leer,
Du fragest nach den Riesen, du findest sie nicht mehr.

II Einst kam das Riesenfräulein aus jener Burg hervor,
Erging sich sonder Wartung und spielend vor dem Tor
Und stieg hinab den Abhang bis in das Tal hinein,
Neugierig zu erkunden, wie's unten möchte sein.

III Mit wen'gen raschen Schritten durchkreuzte sie den Wald,
Erreichte gegen Haslach das Land der Menschen bald,
Und Städte dort und Dörfer und das bestellte Feld
Erschienen ihren Augen gar eine fremde Welt.

IV Wie jetzt zu ihren Füßen sie spähend niederschaut,
Bemerkt sie einen Bauern, der seinen Acker baut;
Es kriecht das kleine Wesen einher so sonderbar,
Es glitzert in der Sonne der Pflug so blank und klar.

V „Ei! Artig Spielding!", ruft sie, „das nehm' ich mit nach Haus!"
Sie knieet nieder, spreitet behend ihr Tüchlein aus
Und feget mit den Händen, was sich da alles regt,
Zu Haufen in das Tüchlein, das sie zusammenschlägt,

VI Und eilt mit freud'gen Sprüngen, man weiß, wie Kinder sind,
Zur Burg hinan und suchet den Vater auf geschwind:
„Ei Vater, lieber Vater, ein Spielding wunderschön!
So Allerliebstes sah ich noch nie auf unsern Höh'n."

VII Der Alte saß am Tische und trank den kühlen Wein,
Er schaut sie an behaglich, er fragt das Töchterlein:
„Was Zappeliges bringst du in deinem Tuch herbei?
Du hüpfest ja vor Freuden; laß sehen, was es sei."

VIII Sie spreitet aus das Tüchlein und fängt behutsam an,
Den Bauer aufzustellen, den Pflug und das Gespann;
Wie alles auf dem Tische sie zierlich aufgebaut,
So klatscht sie in die Hände und springt und jubelt laut.

IX Der Alte wird gar ernsthaft und wiegt sein Haupt und spricht:
„Was hast du angerichtet? Das ist kein Spielzeug nicht!
Wo du es hergenommen, da trag es wieder hin,
Der Bauer ist kein Spielzeug, was kommt dir in den Sinn?

X Sollst gleich und ohne Murren erfüllen mein Gebot;
Denn wäre nicht der Bauer, so hättest du kein Brot;
Es sprießt der Stamm der Riesen aus Bauernmark hervor,
Der Bauer ist kein Spielzeug, da sei uns Gott davor!"

XI Burg Nideck ist im Elsaß der Sage wohlbekannt,
Die Höhe, wo vorzeiten die Burg der Riesen stand;
Sie selbst ist nun verfallen, die Stätte wüst und leer,
Und fragst du nach den Riesen, du findest sie nicht mehr.

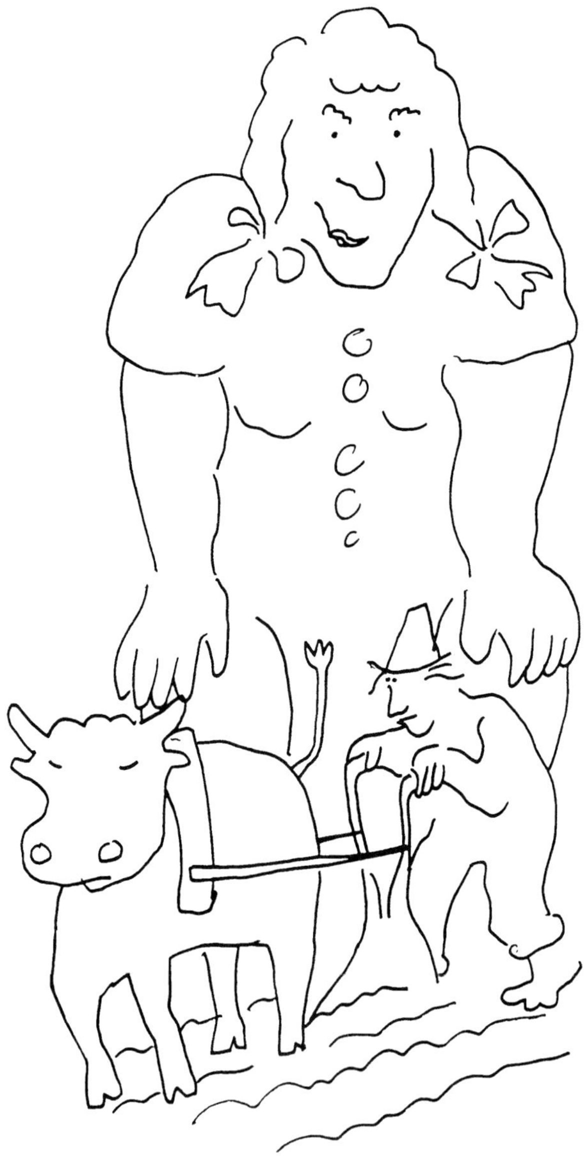

Versmaß und Strophenbau

Adalbert von Chamisso (1781 – 1838) hat für seine Ballade die Neue ↗Nibelungenstrophe verwendet; sie ist eine vereinfachte Form der Strophe aus dem mittelalterlichen *Nibelungenlied*. Sie besteht aus vier ↗Langzeilen mit je sechs ↗Hebungen. Der ↗Versfuß ist der ↗Jambus. Durch eine ↗Zäsur nach der dritten Hebung teilen sich die Langzeilen in zwei gleichgroße Halbzeilen. Die Langzeilen reimen paarweise (vgl. ↗Paarreim). Die erste Halbzeile hat durchgehend weibliche ↗Kadenz; die zweite Halbzeile endet immer männlich. Aus der neuen Nibelungenstrophe ist später die ↗Volksliedstrophe entstanden. Chamisso hat also eine volkstümliche Strophenform gewählt. Sie ist eher für erzählende als für dramatische Darstellungsweise geeignet, da sie ein ziemlich festes, gleichmäßig gegliedertes Gerüst hat.

Burg Nideck ist im Elsaß der Sage wohlbekannt,
x x́ x x́ x x́ x / x x́ x x́ x x́
Die Höhe, wo vorzeiten die Burg der Riesen stand;
x x́ x x́ x x́ x / x x́ x x́ x x́
Sie selbst ist nun verfallen, die Stätte wüst und leer,
x x́ x x́ x x́ x / x x́ x x́ x x́
Du fragest nach den Riesen, du findest sie nicht mehr.
x x́ x x́ x x́ x / x x́ x x́ x x́

Der Aufbau

Der Ballade liegt eine Lokalsage zugrunde, auf die bereits in der ersten Zeile hingewiesen wird: „Der Sage wohlbekannt".

Die Ballade hat einen Rahmen; die Eingangsstrophe wiederholt sich fast gleichlautend am Ende. Es wird über etwas längst Vergangenes berichtet. Das Geschlecht der Riesen ist verschwunden, ihre Burg verfallen, „die Stätte wüst und leer". Die Bauern aber – so soll der Gedanke weitergeführt werden – pflügen heute noch.

Die Sage spielt an zwei Orten:

I. *Im Tal* (Strophe II – V)
Das Riesenfräulein entdeckt unten im Tal einen Bauern, „der seinen Acker baut". Sie sieht in ihm ein lustiges Spielzeug, das sie ihrem Vater zeigen will.

II. *Auf der Burg* (Strophe VI – X)
Der Vater belehrt seine Tochter, was es mit dem vermeintlichen Spielzeug auf sich habe. Ohne die Arbeit des Bauern hätten auch die Riesen nichts zu essen; „Denn wäre nicht der Bauer, so hättest du kein Brot". Das Riesenfräulein muß den Bauern wieder ins Tal zu seiner Arbeit bringen.

Der Sinn des Erzählten

Die ritterlichen Burgherrn sind als Riesen vorgestellt. Das hat einen doppelten Grund:

1. Der körperliche Größenunterschied zwischen Riese und Mensch ist die „technische" Voraussetzung dafür, daß der Bauer wie ein kleines Spielzeug auf die Burg gebracht werden kann.

2. Im übertragenen Sinn wird durch die Einführung der Burgherrn als Riesen das Verhältnis zwischen Rittern und Bauern charakterisiert. Der Ritter ist aus der Perspektive des Bauern ein übermächtiger, übergroßer Grundherr, in dessen Fron der Bauer steht.

Die Geschichte wird zwar aus der Sicht des „Riesen"-Ritters erzählt – der Bauer kommt nicht zu Wort –, der in dieser Ballade einsichtige Ritter vertritt aber mit seiner Belehrung an die Tochter die Sache der Bauern: „Es sprießt der Stamm der Riesen aus Bauernmark hervor".

Die Ballade *Das Riesenspielzeug* ist ein erzähltes Argument für die Einsicht, daß in einem Staatsgebilde jeder auf den anderen angewiesen ist und sich niemand über den anderen erheben kann. Aus dem Erzählrahmen – „vorzeiten" – erklärt sich, warum die Belehrung an einem Beispiel aus der mittelalterlichen Ständeordnung durchgespielt wird. Der Sinn des Erzählten ist aber auch auf andere Gesellschaftsstrukturen übertragbar.

Rückfragen und Aufgaben:

1. *Wie sind die Strophen aufgebaut (Versmaß, Reim)?*
2. *Wie ist das Geschehen eingerahmt?*
3. *Wie lautet der Kernsatz?*
4. *Gliedert die XI Strophen nach einzelnen Abschnitten.*
5. *Welchen „Sinn" hat diese Ballade?*
6. *Was könnte der Bauer seiner Frau nach dieser unfreiwilligen Reise erzählt haben?*

Heinrich Heine

Schelm von Bergen

I Im Schloß zu Düsseldorf am Rhein
Wird Mummenschanz gehalten;
Da flimmern die Kerzen, da rauscht die Musik,
Da tanzen die bunten Gestalten.

II Da tanzt die schöne Herzogin,
Sie lacht laut auf beständig;
Ihr Tänzer ist ein schlanker Fant,
Gar höfisch und behendig.

III Er trägt eine Maske von schwarzem Samt,
Daraus gar freudig blicket
Ein Auge, wie ein blanker Dolch,
Halb aus der Scheide gezücket.

IV Es jubelt die Fastnachtsgeckenschar,
Wenn jene vorüberwalzen.
Der Drickes und die Marizzebill
Grüßen mit Schnarren und Schnalzen.

V Und die Trompeten schmettern drein,
Der närrische Brummbaß brummet,
Bis endlich der Tanz ein Ende nimmt
Und die Musik verstummet.

VI „Durchlauchtigste Frau, gebt Urlaub mir,
Ich muß nach Hause gehen –"
Die Herzogin lacht: Ich laß dich nicht fort,
Bevor ich dein Antlitz gesehen.

VII „Durchlauchtigste Frau, gebt Urlaub mir,
Mein Anblick bringt Schrecken und Grauen –"
Die Herzogin lacht: Ich fürchte mich nicht,
Ich will dein Antlitz schauen.

VIII „Durchlauchtigste Frau, gebt Urlaub mir,
Der Nacht und dem Tode gehör ich –"
Die Herzogin lacht: Ich lasse dich nicht,
Dein Antlitz zu schauen begehr ich.

IX Wohl sträubt sich der Mann mit finsterm Wort,
Das Weib nicht zähmen kunnt er;
Sie riß zuletzt ihm mit Gewalt
Die Maske vom Antlitz herunter.

X Das ist der Scharfrichter von Bergen! so schreit
Entsetzt die Menge im Saale
Und weichet scheusam – die Herzogin
Stürzt fort zu ihrem Gemahle.

XI Der Herzog ist klug, er tilgte die Schmach
Der Gattin auf der Stelle.
Er zog sein blankes Schwert und sprach:
Knie vor mir nieder, Geselle!

XII Mit diesem Schwertschlag mach ich dich
jetzt ehrlich und ritterzünftig,
Und weil du ein Schelm, so nenne dich
Herr Schelm von Bergen künftig.

XIII So ward der Henker ein Edelmann
Und Ahnherr der Schelme von Bergen.
Ein stolzes Geschlecht! es blühte am Rhein.
Jetzt schläft es in steinernen Särgen.

Zur Form

Der *Schelm von Bergen* steht in Heinrich Heines Gedichtband *Romanzero* (1851). Der Name Romanzero kommt aus dem Spanischen; er bedeutet einen Sammelband von ↗Romanzen. Die Romanze ist am ehesten mit der deutschen ↗Volksballade zu vergleichen. Seit dem 18. Jahrhundert hat man auch in Deutschland die Romanzenformen nachgeahmt. Man hat sich aber nicht streng an den Bau der spanischen ↗Romanzenstrophe gehalten, sondern sie mit Elementen aus der deutschen Volksliedstrophe verbunden.

Heinrich Heine wählte im *Schelm von Bergen* als Strophenform den Vierzeiler. Es reimen jeweils die zweite und vierte Zeile miteinander (vgl. ↗Reim, ↗Endreim); die erste und dritte Zeile sind reimlos. Die reimenden Verszeilen (vgl. ↗Vers) enden weiblich (vgl. ↗Kadenz), die reimlosen Verszeilen enden männlich. Der ↗Versfuß ist der ↗Jambus. Die Verse haben abwechselnd vier und drei ↗Hebungen mit freier Füllung der ↗Senkungen. Im Reim gibt es vokalische Abweichungen:

Best**ä**ndig / beh**e**ndig
bl**i**cket / gez**ü**cket
geh**ö**r ich / beg**e**hr ich
B**e**rgen / S**ä**rgen

(vgl. ↗Unreiner Reim); diese Freiheiten finden sich auch im ↗Volkslied.

Im Schloß zu Düsseldorf am Rhein — vier Hebungen
x x́ x x́ x x́ x x́ — männlich
Wird Mummenschanz gehalten; — a — drei Hebungen
x x́ x x́ x x́ x — weiblich
Da flimmern die Kerzen, da rauscht die Musik, — vier Hebungen
x x́ x x x́ x x x́ x x x́ — männlich
Da tanzen die bunten Gestalten. — a — drei Hebungen
x x́ x x x́ x x x́ x — weiblich

Die freie Füllung der Senkungen in den Zeilen drei und vier der ersten Strophe ist nicht zufällig. Der ↗Daktylus (x́ x x) ahmt die Musik und die Tanzbewegung nach.

Hintergründe

Heinrich Heines Ballade geht auf eine Sage über den Ursprung eines ungewöhnlichen Namens für ein altes Rittergeschlecht zurück. Bergen liegt bei Frankfurt; dort handelt auch die Sage nach der Krönung von Friedrich Barbarossa zum Kaiser (1155). Heine hat die Ereignisse nach Düsseldorf am Rhein verlegt; aus Kaiser und Kaiserin wurden ein Herzog und eine Herzogin. Heinrich Heine wurde 1797 als Sohn eines jüdischen Tuchhändlers in Düsseldorf geboren. Vielleicht sah er in der sozialen Ausgrenzung der Juden Parallelen zur sozialen Ächtung des Scharfrichters oder Schinders, wie er in der Sage bezeichnet wird. Das Amt des Schinders, der die Tierkadaver abholte, und das des Scharfrichters lagen früher in einer Hand. Die Bezeichnung „Schelm" bedeutete im Mittelalter Leichnam oder toter Tierkörper; sie wurde zum Berufsnamen des Schinders und war auch ein Synonym für „Bösewicht" und „Betrüger". Die heutige Bedeutung für einen listenreichen Spaßvogel ist jüngeren Datums.

Inhaltliche Gliederung

I Erzählende Einführung:

Str. I – Der Ort wird genannt, wo der Mummenschanz sich abspielt; alles ist vermummt, trägt Masken.

Str. II – Die Herzogin tanzt vergnügt mit einem Unbekannten; er ist schlank, höfisch und behendig. Er hat seine Qualitäten als Kavalier und Tänzer.

Str. III – Hinter der Maske des Unbekannten – dies ist ein Hinweis, der sich erst später aufschlüsseln läßt – blickt „Ein Auge, wie ein blanker Dolch, / Halb aus der Scheide gezücket."

Str. IV – Es ist Fastnacht; jeder ist in eine Rolle geschlüpft, aus Wunsch oder zur Tarnung.

Str. V – In diesem Treiben der Fastnacht fallen die sozialen Unterschiede; die Musik bestimmt den „Tanz" (ein Wort, das auch übertragen zu verstehen ist).

II Das Gespräch zwischen der Herzogin und ihrem unbekannten Tänzer:

Str. VI – Erste Bitte des Unbekannten, sich zurückziehen zu dürfen. Erste Forderung der Herzogin, sein Antlitz zu sehen.

Str. VII – Zweite Bitte, warnend vorgetragen. Zweite Forderung, energischer betont.

Str. VIII – Beides zum dritten Mal, noch gesteigert.

III Die „Enttarnung" – Erzählender Einschub:

Str. IX – Die Herzogin reißt dem Unbekannten die Maske vom Gesicht.

Str. X – Alle erkennen in dem Unbekannten den Henker und Schinder von Bergen.
Ihre Reaktion verändert sich plötzlich. Die Menge weicht zurück. Und die Herzogin, die sich vorher mit dem galanten Tänzer amüsiert hat, „stürzt fort zu ihrem Gemahle". Auf einmal wird der Unbekannte nicht mehr nach seiner eigenen Person beurteilt, wie er auftritt und sich verhält, – sondern nach einem vorgegebenen Bewertungssystem, das von der Gesellschaft diktiert ist.

IV Die Tilgung der Schmach:

Str. XI/XII – Der Herzog tilgt die Schmach, die seiner Gattin zugefügt wurde, dadurch, daß er den Henker durch Schwertschlag adelt und „ehrlich" macht. Erstens ist zu fragen, warum der Tanz im Mummenschanz eine „Schmach" war, und zweitens, warum ein plötzlicher Entschluß – ein äußerlicher Akt – des Herzogs alles ändert. Ist dieser Unterschied zwischen „Schmach" und Ehre nur diese formale Geste des Ritterschlags? Heine hat den Gedanken nicht weiter ausgeführt. Die Widersprüche sollen eine Anregung zum Weiterdenken sein.

V Der glückliche Ausgang:

Str. XIII – Am Wesen des Schelms von Bergen hat sich nichts geändert, aber durch den Schwertschlag des Herzogs ist er und seine Nachkommenschaft „gesellschaftsfähig" geworden. Sind „Schmach" (Ausschluß aus der Gemeinschaft) und „ehrlich" (Aufnahme in die Gemeinschaft) vielleicht nur ein willkürliches, äußerliches Ordnungssystem derer, die den Machtapparat leiten?

Heine hat seine Ballade von Fragen und Überlegungen freigehalten. Er gestaltete eine Sage in einen Handlungsablauf um, der sich klar gliedern läßt. Aber zwischen den Zeilen bleiben Fragen, die den Leser und Hörer nachdenklich machen. Nicht zufällig hat er den Vorfall in die rheinische Fastnacht verlegt, in den Mummenschanz, bei dem sich jeder hinter einer Maske versteckt. Ist nicht auch der Schwertschlag des Herzogs, der den Henker plötzlich „ritterzünftig" macht, eine Form des gesellschaftlichen Possenspiels, bei dem die Regeln jeweils von denen bestimmt werden, die an der Macht sind?

Rückfragen und Aufgaben:

1. *Heine erzählt und berichtet; er hält sich mit seinem eigenen Kommentar zurück. Trotzdem gibt der Autor Hinweise, in welcher Richtung er die Ballade über den Schelm von Bergen verstanden wissen will. Erläutert dies.*
2. *„Schmach" und „Ehre", wie werden sie vom Herzog und seinen Untertanen interpretiert? Welche Widersprüche tauchen auf?*
3. *Welche Elemente der ↗Volksballade hat Heine für seine ↗Kunstballade übernommen oder in ihr nachgestaltet?*

Das Lied vom braven Hund

I Laßt, Leute, euch berichten
Eine wundersame Kund.
Sie ist bei Wien geschehen,
Ihr Held, das war ein Hund.
Es kehrt' ein Gutsbesitzer,
Mit Namen Aloys Klein,
Nach einem Wochenmarkte
In einer Schenke ein.

II Er hatte Vieh verkaufet,
Trug bei sich den Erlös.
Das rochen in der Schenke
Zwei Räuber, bitterbös!
Als nun der Gutsbesitzer
Auf d' Nacht zu Bette ging,
Beschlossen die zwei Räuber,
Zu drehn ein schlimmes Ding.

III Sie schlichen in die Kammer
Hinein zu Aloys Klein,
Und drangen mit ihr'n Messern
Bedrohlich auf ihn ein;
Schon packten ihn die Schlimmen
An seiner bloßen Kehl',
Da schrie mit letzten Kräften
Die alte, arme Seel'.

IV Das hörte in dem Stalle
Sein treuer Schäferhund;
Er riß sich von der Kette
Und in der Kammer stund
Das Tier, bevor die Mörder
Die Messer setzten an,
Es stürzt sich auf die Kerle
Und rettet so den Mann.

V Es wurde überwältigt
Die böse Mörderbrut!
Zu Wien, auf dem Schafotte,
Da floß zum Lohn ihr Blut.
Doch in dem Kampfe stachen
Dem Tier sie eine Wund!
Und schon am nächsten Tage
Da starb der arme Hund.

VI Es setzt' in seinem Garten
Der Gutsbesitzer Klein
dem braven Schäferhunde
Von Marmor einen Stein!
Man könnt' aus der Geschichte
Erlernen dieses hier:
Viel treuer als die Menschen
ist oft ein Hundetier!

Das Lied vom braven Hund ist ein typisches Beispiel für den volkstümlichen ↗Bänkelsang. Der Text ist eine Erläuterung zu den einzelnen Bildern, auf die der Sänger mit einem Stock zeigt. Die Geschichte des braven Hundes, der seinen Herrn vor Mörderhand rettet und dabei selbst umkommt, ist deshalb deutlich in einzelne Bilder oder Szenen eingeteilt. Die Ballade beginnt mit dem Aufruf des Sängers an sein Publikum: „Laßt, Leute, euch berichten ...".

Die Geschichte ist in sechs ↗Strophen und Bilder gegliedert:

1. Bild: Der Gutsbesitzer kehrt mit dem Geld aus dem Verkauf seines Viehs in einer Schenke ein.
2. Bild: Zwei Räuber beobachten ihn, wie er zu Bette geht.
3. Bild: Der Überfall in der Kammer.
5. Bild: Die Strafe für die „böse Mörderbrut".
6. Bild: Der Grabstein für den braven Hund.

Der Abgesang bildet die Moral der Geschichte.

Die Ballade besteht aus sechs ↗Nibelungenstrophen (genauer: Neuen Nibelungenstrophen). Die Halbzeilen sind untereinander angeordnet; die ↗Zäsur im ursprünglichen ↗Langvers wird zum Versende (vgl. ↗Vers).

Der Satzrhythmus (vgl. ↗Rhythmus) ordnet sich der Zeilenanordnung unter. Der Satzbau greift nicht in die nächste Verszeile über (vgl. ↗Enjambement). Der Satzbau ist einfach; bevorzugt wird die reihende Beiordnung (Hauptsatz neben Hauptsatz). Die Wortstellung ist teilweise durch den Versbau (vgl. ↗Versmaß) bestimmt:

Ihr Held, **das** war der Hund	(Auffüllung)
Zwei Räuber, **bitterbös**	(Nachstellung des Attributs, endungslos)

Dies gilt auch für die Wortwahl:

Hundetier	(statt Hund)
Die **böse** Mörderbrut	(Aufschwellung, Pleonasmus)
Und in der Kammer **stund**	(altertümelnd, Reimzwang)

Beim Bänkelsang geht's gruselig zu; das Publikum will auf seine Rechnung kommen:

Die Szene wird schauerlich ausgemalt durch die Zeit (dunkle Nacht), wie die Mörder eindringen (schleichen), durch das Mordinstrument (Messer), wie sie ihm an die Kehle gingen, wie der Gutsbesitzer „mit letzten Kräften" schrie. Auch daß der „Mörderbrut" gleich das Schafott droht (das Blut fließt).

Rückfragen und Aufgaben:

1. *Welche Merkmale des ↗Bänkelsangs lassen sich an diesem Text ablesen oder „abhören"?*

2. *Zeichnet Bilder zu dem Text.*

3. *"Reim dich, oder ich fress' dich." – Gilt das auch für diesen Text?*

John Maynard

Theodor Fontane

I „Wer ist John Maynard?"

„John Maynard war unser Steuermann,
aus hielt er, bis er das Ufer gewann,
er hat uns gerettet, er trägt die Kron',
er starb für uns, unsere Liebe sein Lohn.
John Maynard."

*

II,1 Die „Schwalbe" fliegt über den Eriesee,
Gischt schäumt um den Bug wie Flocken von Schnee;
von Detroit fliegt sie nach Buffalo –
die Herzen aber sind frei und froh,
und die Passagiere mit Kindern und Fraun
im Dämmerlicht schon das Ufer schaun,
und plaudernd an John Maynard heran
tritt alles: „Wie weit noch, Steuermann?"
Der schaut nach vorn und schaut in die Rund':
„Noch dreißig Minuten... Halbe Stund'."

II,2 Alle Herzen sind froh, alle Herzen sind frei –
da klingt's aus dem Schiffsraum her wie ein Schrei,
„Feuer!", war es, was da klang,
ein Qualm aus Kajüt' und Luke drang,
ein Qualm, dann Flammen lichterloh,
und noch zwanzig Minuten bis Buffalo.

II,3 Und die Passagiere, buntgemengt,
am Bugspriet stehn sie zusammengedrängt,
am Bugspriet vorn ist noch Luft und Licht,
am Steuer aber lagert sich's dicht,
und ein Jammern wird laut: „Wo sind wir? Wo?"
Und noch fünfzehn Minuten bis Buffalo. –

II,4 Der Zugwind wächst, doch die Qualmwolke steht,
der Kapitän nach dem Steuer späht.
er sieht nicht mehr seinen Steuermann,
aber durchs Sprachrohr fragt er an:
„Noch da, John Maynard?"
„Ja, Herr. Ich bin."
„Auf den Strand! In die Brandung!"
„Ich halte drauf hin."
Und das Schiffsvolk jubelt: „Halt aus! Hallo!"
Und noch zehn Minuten bis Buffalo. –

II,5 „Noch da, John Maynard?" Und Antwort schallt's
mit ersterbender Stimme: „Ja, Herr, ich halt's!"
Und in die Brandung, was Klippe, was Stein,
jagt er die „Schwalbe" mitten hinein.
Soll Rettung kommen, so kommt sie nur so.
Rettung: der Strand von Buffalo!

*

III Das Schiff ist geborsten. Das Feuer verschwelt.
Gerettet alle. Nur *einer* fehlt!

*

IV,1 Alle Glocken gehn; ihre Töne schwell'n
himmelan aus Kirchen und Kapell'n,
ein Klingen und Läuten, sonst schweigt die Stadt,
ein Dienst nur, den sie heute hat:
Zehntausend folgen oder mehr,
und kein Aug' im Zug, das tränenleer.

IV,2 Sie lassen den Sarg in Blumen hinab,
mit Blumen schließen sie das Grab,
und mit goldner Schrift in den Marmorstein
schreibt die Stadt ihren Dankspruch ein:
„Hier ruht John Maynard! In Qualm und Brand
hielt er das Steuer fest in der Hand,
er hat uns gerettet, er trägt die Kron',
er starb für uns, unsre Liebe sein Lohn.
John Maynard."

Aufbau

Die Ballade hat vier Abschnitte in unterschiedlicher Länge.

I Im ersten Abschnitt wird danach gefragt, wer John Maynard ist; denn der Name sagt zunächst nichts. Ein Chor antwortet. Es sind die Überlebenden eines Schiffsunglücks, die durch die mutige Tat des Steuermanns John Maynard gerettet wurden; Dies ist die „Vorinformation" zum Hauptteil, der Darstellung des Unglücks.

II Der zweite Abschnitt, der Hauptteil, ist nochmals in fünf Absätze gegliedert.

II,1 Das Passagierschiff „Schwalbe" ist auf dem Eriesee (im Norden der USA) unterwegs, von Detroit nach Buffalo. Die Passagiere sind in guter Stimmung. Im Dämmerlicht sieht man schon das Ufer. Nach Auskunft des Steuermanns wird das Schiff in *dreißig* Minuten den Zielort erreichen.

II,2 Sinngemäß wird ein Vers aus II,1 einleitend wieder aufgenommen: „Alle Herzen sind froh, alle Herzen sind frei –". Doch plötzlich wird Feueralarm gegeben. Bis Buffalo sind es noch *zwanzig* Minuten. Die Zeitangaben werden wichtig; sie bestimmen das Tempo des dramatischen Verlaufs und die angstvolle Spannung unter den Passagieren. Die Zeitangaben sind eine Art *Count down*.

II,3 Die Passagiere drängen sich vorne am Bugspriet; dort wütet das Feuer noch nicht. Aber hinten am Steuer ist alles unter Qualm. Verzweifelt werden die Minuten bis zur rettenden Landung gezählt: „Und noch *fünfzehn* Minuten bis Buffalo. –"

II,4 Der Kontakt zum Steuermann ist durch die Rauchentwicklung nurmehr über das Sprachrohr möglich. Aber John Maynard verspricht durchzuhalten. Er will das Schiff an Land steuern. Die Passagiere jubeln und ermuntern ihn. Bis zum rettenden Strand fehlen nur noch *zehn* Minuten.

II,5 John Maynard bringt mit „ersterbender Stimme" das brennende Schiff durch die Brandung an den Strand.

III Das Schiff ist zwar bei dem Manöver geborsten, aber die Passagiere sind gerettet, auch die Mannschaft. Nur der Steuermann fehlt, John Maynard.

IV Szenenwechsel. Der Ort ist ein Friedhof.

IV,1 Zehntausende folgen dem Sarg John Maynards.

IV,2 Auf dem Grabstein stehen sinngemäß die Worte, die der Chor der Überlebenden eingangs der Ballade auf die Frage, wer John Maynard sei, gesprochen hatte. Anfang und Ende sind ein Loblied auf den selbstlosen Helden, der sich für seine Mitmenschen geopfert hat.

Das Schiffsunglück hat sich tatsächlich 1841 im Eriesee ereignet. Der Steuermann hieß Luther Fuller. Er bekam von dem Kapitän den Auftrag, das brennende Schiff auf Land zu setzen, damit die Passagiere über Bord springen und sich retten können. Aber Fuller konnte das Schiff nicht mehr zur Küste steuern, da die Steueranlage unter Feuer stand und versagte. Die meisten Passagiere kamen ums Leben. Fuller verließ als letzter Mann das Schiff, er hatte lebensgefährliche Brandwunden, aber er überlebte.

Luther Fuller hat das Äußerste versucht, er blieb bis zuletzt auf dem Schiff, unter Einsatz seines eigenen Lebens; aber er konnte die Katastrophe nicht verhindern. Wäre dieses „wirkliche" Geschehen nicht auch ein Thema für eine dramatische Ballade gewesen? Warum ist der Held nur ein Held, wenn er stirbt? Sicherlich hätte dann der Rahmen der Ballade – das Loblied der Geretteten (am Anfang) und der gleichlautende Text auf dem Grabstein (am Ende) – etwas anders gestaltet werden müssen. Bei dieser Ballade kann man sagen, daß der verbürgte Inhalt (die Schiffskatastrophe 1841 auf dem Eriesee) der Komposition zuliebe verändert und auf ein Klischee der heldenhaften Selbstaufopferung „stilisiert" wurde. Es ist eben erbauend, wenn die Geretteten am Grabe ihres Retters stehen und einstimmig sein Loblied singen. Theodor Fontane (1819 – 1898) hat den Stoff allerdings nicht aus der Zeitung, sondern über die Ballade eines amerikanischen Schriftstellers erfahren, der die Katastrophe nach seinem Sinn umgestaltet und „stilisiert" hatte.

Versmaß und Versbau

Die ↗Verse sind jambische Vierheber (vgl. ↗Jambus) mit ↗Paarreim. Einige Verse beginnen ohne ↗Auftakt; dadurch wird der Inhalt besonders hevorgehoben:

„Feuer!" war es , was da klang, ...
x́ x x́ x x́ x x́

Durch freie Füllung der ↗Senkungen und durch den fehlenden Auftakt wechselt an einigen Stellen das ↗Versmaß in den ↗Daktylus. Auch dies hat etwas mit dem Inhalt zu tun: Das Schiff jagt durch die Brandung ans rettende Ufer.

> Und in die Brandung, was Klippe, was Stein,
> x x́ x x́ x x x́ x x x́
> jagt er die „Schwalbe" mitten hinein.
> x́ x x x́ x x́ x x x́
> Soll Rettung kommen, so kommt sie nur so.
> x x́ x x́ x x x́ x x x́
> Rettung: der Strand von Buffalo!
> x́ x x x́ x x́ x x́

Das gleichmäßige Versmaß ist durch viele Sinneinschnitte und Redepausen (vgl. ↗Kolon) und durch Zeilensprünge (vgl. ↗Enjambement) rhythmisch (vgl. ↗Rhythmus) gegliedert:

> „Noch da, / John Maynard?" / Und Antwort schallt's
> mit ersterbender Stimme: / „Ja, / Herr, / ich halt's!" /
> Und in die Brandung, / was Klippe, / was Stein, /
> jagt er die „Schwalbe" mitten hinein. /
> – – – (...)
> und die Passagiere mit Kindern und Fraun
> im Dämmerlicht schon das Ufer schaun, — Enjambement
> und plaudernd an John Maynard heran
> tritt alles: „Wie weit noch, Steuermann?" — Enjambement

Dramatische Erzählgeschwindigkeit im Hauptteil, die Angst und Hoffnung wiedergibt, wechselt mit feierlichem Vortrag am Anfang und Ende.

Im Text finden sich nur wenige ausschmückende Adjektive; dagegen häufen sich die Verben, sie bestimmen das Tempo:

> Der Zugwind *wächst*, doch die Qualmwolke *steht*,
> der Kapitän nach dem Steuer *späht*.
> – – –
> Das Schiff *geborsten*. Das Feuer *verschwelt*. — Nicht voll ausgebaute
> *Gerettet* alle. Nur e i n e r *fehlt*! — Kurzsätze.

Rückfragen und Aufgaben:

1. *Wie verhält sich die Ballade zum wirklichen Schiffsunglück auf dem Eriesee? Was ist geändert worden, und warum?*
2. *Wie ist das eigentliche Geschehen eingerahmt?*
3. *Welche Mittel der dramatischen Steigerung sind eingesetzt?*
4. *Welche Wortart herrscht vor?*

Kinderkreuzzug

Bertolt Brecht

I In Polen, im Jahr Neununddreißig
War eine blutige Schlacht
Die hatte viele Städte und Dörfer
Zu einer Wildnis gemacht.

II Die Schwester verlor den Bruder
Die Frau den Mann im Heer;
Zwischen Feuer und Trümmerstätte
Fand das Kind die Eltern nicht mehr.

III Aus Polen ist nichts mehr gekommen
Nicht Brief noch Zeitungsbericht.
Doch in den östlichen Ländern
Läuft eine seltsame Geschicht.

IV Schnee fiel, als man sich's erzählte
In einer östlichen Stadt
Von einem Kinderkreuzzug
Der in Polen begonnen hat.

V Da trippelten Kinder hungernd
In Trüpplein hinab in Chausseen
Und nahmen mit sich andere, die
In zerschossenen Dörfern stehen.

VI Sie wollten entrinnen den Schlachten
Dem ganzen Nachtmahr
Und eines Tages kommen
In ein Land, wo Frieden war.

VII Da war ein kleiner Führer
Das hat sie aufgericht'.
Er hatte eine große Sorge:
Den Weg, den wußte er nicht.

VIII Eine Elfjährige schleppte
Ein Kind von vier Jahr
Hatte alles für eine Mutter
Nur nicht ein Land, wo Frieden war.

IX Ein kleiner Jude marschierte im Trupp
Mit einem samtenen Kragen
Der war das weißeste Brot gewohnt
Und hat sich gut geschlagen.

X Und ging ein dünner Grauer mit
Hielt sich abseits in der Landschaft.
Er trug an einer schrecklichen Schuld:
Er kam aus einer Nazigesandtschaft.

XI Und da war ein Hund
Gefangen zum Schlachten
Mitgenommen als Esser
Weil sie's nicht übers Herz brachten.

XII Da war eine Schule
Und ein kleiner Lehrer für Kalligraphie[1].
Und ein Schüler an einer zerschossenen Tankwand
Lernte schreiben bis zu Frie...

XIII Da war auch eine Liebe
Sie war zwölf, er war fünfzehn Jahr.
In einem zerschossenen Hofe
Kämmte sie ihm sein Haar.

XIV Die Liebe konnte nicht bestehen
Es kam zu große Kält:
Wie sollen die Bäumchen blühen
Wenn so viel Schnee drauf fällt?

XV Da war auch ein Begräbnis
Eines Jungen mit samtenen Kragen
Der wurde von zwei Deutschen
Und zwei Polen zu Grab getragen.

XVI Protestant, Katholik und Nazi war da
Ihn der Erde einzuhändigen.
Und zum Schluß sprach ein kleiner Kommunist
Von der Zukunft der Lebendigen.

XVII So gab es Glaube und Hoffnung
Nur nicht Fleisch und Brot.
Und keiner schelt sie mir, wenn sie was stahln
Der ihnen nicht Obdach bot.

XVIII Und keiner schelt mir den armen Mann
Der sie nicht zu Tische lud:
Für ein halbes Hundert, da braucht es
Mehl, nicht Opfermut.

[1] Schönschreiben

XIX Sie zogen vornehmlich nach Süden.
Süden ist, wo die Sonn
Mittags um zwölf steht
Gradaus davon.

XX Sie fanden zwar einen Soldaten
Verwundet im Tannengries.
Sie pflegten ihn sieben Tage
Damit er den Weg ihnen wies.

XXI Er sagte ihnen: Nach Bilgoray!
Muß stark gefiebert haben
Und starb ihnen weg am achten Tag.
Sie haben ihn auch begraben.

XXII Und da gab es ja Wegweiser
Wenn auch vom Schnee verweht
Nur zeigten sie nicht mehr die Richtung an
Sondern waren umgedreht.

XXIII Das war nicht etwa ein schlechter Spaß
Sondern aus militärischen Gründen.
Und als sie suchten nach Bilgoray
Konnten sie es nicht finden.

XXIV Sie standen um ihren Führer.
Der sah in die Schneeluft hinein
Und deutete mit der kleinen Hand
Und sagte: Es muß dort sein.

XXV Einmal, nachts sahen sie ein Feuer
Da gingen sie nicht hin.
Einmal rollten drei Tanks vorbei
Da waren Menschen drin.

XXVI Einmal kamen sie an eine Stadt
Da machten sie einen Bogen.
Bis sie daran vorüber waren
Sind sie nur nachts weitergezogen.

XXVII Wo einst das südöstliche Polen war
Bei starkem Schneewehn
Hat man die fünfundfünfzig
Zuletzt gesehn.

XXVIII Wenn ich die Augen schließe
Seh ich sie wandern
Von einem zerschossenen Bauerngehöft
Zu einem zerschossenen andern.

XXIX Über ihnen, in den Wolken oben
Seh ich andre Züge, neue, große!
Mühsam wandernd gegen kalte Winde
Heimatlose, Richtungslose.

XXX Suchend nach dem Land mit Frieden
Ohne Donner, ohne Feuer
Nicht wie das, aus dem sie kamen
Und der Zug wird ungeheuer.

XXXI Und er scheint mir durch den Dämmer
Bald schon gar nicht mehr derselbe:
Andere Gesichtlein seh ich
Spanische, französische, gelbe!

XXXII In Polen, in jenem Januar
Wurde ein Hund gefangen
Der hatte um seinen mageren Hals
Eine Tafel aus Pappe hangen.

XXXIII Darauf stand: Bitte um Hilfe!
Wir wissen den Weg nicht mehr.
Wir sind fünfundfünfzig
Der Hund führt euch her.

XXXIV Wenn ihr nicht kommen könnt
Jagt ihn weg.
Schießt nicht auf ihn
Nur er weiß den Fleck.

XXXV Die Schrift war eine Kinderhand.
Bauern haben sie gelesen
Seitdem sind eineinhalb Jahre um.
Der Hund ist verhungert gewesen.

Die Überschrift

Im Titel seiner Ballade, die 1939 in Polen handelt, erinnert Bert Brecht (1898 – 1956) an ein historisches Ereignis, das über 700 Jahre zurückliegt. Durch wortmächtige Volksprediger aufgerüttelt, zogen seit dem Ende des elften Jahrhunderts adlige Herrn nach Palästina, um das Heilige Land und die heiligen Stätten für die Christenheit zurückzuerobern; ganz Europa beteiligte sich an den sogenannten Kreuzzügen. 1212 sammelten sich nach der Legende Tausende von „Kindern" in Frankreich und am Niederrhein, um in einem „Kinderkreuzzug" nach Palästina zu ziehen. Das Datum ist historisch, aber wahrscheinlich waren die „Kinder" nach dem Sprachgebrauch von damals junge Leute aus den einfachen, nichtadligen Bevölkerungsschichten, die sich an dem Befreiungskampf um die heiligen Stätten der Christenheit beteiligen wollten. Der „Kinderkreuzzug" endete noch in Europa. Viele gerieten in Marseille in die Hände von Sklavenhändlern, die sie in den Orient verkauften; andere starben in Süditalien an Seuchen; nur wenige sollen in die Heimat zurückgekehrt sein.

In der Legende aber lebt der „Kinderkreuzzug" als der gewaltlose Versuch von Kindern weiter, die Welt auf ihre Weise, ohne Waffen und politische Machtmittel zu verändern. Dieses Argument der Legende ist der Ansatz für Bertolt Brecht. Die Geschichte berichtet meistens von großen Männern und großen Taten, von Kriegen und Schlachten. Wie es aber der Bevölkerung, den einfachen Leuten, den Opfern der Geschichte erging, darüber schweigt sich die Geschichtsschreibung oft aus. Die unschuldigsten Opfer der Kriege und Machtkämpfe sind die Kinder.

Brecht bezieht den Titel „Kinderkreuzzug" auf ein anderes Ereignis; man kann auch sagen, er „aktualisiert" das Ereignis aus dem Mittelalter, er überträgt den legendenhaften Bericht auf die historische Situation Europas im Zweiten Weltkrieg: Kinder im Räderwerk der Geschichte, die von Erwachsenen zu verantworten ist. Am 1. September 1939 hatte das nationalsozialistische Deutschland in einem Blitzkrieg Polen überfallen. In wenigen Tagen waren große Teile des Landes von der deutschen Wehrmacht besetzt. Am 17. September 1939 marschierte die russische Armee in die ostpolnischen Gebiete ein. Polen hatte aufgehört, als selbständiger Staat zu existieren. Es begann ein langer Leidensweg der Bevölkerung. Der „Kinderkreuzzug" ist nicht mehr, nach dem historischen Kontext, der „kindliche" Versuch, die Welt und die in ihr herrschenden Machtverhältnisse zu ändern, sondern der verzweifelte Ausbruch polnischer Kinder, außerhalb der Geschichte, außerhalb der Machtverhältnisse zu überleben. Es war – wie der „Kinderkreuzzug" von 1212 – ein vergebliches Unternehmen. Vielleicht hat Brecht deshalb den historischen Hinweis in seinen Titel aufgenommen.

Strophenbau

Brecht hat für seine Ballade *Kinderkreuzzug* auf ein altes, volkstümliches Strophenschema (vgl. ↗Strophe) zurückgegriffen. Die Strophen bestehen aus vier Zeilen mit jeweils drei ↗Hebungen; es sind jambische Dreiheber (vgl. ↗Jambus). Die Zeilen zwei und vier reimen miteinander (vgl. ↗Paarreim) und enden männlich (vgl. ↗Kadenz). Die Zeilen eins und drei sind reimlos und enden weiblich. Dieser Strophenbau geht auf die ↗Nibelungenzeile zurück. Die Nibelungenzeile ist eine Langzeile aus zwei dreihebigen Halbversen; die Langzeilen haben Paarreim. Der erste Halbvers endet weiblich, der zweite männlich. Wenn man die Halbverse untereinandersetzt, dann entsteht die Strophenform, wie Brecht sie benutzt hat. Sie ist die häufigste Form der Volksliedstrophe, die auch im ↗Bänkelsang bevorzugt wird.

Nibelungenzeilen:

In Polen, im Jahr Neununddreißig / War eine blutige Schlacht /	a
Die hatte viele Städte und Dörfer / Zu einer Wildnis gemacht. /	a

Volksliedstrophe:

In Polen, im Jahr Neununddreißig /		weiblich
War eine blutige Schlacht /	a	männlich
Die hatte viele Städte und Dörfer /		weiblich
Zu einer Wildnis gemacht. /	a	männlich

↗Auftakt und Füllung der ↗Senkung werden von Brecht sehr frei gehandhabt:

Sie zogen vornehmlich nach Süden.
x x́ x x x́ x x x́ x
Süden ist, wo die Sonn
x́ x x́ x x x́
Mittags um zwölf steht
x́ x x x́ x́
Gradaus davon.
x́ x́ x x́

Zu all dem Gesagten – mit Ausnahme des Reimschemas – finden sich aber Abweichungen, selbst bei der Anzahl der Hebungen (vgl. dazu auch ↗Knittelvers):

Suchend nach dem Land mit Frieden
x́ x x́ x x́ x x́ x
Ohne Donner, ohne Feuer
x́ x x́ x x́ x x́ x
Nicht wie das, aus dem sie kamen
x́ x x́ x x́ x x́ x
Und der Zug wird ungeheuer.
x́ x x́ x x́ x x́ x

Wechsel in den ↗Trochäus durch Fehlen des Auftakts (trochäischer Vierheber). Durchgehend weibliches Versende.

Neben dem Reimschema ist nur der Einschnitt am Zeilenende (vgl. ↗Kolon, ↗Zäsur) ein festes Strukturgerüst; dies ist charakteristisch für einfache Erzählgedichte wie den Bänkelsang. Brecht hat für den *Kinderkreuzzug* die Form der reihenden Bildergeschichte gewählt. Auch die Sätze reihen sich parataktisch (nebenordnend) aneinander; es gibt nur wenige hypotaktische (unterordnende) Satzkonstruktionen, hauptsächlich in der Form von Relativsätzen.

Gliederung des Inhalts

Einleitung: Polen im Jahr 1939

Strophen I bis III:
Der Krieg in Polen 1939 und die Folgen für die Bevölkerung sind der Ausgangspunkt.

Hauptteil: Der Kinderkreuzzug

Strophen IV bis VI:
Der Beginn des Kinderkreuzzuges im östlichen Polen, in einer zerstörten Stadt. Die Sehnsucht der Kinder, eines Tages in ein Land zu kommen, „wo Friede war".

Strophen VII bis XVI:
Einzelschicksale

- VII – Der kleine Anführer, der allen Mut macht; den Weg in das Lande des Friedens kennt er nicht.
- VIII – Eine Elfjährige kümmert sich wie eine Mutter um ein Kind von vier Jahren.
- IX – Ein kleiner Jude marschiert tapfer mit; er hat schon bessere Zeiten erlebt.
- X – Auch einer, der „an einer schrecklichen Schuld" trägt, läuft abseits mit. Es ist nicht wichtig, was er getan hat; jeder darf sich dem Zug anschließen. Die Kinder kennen keine Unterschiede von Rassen und Parteien.
- XI – Selbst ein Hund wird mit durchgefüttert.
- XII – Sie kommen an einer zerstörten Schule vorbei. Ein Junge konnte das Wort Frieden nicht mehr zu Ende schreiben.
- XIII/XIV – „Da war auch eine Liebe". Sie geht in der großen Kälte, in der Zerstörung unter. Der Autor vergleicht die Situation mit einer Schneelandschaft, in der die Bäumchen nicht blühen können.
- XV/XVI – Die Beerdigung eines „Jungen mit samtenen Kragen" (vgl. Strophe IX). Alle nehmen an der Beerdigung teil; nichts trennt sie mehr.

Strophen XVII bis XIX:
Zwischen Hoffnung und Not

- – Ein halbes Hundert sind sie. Die Not wächst, aber sie halten weiter nach Süden, in der Hoffnung, dort in ein Land ohne Krieg zu kommen.

Strophen XX bis XXVII:
Die weitere Irrfahrt, bis sich die Spur der Kinder verliert.

- XX/XXI – Ein Soldat nennt ihnen zwar den Ort, wohin sie ziehen sollen, aber er stirbt noch, ehe er ihnen den Weg dorthin weisen kann. Bilgoray liegt im Süden.
- XXII/XXIII – Das Militär hat die Wegweiser umgedreht. Die Kinder verlieren die Richtung.
- XXIV/XXVII – Sie vertrauen ihrem Anführer, meiden Ansiedlungen und marschieren nur noch nachts. Kurz vor dem Ziel, das sie nicht erreichen, werden sie zum letzten Mal gesehen.

Zwischenstück: Der Autor meldet sich zu Wort.

Strophen XXVIII bis XXXI
Der Autor deutet den polnischen Kinderkreuzzug. Wie in einem Tagtraum sieht er den Strom der Kinder anwachsen. Sie kommen aus vielen Nationen; alle sind in dieser Zeit vergeblich auf dem Weg nach dem „Land mit Frieden". Der polnische Kinderkreuzzug ist nur ein Beispiel für viele Flüchtlingszüge, die vor der Zerstörung und Krieg fliehen.

Nachspiel: Die letzte Spur

Strophen XXXII – XXXV:
In letzter Verzweiflung haben die Kinder den Hund losgeschickt, den sie aus Mitleid mitgenommen hatten, – mit einem Schild um den Hals: er wisse, wo die Kinder seien. Man fand den Hund und das Schild. Aber:

Seitdem sind eineinhalb Jahre um.
Der Hund ist verhungert gewesen.

Manches bleibt am Schluß offen. War der Hund zu schwach, um zu den Kindern zurückzufinden? Haben die Bauern das Schild nur gelesen, ohne zu handeln? Oder war der Hund schon tot, als man ihn mit der Tafel fand?

Dramatischer und epischer Stil

In Brechts Ballade *Kinderkreuzzug* fehlen dramatische Wechselreden. Das Geschehen wird nacheinander erzählt. Im Leidensweg der Kinder reiht sich Station an Station wie bei einem Kreuzweg. Das Erzählte spricht für sich, es braucht nicht auch noch dramatisch „aufbereitet" zu werden. Brecht übernahm für seine Ballade nicht nur die metrische Gestalt (vgl. ↗Metrum) des Bänkelsangs, sondern auch den reihenden, epischen Erzählstil, der von Bild zu Bild schreitet.

Rückfragen und Aufgaben:

Vergleicht die Sprache in Schillers Ballade Der Handschuh *(S. 81f.) mit der Sprache in Brechts Ballade* Kinderkreuzzug*:*

- *Was fällt auf?*
- *Welche Wortarten werden jeweils bevorzugt?*
- *Wie ist die „Handlung" jeweils gestaltet?*

3 ABC poetischer Grundbegriffe

Die poetischen Grundbegriffe sind alphabetisch angeordnet. Jeder Grundbegriff ist nicht nur definiert, sondern auch mit Beispielen erklärt. Dieses ABC kann erstens als kleines Nachschlagewerk und zweitens auch für eine zusammenhängende Lektüre einzelner wichtiger Teilgebiete benutzt werden, die in der folgenden Liste zusammengestellt sind.

Gedicht, Lyrik, Poesie, Poetik:

Absolutes Gedicht
Bildgedicht
Dinggedicht
Elegie
Epigramm
Erlebnislyrik
Figurengedicht
Freie Rhythmen
Gedankenlyrik
Ghasel
Hymne
Kinderreim
Konkrete Poesie
Lehrgedicht
Lied
Montage
Naturlyrik
Nonsens-Gedichte
Ode
Politische Lyrik
Prosa-Gedicht
Rollengedicht
Scherzgedicht
Sinngedicht
Sonett
Stimmungslyrik
Volkslied

Ballade:

Bänkelsang
Erzählgedicht
Kunstballade
Moritat
Romanze
Volksballade

Bild:

Allegorie
Chiffre
Dingsymbol
Emblem
Gleichnis
Hyperbel
Metapher
Metonymie
Pars pro toto
Personifikation
Sinnbild
Symbol
Synästhesie
Synekdoche
Vergleich

Aussageabsicht:

Groteske
Humor
Ironie
Komik
Lyrisches Ich
Parodie
Satire

Rhetorische Mittel:

Anapher
Antithese
Lautmalerei
Leitmotiv
Motiv
Pointe
Stil

Metrik:

Anapäst
Daktylus
Hebung
Hexameter
Jambus
Metrum
Pentameter
Senkung
Trochäus
Versfuß
Versmaß
Zäsur

Vers:

Akzent
Akzentvers
Alexandriner
Alternation
Auftakt
Blankvers
Enjambment
Freie Rhythmen
Freie Verse
Kadenz
Knittelvers
Kolon
Langvers
Nibelungenzeile
Prosavers
Rhythmus
Stabreimvers
Versmaß
Zeilensprung

Reim:

Alliteration
Assonanz
Endreim
Erweiterter Reim
Kreuzreim
Paarreim
Reiner Reim
Schüttelreim
Schweifreim
Stabreim
Umarmender Reim
Unreiner Reim
Waise

Strophe:

Alkäische Strophe
Askelepiadeische Strophe
Chevy-Chase-Strophe
Distichon
Kehrreim
Klapphornverse
Leberreim
Limerick
Nibelungenstrophe
Refrain
Romanzenstrophe
Sapphische Strophe
Stanze
Terzine
Volksliedstrophe

Absolutes Gedicht

[lat. – losgelöst]

In einem absoluten ↗Gedicht ist der Inhalt von der Wahrnehmung der Außenwelt losgelöst. Die poetischen ↗Bilder haben eine eigene Wirklichkeit, unabhängig von der erfahrbaren Welt. Der Autor entwirft eine künstlerische „Wortwelt"; er setzt das Material, d.h. die Wörter und Bilder, neu zusammen. Das Gedicht steht für sich selbst; es läßt sich nicht mehr in Sinnreihen auflösen, die eine Entsprechung in der Außenwelt hätten. Diese reine Wortkunst, diese bewußte Künstlichkeit hat Ähnlichkeiten mit der ↗Konkreten Poesie und mit der ↗Chiffre.

Welle der Nacht

Welle der Nacht – Meerwidder und Delphine
mit Hyakinthos leichtbewegter Last,
die Lorbeerrosen und die Travertine
wehn um den leeren istrischen Palast,

Welle der Nacht – zwei Muscheln miterkoren,
die Fluten strömen sie, die Felsen her,
dann Diadem und Purpur mitverloren,
die weiße Perle rollt zurück ins Meer.

(G. Benn)

Akzent, der

[lat. – Hauptton, Betonung]

In der lateinischen Dichtung wurden die Silben nach Längen und Kürzen gemessen, wie in der Musik. Wir verwenden zwar auch den Begriff Akzent und die sinngemäße Übersetzung Betonung, aber wir meinen etwas anderes. In der deutschen Sprache werden die ↗Versmaße nach ↗Hebungen und ↗Senkungen gezählt. Zu unterscheiden sind

- der metrische Akzent, d.h. der Versakzent (vgl. ↗Metrum)
- der Wortakzent
- der Satzakzent.

Der *Versakzent* wird bestimmt durch die Anzahl der Hebungen. Wichtig ist es auch, ob der Vers mit einer betonten oder unbetonten Silbe beginnt und ob dieser Versanfang regelmäßig wiederkehrt. Danach unterscheidet man zwischen ↗trochäischen und ↗jambischen Versen; reine ↗Daktylen und ↗Anapäste sind selten. Die Füllung der Senkung ist nicht streng geregelt, da das wichtigste Kriterium für das Versmaß die Hebungen sind.

Der *Wortakzent* richtet sich im Deutschen meistens nach der Stammsilbe: geben, vergeben, vergeblich, Vergeblichkeit. Sind vor oder nach der Stammsilbe zwei oder mehr Silben, so können auch diese Silben einen Akzent haben: abgelegen, Freundlichkeit; dies gilt besonders bei trennbaren Verben und den Ableitungen aus diesen Verben: wiedersehen, ausgetrunken. Bei zusammengesetzten Wörtern beansprucht jedes Wort seine Betonung: Frühlingswetter. Der Wortakzent hat, – trotz der vorherrschenden Betonung der Stammsilbe – viele Abstufungen.

Der *Satzakzent* richtet sich nach der Aussageabsicht. Was hervorgehoben werden soll, steht am Anfang oder Ende des Satzes oder ist durch eine besondere Satzstellung (Frage, Wunsch) gekennzeichnet.

Der *Versakzent*, die regelmäßige Abfolge von Hebung und Senkung, ist nur die Tastatur, auf der die Melodie eines gelungenen Gedichts gespielt wird. Wie es zwischen dem Hauptton und dem Nebenton eine Vielfalt an Abstufungen gibt, so muß auch nicht jede Hebung im Vers *gleich* betont werden. Dazu ein Beispiel:

> Laß das Korn am Halm sich häufen
> und die Frucht im Feld!
> Laß das Heu der Wiesen reifen,
> Herr der Welt! (...)
>
> (R. Hagelstange, *Sommerliches Gebet*)

Die Verse dieser ↗Strophe haben einen regelmäßigen Wechsel von ↗Hebung und ↗Senkung; aber das feste Schemata ist schon durch die unterschiedliche Länge der Verse und durch den Wechsel von weiblichem und männlichem Versende (vgl. ↗Kadenz) aufgelockert. Die Satzmelodie verläuft in mehreren Bögen (vgl. ↗Kolon), durch Pausen unterbrochen. Jede Hebung hat einen eigenen Wert. Die erste Hebung in der vierten Zeile hat ein ganz anderes Gewicht als die erste Hebung in der zweiten Zeile. Auch die Sprechgeschwindigkeit ist in der vierten Zeile – bedingt durch den Sinn – eine andere als in der vorausgehenden Zeile. Nicht das Versmaß charakterisiert letztlich diese Strophe, sondern der ihr eigene ↗Rhythmus.

Akzentvers, der

[lat. – vgl. ↗Akzent]

Genaugenommen sind im Deutschen alle ↗Verse Akzentverse, auch die ↗Freien Rhythmen und die ↗Prosaverse; denn im Deutschen geben die ↗Hebungen den Ton an. Die Hebungen im Versgerüst sind an die natürliche Sprechbetonung (Hauptton und Nebenton, verschiedene Abstufungen) gebunden. Unbetonte Silben können einzeln oder gehäuft zwischen den Hebungen stehen; dies kommt sowohl auf den natürlichen Wortakzent und Satzakzent als auch auf die Strenge der metrischen Regelbindung an (vgl. ↗Metrum, ↗Versmaß). Aber auch bei einem festen Versmaß kann nicht gegen den natürlichen Sprechakzent verstoßen werden, ohne daß der Text dann zumindest komisch und „unnatürlich" wirkte. Beides – Versmaß und Sprechakzent – müssen zusammenpassen.

Ein Text – zwei Anordnungen:

I. Die verehrlichen Jungen, welche heuer meine Äpfel und Birnen zu stehlen gedenken, ersuche ich höflichst, bei diesen Vergnügungen womöglich insoweit sich zu beschränken, daß sie daneben auf den Beeten mir die Wurzeln und Erbsen nicht zertreten.

II. August
Inserat

Die verehrlichen Jungen, welche heuer	–	
Meine Äpfel und Birnen zu stehlen gedenken,	a	
Ersuche ich höflichst, bei diesen Vergnügungen	–	vier Hebungen,
Womöglich insoweit sich zu beschränken,	a	weibliches Versende
Daß sie daneben auf den Beeten	b	
Mir die Wurzeln und Erbsen nicht zertreten	b	

(Th. Storm)

Aus dem Inserat ist – zumindest der Form nach – ein Text geworden, der nach bestimmten metrischen Regelmäßigkeiten angeordnet ist, ohne seinen natürlichen Sprechakzent zu verlieren; er hat sogar ein Reimschema (vgl. ↗Endreim). Obwohl der Text nicht verändert worden ist, werden wir ihn in der „Gedichtform" anders lesen und vortragen. Wir berücksichtigen das Versmaß (Vierheber) und den Reim: Aus dem Prosatext ist ein metrisch geordneter Text in Versen, in gebundener Rede geworden.

Alexandriner, der

Der Alexandriner war ursprünglich ein ↗Versmaß in der französischen Literatur. Seinen Namen hat er nach den altfranzösischen Alexanderepen (Verserzählungen über Alexander den Großen), in denen er verwendet wurde. In der romanischen Literatur wird er nach Silben gezählt: zwölf Silben bei männlichem Versende, 13 Silben bei weiblichem Versende (vgl. ↗Kadenz). Charakteristisch ist der Einschnitt (vgl. ↗Zäsur, ↗Kolon) nach der sechsten Silbe. In der deutschen Literatur besteht er aus sechs Jamben mit deutlicher Pause nach der dritten ↗Hebung. Der zweischenklige Aufbau durch den Einschnitt in der Mitte machte ihn besonders geeignet für die ↗Gedankenlyrik des Barock (17. Jahrhundert); die gegensätzliche (vgl. ↗Antithese) Weltauffassung zwischen Sein und Schein, zwischen Ewigkeit und Vergänglichkeit ließ sich auch im Versmaß klar gegenüberstellen. Die immer wiederkehrende Pause in der Mittelachse des Gedichts ließ ihn manchmal aber auch schwerfällig und überladen erscheinen. Das berühmteste Beispiel aus dem Barock ist die Weltklage des Andreas Gryphius:

Es ist alles eitel

Du siehst, wohin du siehst, nur Eitelkeit auf Erden.
Was dieser heute baut, reißt jener morgen ein;
Wo itzund Städte stehn, wird eine Wiese sein,
Auf der ein Schäferskind wird spielen mit den Herden.

Was itzund prächtig blüht, soll bald zertreten werden;
Was itzt so pocht und trotzt, ist morgen Asch und Bein;
Nichts ist, das ewig sei, kein Erz, kein Marmorstein.
Jetzt lacht das Glück uns an, bald donnern die Beschwerden.

Der hohen Taten Ruhm muß wie ein Traum vergehn.
Soll denn das Spiel der Zeit, der leichte Mensch, bestehn?
Ach, was ist alles dies, was wir für köstlich achten.

Als schlechte Nichtigkeit, als Schatten, Staub und Wind,
Als eine Wiesenblum, die man nicht wieder findt!
Noch will, was ewig ist, kein einig Mensch betrachten. (A. Gryphius)

Du siehst, wohin du siehst, nur Eitelkeit auf Erden.
x x́ x x́ x x́ // x x́ x x́ x x́ x weiblich
Was dieser heute baut, reißt jener morgen ein;
x x́ x x́ x x́ // x x́ x x́ x x́ männlich

Die Form dieses Gedichts ist das ↗Sonett. Gryphius hat nicht durchgehend mit Gegensatzpaaren gearbeitet; aber die Beschreibung seines Weltgefühls stellt er antithetisch gegenüber:

Jetzt lacht das Glück uns an, <-> bald donnern die Beschwerden.

Alkäische Strophe

Die Alkäische ↗Strophe ist eine antike Strophenform. Sie ist nach dem griechischen Dichter Alkaios benannt. In der Antike wurde nach Längen und Kürzen (vgl. ↗Metrum, ↗Versfuß, ↗Versmaß) gemessen. In der deutschen Sprache bestimmen die betonten Vokale (vgl. ↗Hebungen) das Versmaß; die Füllung der ↗Senkungen mit unbetonten Silben ist nicht streng festgelegt. Bei der Übernahme der Alkäischen Strophe in die deutsche Dichtung wurden die Längen zu Hebungen und die Kürzen zu Senkungen. Die genaue Verteilung von Länge und Kürze (in der deutschen Wiedergabe: Hebung und Senkung) widerspricht dem deutschen Betonungssystem (vgl. ↗Akzent, ↗Akzentvers), das den Hauptton auf die Stammsilbe (meist: Anfangssilbe) eines Wortes legt und bei der Mehrsilbigkeit noch eine Nebenbetonung zuläßt. Der natürliche Sprachakzent im Deutschen ist ein anderer als der relativ freie Akzent der antiken Sprachen, die beispielsweise – wie in der Musik – eine Länge in zwei Kürzen oder zwei Kürzen in eine Länge verwandeln konnten. Auch kannte der antike ↗Vers keinen ↗Endreim.

In der deutschen Wiedergabe hat die Alkäische Strophe folgende Struktur (bisweilen mit Abweichungen, die durch den natürlichen Wortakzent bedingt sind):

x x́ x x́ x x́ x x x́ x x́	elf Silben
x x́ x x́ x x́ x x x́ x x́	elf Silben
x x́ x x́ x x́ x x́ x	neun Silben
x́ x x x́ x x x́ x x́ x	zehn Silben

Die Alkäische Strophe ist eine kunstvolle Kombination aus ↗Jamben, ↗Trochäen und ↗Daktylen mit männlichem oder weiblichem Versende (vgl. ↗Kadenz). Man versuchte sie vor allem im 18. Jahrhundert unter dem Eindruck der Begeisterung für die griechische Klassik „einzudeutschen".

An die Parzen

Nur e i n e n Sommer gönnt, ihr Gewaltigen!	männlich
x x́ x x́ x x́ x x x́ x x́	elf Silben
Und e i n e n Herbst zu reifem Gesange mir,	männlich
x x́ x x́ x x́ x x x́ x x́	elf Silben
Daß williger mein Herz, vom süßen	weiblich
x x́x x́ x x́ x x́ x	neun Silben
Spiele gesättiget, dann mir sterbe!	weiblich
x́ x x x́ x x x́ x x́ x	zehn Silben

Die Seele, der im Leben ihr göttlich Recht
Nicht ward, sie ruht auch drunten im Orkus nicht;
Doch ist mir einst das Heil'ge, das am
Herzen mir liegt, das Gedicht, gelungen:

Willkommen dann, o Stille der Schattenwelt!
Zufrieden bin ich, wenn auch mein Saitenspiel
Mich nicht hinabgeleitet; e i n m a l
Lebt' ich wie Götter, und mehr bedarf's nicht.

(Fr. Hölderlin)

Um dem antiken Strophenbau und Versmaß gerecht zu werden, erhält der Nebenton am Ende der ersten Zeile der ersten Strophe ein Gewicht – Gewaltigen –, das ihm im Vergleich zu den entsprechenden Versenden in den anderen Strophen nicht zukommt: göttlich Recht, – Schattenwelt. Auch die Betonung in der dritten Zeile der ersten Strophe – williger – entspricht nicht dem deutschen Wortschatz. Man betont viel eher: Daß williger mein Herz vom süßen –, d.h. die Nebenbetonung der Endsilbe des Wortes „williger" fügt sich als unbetonte Senkung in die natürliche Wortbetonung.

Trotzdem beeindruckt der feierliche Ton dieser antiken Strophenform, der selbst in den deutschen Beispielen noch hörbar ist:

Die Heimat

Froh kehrt der Schiffer heim an den kühlen Strom,
Von den Inseln fernher, wenn er geerntet hat;
So käm auch ich zur Heimat, hätt ich
Güter so viele, wie Leid, geerntet.

Ihr teuern Ufer, die mich erzogen einst,
Stillt ihr der Liebe Leiden, versprecht ihr mir,
Ihr Wälder meiner Jugend, wenn ich
Komme, die Ruhe noch einmal wieder?

Am kühlen Bache, wo ich der Wellen Spiel,
Am Strome, wo ich gleiten die Schiffe sah,
Dort bin ich bald; euch traute Berge,
Die mich behüteten einst, der Heimat

Verehrte sichre Grenzen, der Mutter Haus
Und liebender Geschwister Umarmungen
Begrüß ich bald und ihr umschließt mich,
Daß, wie in Banden, das Herz mir heile,

Ihr treugebliebnen! aber ich weiß, ich weiß,
Der Liebe Leid, dies heilet so bald mir nicht,
Dies singt kein Wiegensang, den tröstend
Sterbliche singen, mir aus dem Busen.

Denn sie, die uns das himmlische Feuer leihn,
Die Götter schenken heiliges Leid uns auch,
Drum bleibe dies. Ein Sohn der Erde
Schein ich; zu lieben gemacht, zu leiden.

(Fr. Hölderlin)

Allegorie, die

[griech. – das Anderssagen]

Die Allegorie ist die bildliche (vgl. ↗Bild), sinnenhafte Darstellung eines Begriffs oder Gedankens. Das Allgemeine wird im Besonderen, im Einzelfall dargestellt, meist durch ↗Personifikation: Die Gerechtigkeit, die für alle unterschiedslos die gleichen Maßstäbe anzusetzen hat, wird als eine Frau mit verbundenen Augen dargestellt, die eine Waage in der Hand hält, auf der Recht und Unrecht in beide Waagschalen geworfen werden. Oder: Die Jugend wird durch ein Mädchen oder einen Jüngling dargestellt; ein Bettler verkörpert die Armut;

der Tod erscheint als Gerippe mit einer Sense, sein Sensenschnitt kennt keine Unterschiede zwischen arm und reich, alt und jung; ein Schiff trotzt dem Meeressturm, ein Bild des Lebenskampfes. Die Allegorie verwandelt einen Gedanken – z.B. die Gerechtigkeit, die keine Standesunterschiede kennt – in eine konkrete Gestalt, die im Gedicht und auf der Bühne auftritt. Oder: Ein Bild – das Lebensschiff, das den sicheren Hafen ansteuert – bestimmt den Text. Die Allegorie bezieht sich nicht auf etwas, das sie erklären will (wie im ↗Vergleich), sondern das Dargestellte ist gleichzeitig auch das Gemeinte: Die Jugend ist ein Jüngling; der Tod ist ein Gerippe; in der blauen Blume der Romantik wird die Sehnsucht nach einer fernen, heilen Welt verbildlicht.

Der glückliche Garten

Einst waren wir alle im glücklichen Garten,
ich weiß nicht mehr, vor welchem Haus,
wo wir die kindliche Stimme sparten
für Gras und Amsel, Kamille und Strauß.

Da saßen wir abends auf einer Schwelle,
ich weiß nicht mehr, vor welchem Tor,
und sahn wie im Mond die mondweißen Felle
der Katzen und Hunde traten hervor.

Wir riefen sie alle damals beim Namen,
ich weiß nicht mehr, wie ich sie rief.
Und wenn dann die Mägde uns holen kamen,
umfing uns das Tuch, in dem man gleich schlief.

(P. Huchel)

In Peter Huchels Gedicht wird die Erinnerung an einen „glücklichen" Garten, an das Leben in diesem Garten, zur Allegorie, zur sinnhaften Verbildlichung einer glücklichen, geborgenen Kindheit. Alle Erinnerung wird in Einzelheiten wiedergegeben, aber gleichzeitig heißt es immer wieder „ich weiß nicht mehr". Das Gedicht ruft etwas zurück, das nicht mehr ist. Der Garten wird zur Allegorie des Unwiederbringlichen.

Alliteration, die

[neulat. – Buchstabengleichheit]

Die Alliteration ist eine Reimform (vgl. ↗Reim), bei der mehrere Wörter im Wortanfang, im Anlaut, miteinander reimen. Die Alliteration – ein neuerer Begriff dafür ist ↗Stabreim – ist nur bei Silben möglich, die den Hauptton tragen; im Deutschen sind dies die Stammsilben. Reimen oder „staben" können

- alle Vokale untereinander,
- gleiche Konsonanten untereinander,
- gleiche Konsonantenverbindungen [sk, sp, st] miteinander.

Die Alliteration war die Reimform des germanischen ↗Stabreimverses:

<u>W</u>elaga nu, <u>w</u>altant got, <u>w</u>ewurt skihit
(Weh nun, waltender Gott, Wehgeschick geschieht)

(aus dem *Hildebrandslied*)

Der Stabreim (Anlautreim) wurde im 9. Jahrhundert allmählich durch den ↗Endreim abgelöst. Als Klangmittel und in festen Redewendungen lebt er aber weiter.

Klangmittel:

Wer kömmt! Wer kauft von meiner War!
Devisen auf das neue Jahr, (..)
(J.W. Goethe, *Neujahrslied*)

Wie der Wächter in den Weingeländen
seine Hütte hat und wacht,
bin ich Hütte, Herr, in deinen Händen
und bin Nacht, o Herr, von deiner Nacht. (...)
(R.M. Rilke)

Redewendungen: – mit Stumpf und Stiel – in Samt und Seide – es geht drunter und drüber – durch dick und dünn – das ist klipp und klar

Alternation, die

[lat. – regelmäßiger Wechsel]

Unter Alternation versteht man den regelmäßigen Wechsel je einer ↗Hebung und ↗Senkung bzw. je einer Senkung und Hebung im ↗Vers (vgl. auch ↗Versmaß). Da im deutschen Vers die Füllung der Senkungen aber verhältnismäßig frei ist, kann eine streng eingehaltene Alternation eintönig wirken.

Der Herr der schickt den Jockel aus,
er soll den Hafer schneiden.
Der Jockel schneidt den Hafer nicht
und kommt auch nicht nach Haus. (...)
(*Das Lied vom Jockel*)

Anapäst, der

[griech. umgekehrt]

Der Anapäst ist ein antiker ↗Versfuß. Wie der Name es schon andeutet, ist er ein umgekehrter ↗Daktylus. Er besteht aus zwei Kürzen und einer Länge. Im Deutschen entspräche ihm ein Versfuß mit zwei ↗Senkungen und einer ↗Hebung: xxx́ . In der deutschen Literatur ist er kaum zu finden, außer in entschiedenen Versuchen, das antike Vorbild nachzuahmen. Da in der deutschen Dichtung die Füllung der Senkungen nicht streng geregelt ist, kann der (vermeintliche) Anapäst ein ↗Jambus mit einer Doppelfüllung in der Senkung sein (vgl. dazu die Bemerkungen zum ↗Daktylus). Auch ist im deutschen Versbau ein doppelter ↗Auftakt sehr selten.

Anapher, die

[griech. – wechselseitige Beziehung, Wiederholung]

Unter Anapher versteht man die Wiederholung eines Wortes, einer Wortgruppe oder einer Satzstruktur am Anfang mehrerer aufeinanderfolgender ↗Verse oder ↗Strophen. Sie ist ein Stilmittel zur Steigerung oder Hervorhebung einer Aussage. Die Anapher gliedert im Gedicht den gedanklichen Aufbau und den ↗Rhythmus.

Ich kam, weiß nicht woher,
Ich bin und weiß nicht wer,
Ich leb, weiß nicht wie lang,
Ich sterb und weiß nicht wann,
Ich fahr, weiß nicht wohin,
Mich wunderts, daß ich so fröhlich bin.
(Alter Volksspruch)

Gleicher Versanfang, gleicher Satzbau in den Versen mit Ausnahme des letzten Verses.

Mignon

Kennst du das Land? wo die Citronen blühn,
im dunkeln Laub die Gold-Orangen glühn,
Ein sanfter Wind vom blauen Himmel weht,
Die Myrte still und hoch der Lorbeer steht,
Kennst du es wohl?
Dahin! Dahin
Möcht' ich mit dir, o mein Geliebter, ziehn.

Wiederholung am Strophenanfang und innerhalb der Strophen

Kennst du das Haus? Auf Säulen ruht sein Dach,
Es glänzt der Saal, es schimmert das Gemach,
Und Marmorbilder stehn und sehn mich an:
Was hat man dir, du armes Kind, getan?
Kennst du es wohl?
Dahin! Dahin
Möcht' ich mit dir, o mein Beschützer ziehn.

Wiederholungen können auch am Versende stehen: „Dahin! Dahin".

Kennst du den Berg und seinen Wolkensteg?
Das Maultier sucht im Nebel seinen Weg;
In Höhlen wohnt der Drachen alte Brut;
Es stürzt der Fels und über ihn die Flut.
Kennst du es wohl?
Dahin! Dahin
Geht unser Weg! o Vater, laß uns ziehn!
(J.W. Goethe)

Antithese, die

[griech. – Gegensatz, Entgegenstellung]

Um einen größeren Zusammenhang kurz und bündig wiederzugeben, fassen wir ihn durch seine gegensätzlichen Endpunkte zusammen: Über kurz oder lang– groß und klein – alt und jung – arm und reich – Freund und Feind – Freud und Leid.

Die antithetische Gegenüberstellung setzt voraus, daß beide Aussagen aus einem gemeinsamen Bereich stammen, sich einem gemeinsamen Oberbegriff zuordnen lassen.

Auch in der Dichtung taucht die Antithese häufig als Stilmittel auf. Im Barock wurde durch Gegenüberstellung der Gegensätze das Lebensgefühl der Vergänglichkeit und der inneren Zerissenheit dargestellt:

Was itzund prächtig blüht, soll bald zertreten werden;
Was itzt so pocht und trotzt, ist morgen Asch und Bein;
Nichts ist, das ewig sei, kein Erz, kein Marmorstein.
Jetzt lacht das Glück uns an, bald donnern die Beschwerden.
(A. Gryphius aus *Es ist alles eitel*)

Einige Beispiele aus der deutschen Klassik:

Grau, teurer Freund, ist alle Theorie
Und grün des Lebens goldner Baum.
(J.W. Goethe aus *Faust*)

Kurz ist der Schmerz, und ewig ist die Freude.
(Fr. Schiller aus *Die Jungfrau von Orleans*)

Klärchens Lied

Freudvoll
Und Leidvoll,
Gedankenvoll sein,
Langen
Und bangen
In schwebender Pein,
Himmelhoch jauchzend,
Zum Tode betrübt;
Glücklich allein
Ist die Seele, die liebt.
(J.W. Goethe aus *Egmont*)

Asklepiadeische Strophe

Die Asklepiadeische ↗Strophe ist eine antike Strophenform. Sie ist nach dem griechischen Dichter Asklepiades benannt. In der Antike wurde nach Längen und Kürzen (vgl. ↗Metrum, ↗Versfuß, ↗Versmaß) gemessen. In der deutschen Sprache bestimmen die betonten Vokale (vgl. ↗Hebungen) das Versmaß; die Füllung der ↗Senkungen mit unbetonten Silben ist nicht streng festgelegt. Bei der Übernahme der Asklepiadeischen Strophe in die deutsche Dichtung wurden die Längen zu Hebungen und die Kürzen zu Senkungen. Die genaue Verteilung von Länge und Kürze (in der deutschen Wiedergabe: von Hebung und Senkung) widerspricht dem deutschen Betonungssystem (vgl. ↗Akzent, ↗Akzentvers), das den Hauptton auf die Stammsilbe (meist: Anfangssilbe) eines Wortes legt und bei Mehrsilbigkeit noch eine Nebenbetonung zuläßt. Der natürliche Sprachakzent im Deutschen ist ein anderer als der relativ freie Akzent der antiken Sprachen, die beispielsweise – wie in der Musik – eine Länge in zwei Kürzen bzw. zwei Kürzen in eine Länge verwandeln konnten. Auch kannte der antike ↗Vers keinen ↗Endreim.

In der deutschen Wiedergabe hat die Asklepiadeische Strophe folgende Struktur (bisweilen mit Abweichungen, die durch den natürlichen Wortakzent bedingt sind):

x́ x x́ x x x́ // x́ x x x́ x x́	zwölf Silben
x́ x x́ x x x́ // x́ x x x́ x x́	zwölf Silben
x́ x x́ x x x́ x	sieben Silben
x́ x x́ x x x́ x x́	acht Silben

Der bestimmende ↗Versfuß ist der antike Choriambus (x́ x x x́). Die erste und zweite Zeile hat in der Mitte durch den Aufprall zweier Betonungen eine deutliche ↗Zäsur; die beiden Halbzeilen stehen jeweils spiegelbildlich gegeneinander. Seit dem 18. Jahrhundert, als man sich für die griechische Dichtung neu begeisterte, wurde die Asklepiadeische Strophe auch in der deutschen ↗Lyrik nachgeahmt.

Der Zürchersee

Schön ist, Mutter Natur, deiner Erfindung Pracht	männlich
x́ x x́ x x x́ // x́ x x x́ x x́	zwölf Silben
Auf die Fluren verstreut, schöner ein froh Gesicht,	männlich
x́ x x́ x x x́ // x́ x x x́ x x́	zwölf Silben
Das den großen Gedanken	weiblich
x́ x x́ x x x́ x	sieben Silben
Deiner Schöpfung noch e i n m a l denkt.	männlich
x́ x x́ x x x́ x x́	acht Silben

Von des schimmernden Sees Traubengestaden her,
Oder, flohest du schon wieder zum Himmel auf,
Komm in rötendem Strahle
Auf dem Flügel der Abendluft, (...)
(Fr. G. Klopstock)

Assonanz, die

[lat. – Klangähnlichkeit]

Die Assonanz ist eine einfache Form des ↗Endreims. Der Gleichklang bezieht sich nur auf die Vokale der letzten betonten Silbe und der ihr nachfolgenden unbetonten Silbe im ↗Vers. Er taucht im ↗Volkslied und in der volkstümlichen Dichtung auf.

Wär ich ein wilder Falke	a – e	gleiche Vokale,	lk
Ich wollt mich schwingen auf	au	aber verschiedene	f
Und wollt mich niederlassen	a – e	Konsonanten	ss–n
Vor meines Grafen Haus. (...)	au		s

(*Der Falke;* aus *Des Knaben Wunderhorn*)

Auftakt, der

Unter Auftakt versteht man in der ↗Metrik jenen Teil des ↗Verses, der vor der ersten ↗Hebung liegt. Verse mit einem Auftakt sind meistens ↗jambische Verse:

Das erste Grün der Saat, von Regen feucht,
x x́ x x́ x x́ x x́ x x́
Zieht weit sich hin an niedrer Hügel Flucht. (...)
x x́ x x́ x x́ x x́ x x́
(G. Heym, *April*)

Verse ohne Auftakt sind meistens ↗trochäische Verse:

Schön wie niemals sah ich jüngst die Erde.
x́ x x́ x x́ x x́ x x́ x
Einer Insel gleich trieb sie im Winde. (...)
x́ x x́ x x́ x x́ x x́ x
(M.L. Kaschnitz, *Juni*)

Bänkelsang, der

Die Bezeichnung geht auf die Holzbank (Bänkel) zurück, von der aus auf den Jahrmärkten Schausteller zu Drehorgelmusik in einfacher, oft monotoner Balladenform (vgl. ↗Ballade) von schauerlich-rührseligen Vorfällen, von Moritaten (d.h. Mordtaten) erzählten oder aktuelle Ereignisse kommentierten. Die Vorfälle und Ereignisse wurden durch Bildtafeln illustriert. Die Bänkellieder endeten meistens mit einer handfesten Moral. Moderne Autoren haben den Bänkelsang teils in ironischer Verfremdung (vgl. ↗Ironie) übernommen. Die Bänkelsänger sind die Vorfahren der heutigen Liedermacher.

Western Ballade

Jimmy Gray bekam im vergangenen Jahr
einen roten Kopf wegen der Marie.
Daran sahn die Nachbarn, wie verliebt er war.
Und er hatte einen Job bei der Erdöl- Company.

Jimmy Gray bekam am Tag darauf
einen Brief von der Armee,
und er mußte nach Vancouver rauf –
und im Urlaub fiel zu Hause Schnee.

Jimmy Gray bekam einen Extra-Sold,
und er mußte nach Vietnam:
Und die Sonne war blank wie ein Dollar aus Gold,
als das Schiff in den Hafen schwamm.

Jimmy Gray bekam eine Woche drauf
einen Bombensplitter in den Bauch:
Und er lag und schrie, und er hörte nicht auf.
Und den Sergeant störte das auch.

Erst als es Tag geworden war,
und als Jimmy Gray nicht mehr schrie,
und sein Röcheln auch nicht mehr zu hören war,
kamen zwei Sanitäter von der Kompanie.

Und sie nahmen ihm das Soldbuch ab,
und sie trugen ihn ins Tal
und spendierten ihm ein sehr solides Heldengrab.
Ein ganz alltäglicher Fall.
(Dieter Süverkrüp)

Die Moritat vom kühnen Adolph

Wen der Eltern Fluch enterbet
Ach, dem geht es gar nicht wohl:
Denn er führet in's Verderben,
Wie es ihm einst gehen soll;
Wie der Vater hat gesprochen
Über seinen Sohn die Rach',
Dieses blieb nicht ungerochen
Und es bracht' ihm Weh und Ach.

Adolph war der einzige Sohn
Eines reichen Edelmannes;
Er ererbte für seinen Lohn
Nun von seines Vaters Zorn,

Fluch für seine edlen Taten,
Welche er uns hat getan;
Denn von seinem eignen Vater
War er der verfluchte Sohn.

Weil er hatte sich verliebet
An ein Mädchen ohne Stand,
Das des Vaters Herz betrübet,
Weil es ihm war unbekannt;
Da hat er sein Sohn verstoßen,
Jagte ihn zum Haus hinaus,
Obschon bittre Tränen flossen,
Macht sich nichts der Vater draus.

Adolph nun Soldat geworden
Kam nach Schleswig-Holstein hin,
Wo er nun an Feindesorten
Triumphierend hat gesiegt;
Ist nun Offizier geworden,
Als Major kam er nach Haus,
Trug alsdann den Rittersorden
Und des Sieges Fahn' voraus.

In der Heimat nun im Streite,
Kam der kühne Adolph um;
Als man ihn am Grab beweinte,
Starb auch seine Mutter schon.
Und der Vater ward wahnsinnig,
Rosalie nun verzweiflungsvoll,
Ging auch nicht mehr von dem Grabe,
Bis sie einst da ruhen soll.
(19. Jahrhundert, Verfasser unbekannt)

Ballade, die

[ital. – Tanzlied]

Ursprünglich war die Ballade ein ↗Lied mit ↗Kehrreim, das im Wechsel zwischen Vorsänger und Chor beim Tanze gesungen wurde. Heute versteht man unter Ballade eine dramatische Erzählung in Strophenform (vgl. ↗Strophe, ↗Vers). In der Ballade finden sich Elemente aus allen drei ↗Gattungen (Drama, Epos und ↗Lyrik). Ein Geschehen wird nicht breit ausladend beschrieben, sondern nur knapp skizziert; die Darstellung beschränkt sich auf das Wesentliche. Die Darbietungsform ist nicht selten die wörtliche Rede oder das Wechselgespräch (Dialog). Die Spannung zielt auf eine Schlußpointe (vgl. ↗Pointe). Der Erzählstoff kann aus der Sage, Legende oder Geschichte stammen; er kann auch auf ein zeitgenössisches Ereignis zurückgehen. Handlungsbestimmend sind einzelne Menschen oder auch anonyme Kräfte, wie Schicksal, Naturgewalt, Magie. Balladen, deren Verfasser uns unbekannt sind und die zunächst mündlich weitergegeben wurden, nennt man ↗Volksballaden; sie haben meist einen einfachen Aufbau. Von einem einzelnen Autor gestaltete und kunstvoll aufgebaute Balladen nennt man ↗Kunstballaden. Die deutsche Kunstballade hatte zur Zeit Goethes und Schillers ihren ersten Höhepunkt. Für die neuere Balladendichtung, die aktuelle Stoffe und Themen aus kritischer Distanz gestaltet, hat man auch die Bezeichnung Erzählgedicht vorgeschlagen; sie ist jedoch unscharf und nicht genau zu definieren. Zur Ballade gehören auch ↗Bänkelsang, ↗Moritat und ↗Romanze.

Bild, das

Das Bild ist die anschauliche, sinnenhafte Gestaltung begrifflicher, d.h. abstrakter Aussagen. Das bildliche Sprechen gehört zum Wesen der Dichtung. Das Bild meint nicht sich selbst, es steht für etwas anderes. So kann ein Naturbild eine innere Stimmung, ein Gefühl ausdrücken (Angst, Freude, Einsamkeit usw.). Das Leben des Menschen spiegelt sich im Schiff auf stürmischer See; der Tod erscheint als Sensenmann; ein junger Mensch steht noch in der Blüte seiner Jahre. Die Anschaulichkeit kann verschiedene Ausformungen haben (vgl. auch ↗Allegorie, ↗Chiffre, ↗Dingsymbol, ↗Emblem, ↗Gleichnis, ↗Metapher, ↗Personifikation, ↗Symbol, ↗Synekdoche, ↗Vergleich), von der einfachen Übertragung eines Gedankens auf ein leicht verständliches Bild bis zu einer kühnen Verbindung zwischen dem Dargestellten und dem Gemeinten.

Der Radwechsel

Ich sitze am Straßenrand.
Der Fahrer wechselt das Rad.
Ich bin nicht gern, wo ich herkomme.
Ich bin nicht gern, wo ich hinfahre.
Warum sehe ich den Radwechsel
Mit Ungeduld?
(Bert Brecht)

Die konkrete Situation, der Radwechsel, weckt in dem Autor Assoziationen, d.h. er verknüpft das, was er sieht, mit seiner eigenen Lebenssituation: „Warum sehe ich den Radwechsel / Mit Ungeduld?"

Ostia antica

Durch die Tore: niemand
Treppen: fort ins Blau
Auf dem Estrich: Thymian
Auf den Tischen: Tau.
Zwiegespräch aus Stille
Tod aus Käferzug
Abendrot im Teller
Asche im Krug.
Asphodeloswiese*
Fledermäusekreis
Diesseits oder drüben
Wer das weiß –
(M.L. Kaschnitz)
* Asphodelos = Liliengewächs

Die toten Ruinen der alten römischen Hafenstadt werden zu einem Gleichnis für die Vergänglichkeit, ohne daß dieser Vergleich noch ausgesprochen wird. Das Bild selbst soll die Assoziation, die Verknüpfung, hervorrufen.

Bildgedicht, das

Gedichte werden gelesen und gehört. Warum sollte man sie nicht auch *sehen*? Das Bildgedicht oder Figurengedicht ist ein Versuch, den Inhalt des Textes graphisch darzustellen. Die einzelnen Zeilen des Textes werden so arrangiert, daß ein Bild entsteht, das sich auf den Inhalt des Textes bezieht. Dieses Formenspiel war im Barock (17. Jahrhundert) sehr beliebt; es finden sich aber auch Beispiele aus unserer Zeit. Zu unterscheiden ist zwischen ↗Gedichten, die ihren Versbau (vgl. ↗Versmaß) und ↗Reim auch in der veränderten graphischen Anordnung beibehalten, und Bildgedichten, für die nur noch die bildliche Anordnung entscheidend ist.

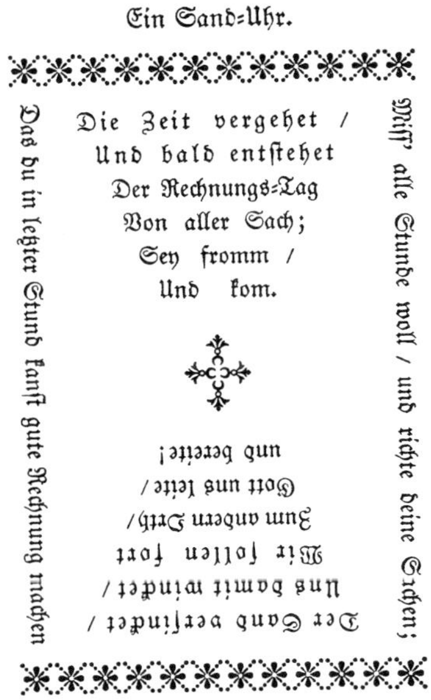

Ein Sand=Uhr.

Die Zeit vergehet /
Und bald entstehet
Der Rechnungs=Tag
Von aller Sach;
Sey fromm /
Und kom.

Der Sand verfindet /
Uns damit windet /
Wir sollen fort
Zum andern Orth /
Gott uns leite /
und bereite!

Das du in letzter Stund kanst gute Rechnung machen
Mißt' alle Stunde wol / und richte deine Sachen;

Das Bildgedicht *Ein Sand=Uhr* von Theodor Kornfeld aus dem Jahre 1685 ist ein Gedicht mit ↗Endreim. Die Anordnung des Textes ist eine bildliche, sinnenhafte Ergänzung zum Inhalt.

Einen König
und einen Baum
erkennt man ohne
Krone kaum!
Der Baum ist auf
die Krone stolz
und auf den
Baum-
stamm
ganz
aus
.... HOLZ! ....

Auch das 1977 veröffentlichte *Baumgedicht* von Paul Maar läßt sich wie ein Gedicht mit Endreim schreiben; der Autor hat es aber wie einen Baum angeordnet.

In dem Textarrangement *Der Ball* von Ror Wolf, veröffentlicht 1971, ist die Form des Balls entscheidend. In die Ballrundung werden Floskeln aus der Fußballsprache gepackt. Das Gestaltungskriterium des Bildes ist der Ball, nicht eine Anordnung nach ↗Versen oder ↗Strophen.

Der Ball

der
abgestaubte ball der
abgetropfte ball der abge-
fälschte ball der abgeprallte ball
der angeschnittene ball der angenommene
ball der eingedrückte ball der abgegebene
ball der unterschätzte ball der verlorene ball
der geschleppte ball der geschobene ball
der hereingetriebene ball der direkt genomme-
ne ball der müde ball der tückische ball der schwie-
rige ball der ganz ruhig liegende ball der ganz
weich geschlagene ball der weich herein schwe-
bende ball der plötzlich heranschwirrende ball
der hinaus auf die linke seite wandernde
ball der schlecht kontrollierte ball der
falsch berechnete ball der im schlamm
stecken gebliebene ball der über
den kopf gezogene ball der im
fallen begrabene ball der
hereingeschaufelte
ball

Blankvers, der

[engl. – „blanker", reimloser Vers]

Der Blankvers kommt vor allem im Drama vor. Aus der Begeisterung für Shakespeare, der ihn in seinen Dramen verwendete, wurde er auch in der deutschen Literatur seit der Aufklärung (18. Jahrhundert) der klassische Dramenvers. Er ist ein ↗jambischer Fünfheber ohne Endreim mit häufigem Zeilensprung (vgl. ↗Enjambement), der durch den dramatischen Redefluß bedingt ist. Der Blankvers kann betont oder unbetont enden (vgl. ↗Kadenz).

Nathan der Weise

Erster Aufzug

Erster Auftritt

(Szene: Flur in Nathans Haus)

Nathan von der Reise kommend. Daja ihm entgegen

DAJA. Er ist es! Nathan! – Gott sei ewig Dank, Daß Ihr doch endlich einmal wiederkommt.	Er ist es! Nathan! – Gott sei ewig Dank, x x́ x x́ x x́ x x́ x x́
NATHAN. Ja, Daja; Gott sei Dank! Doch warum *endlich*? Hab' ich denn eher wiederkommen wollen? Und wiederkommen können? Babylon Ist von Jerusalem, wie ich den Weg, Seit ab bald rechts, bald links, zu nehmen bin Genötigt worden, gut zwei hundert Meilen; Und Schulden einkassieren, ist gewiß Auch kein Geschäft, das merklich fördert, das So von der Hand sich schlagen läßt.	Zeilensprung Weibliches Versende Männliches Versende
DAJA. O Nathan, Wie elend, elend hättet Ihr indes Hier werden können! Euer Haus... NATHAN. Das brannte. So hab' ich schon vernommen. – Gebe Gott, Daß ich nur alles schon vernommen habe! DAJA. Und wäre leicht von Grund aus abgebrannt. NATHAN. Dann Daja, hätten wir ein neues uns Gebaut; und ein bequemeres.	 Aufteilung des Verses auf zwei Sprecher.
DAJA. Schon wahr! Doch *Recha* wär' bei einem Haare mit Verbrannt. NATHAN. Verbrannt? Wer? Meine Recha? sie? – Das hab' ich nicht gehört. – Nun dann! So hätte Ich keines Hauses mehr bedurft. – Verbrannt Bei einem Haare! – Ha! sie ist es wohl! Ist wirklich wohl verbrannt! – Sag' nur heraus! Heraus nur! – Töte mich: und martre mich Nicht länger. – Ja, sie ist verbrannt. DAJA. Wenn sie Es wäre, würdet Ihr von mir es hören? (...) (G.E. Lessing)	 Verschiebung des Versakzentes: Verbrannt. Verbrannt? Wer? Meine Recha? sie? x x́ x x́ x́ x x x́ x x́

Chevy-Chase-Strophe, die

[Nach dem Titel einer alten englischen Ballade benannt: *Die Jagd auf den Cheviotbergen*]

Die Chevy-Chase-Strophe war die häufigste Strophenform (vgl. ↗Strophe) der alten englischen ↗Volksballade. Sie besteht aus vier ↗Versen, die alle männlich enden (vgl. ↗Kadenz). Die erste und die dritte Zeile hat vier Hebungen, die zweite und die vierte Zeile hat drei ↗Hebungen. Am Ende der dreihebigen Verse ist jeweils eine deutliche Pause (vgl. ↗Zäsur). Der strenge ↗Rhythmus und die durchgehende Endbetonung der Verse (männlicher Ausgang) geben dieser Strophenform etwas Wuchtiges; deshalb ist sie vor allem in der heldischen oder historischen ↗Ballade zu finden Ursprünglich reimten nur die zweite und die dritte Strophe miteinander; in der deutschen Nachbildung ist der ↗Kreuzreim häufiger.

„Ich hab' es getragen sieben Jahr
x x́ x x x́ x x́ x x́ — vier Hebungen – männlich
Und ich kann es nicht tragen mehr!
x x x́ x x x́ x x́ — drei Hebungen – männlich
Wo immer die Welt am schönsten war,
x x́ x x x́ x x́ x x́ — vier Hebungen – männlich
Da war sie öd' und leer.
x x́ x x́ x x́ — drei Hebungen – männlich

Ich will hintreten vor sein Gesicht — a
In dieser Knechtsgestalt, — b — Kreuzreim
Er kann meine Bitte versagen nicht — a
Ich bin ja worden alt. — b

Und trüg' er noch den alten Groll,
Frisch wie am ersten Tag, — // Pause; auch durch den Satzbau bedingt
So komme was da kommen soll,
Und komme, was da mag." (...) — // Pause: Satzende und Strophenende fallen zusammen.

[Th. Fontane, *Archibald Douglas*]

Chiffre, die

[franz. – Zahl, Ziffer]

Unter Chiffre versteht man im allgemeinen eine Geheimschrift, die erst mit Kenntnis des „Schlüssels" richtig gelesen und verstanden werden kann. Die Geheimschrift kann auch ein verschlüsseltes ↗Bild sein. In Rom sieht man auf frühchristlichen Gräbern oft einen Fisch. Dieser Fisch war für die Christen zur Zeit der Verfolgung das Geheimzeichen für ihren Glauben. Das griechische Wort für Fisch heißt *Ichthys*; dies sind im Griechischen die Anfangsbuchstaben für „Jesus Christus, Gottes Sohn, Erlöser".

In der Dichtung, besonders in ↗Gedichten, ist die Chiffre ein Sprach- oder Bildsymbol (vgl. ↗Symbol), das verkürzt einen komplexen Sachverhalt beschreibt oder auf ihn hinweist. Die Bedeutung ist nur aus dem Zusammenhang zu erschließen, z.B. durch wiederholtes Auftauchen der Chiffre bei einem Autor oder durch mehrfache Verwendung in einem Text. Leicht zu verstehen sind die Chiffren „Stadt" und „Land", wenn sie gegenübergestellt werden: die Stadt als Entfremdung des Menschen von seiner natürlichen Umwelt.

Schwieriger ist die Entzifferung, wenn es sich um eine persönliche Chiffre des Autors oder um ein ungewohntes Bild oder um einen ungewohnten Ausdruck handelt.

Mein blaues Klavier

Ich habe zu Hause ein blaues Klavier
und kenne doch keine Note.

Es steht im Dunkel der Kellertür,
Seitdem die Welt verrohte.

Es spielen Sternenhände vier
– Die Mondfrau sang im Boote –
Nun tanzen die Ratten im Geklirr.

Zerbrochen ist die Klaviatür ...
Ich beweine die blaue Tote.

Ach liebe Engel öffnet mir
– Ich aß vom bitteren Brote –
Mir lebend schon die Himmelstür –
Auch wider dem Verbote.

(Elsa Lasker-Schüler)

Das Gedicht entstand in der Emigration; Else Lasker-Schüler mußte vor den Nationalsozialisten fliehen. Es ist ein Rückblick auf Vergangenes. Das blaue Klavier kann eine Chiffre für die verlorene wirkliche und geistige Heimat sein: Das Klavier, auf dem „Sternenhände vier" gespielt haben, es steht jetzt im Dunkel einer verrohten Welt; Ratten hausen in dem zerstörten Saitengewirr; nur noch ein „Geklirr" kommt aus dem blauen Klavier. Wichtig ist auch die Symbolik der Farbe „blau". Diese Chiffre löst sich erst in der Gesamtaussage des Gedichts und im Wissen um die leidvolle Biographie der Autorin auf. Eine komplexe Aussage – glückliche Zeit, Flucht, Trauer über den Verlust – ist in eine kurze Bildchiffre gefaßt. Ganz auflösen läßt sich die Chiffre nicht; sie bleibt ein vielfach deutbares poetisches Bild.

Daktylus, der

[griech. – Finger]

Der Daktylus ist ein antiker ↗Versfuß. Er ist mit den Gliedern eines Fingers zu vergleichen. Er besteht aus einer Länge und zwei Kürzen. Er war vor allem in der Form des ↗Hexameters das ↗Versmaß des griechischen Epos. Im Deutschen wird er mit einer ↗Hebung und zwei ↗Senkungen dargestellt: x́ x x. Da im Deutschen beim ↗Trochäus die Senkung auch doppelt gefüllt werden kann, verwischt sich sehr leicht der Unterschied zwischen beiden Versfüßen. Man kann nur dann noch von einem daktylischen Versmaß sprechen, wenn sich die Doppelfüllung der Senkung regelmäßig wiederholt.

Ein Beispiel:

Die erste Strophe des Gedichts *Im Nebel* von Hermann Hesse beginnt zwar mit zwei Daktylen, es zeigt sich aber aus dem Gesamtbau der Strophe, daß die Verse aus Trochäen mit unregelmäßiger Füllung in der Senkung bestehen:

Seltsam, im Nebel zu wandern!
x́ x x x́ x x x́ x
Einsam ist jeder Busch und Stein,
x́ x x x́ x x́ x x́
Kein Baum sieht den andern,
x́ x x́ x x́ x
Jeder ist allein. (...)
x́ x x́ x x́

(Hermann Hesse)

Es gab immer wieder Versuche, den daktylischen Vers auch in der deutschen Literatur heimisch zu machen. Die antiken Werke – z.B. die Homerischen Epen – wurden im ursprünglichen Versmaß, dem Hexameter, übersetzt. Auch schrieb man seit dem 18. Jahrhundert deutsche Versepen nach dem antiken Vorbild. Am bekanntesten ist *Hermann und Dorothea* von J.W.v. Goethe:

Hab ich den Markt und die Straßen doch nie so einsam gesehen!
x́ x x x́ x x x́ x x x́ x x́ x x x́ x
Ist doch die Stadt wie gekehrt! wie ausgestorben! Nicht fünfzig,
x́ x x x́ x x x́ x x́ x x́ x x x́ x
Deucht mir, blieben zurück von allen unsern Bewohnern. (...)
x́ x x́ x x x́ x x́ x x́ x x x́ x

(J.W. Goethe)

Beim Daktylus zeigt sich aber am deutlichsten, daß die Messung der Verse nach Längen und Kürzen (und den damit verbundenen Besonderheiten) nicht ohne weiteres auf die Zählung der Verse nach Hebung und Senkung übertragen werden kann. Auch wurde der Wortakzent (vgl. ↗Akzent) in den antiken Sprachen viel freier gesetzt als in der deutschen Sprache. Im Deutschen liegt der Hauptton auf der Stammsilbe (mit der Möglichkeit zur Nebenbetonung): Freunde, freundlich, Freundlichkeit. Im Lateinischen kann der Hauptton je nach Silbenzahl „wandern": Roma, Romanus, Romanorum, Romanorumque. Diese Freiheiten hat die deutsche Sprache nicht. Es sind zwei verschiedene Systeme, die Silben zu bewerten. In den antiken Sprachen wurden die Silben gemessen nach Länge und Kürze; in der deutschen Sprache werden sie gewichtet nach dem Kriterium, ob sie betont oder nicht betont sind. Deshalb ist die Zahl der Hebungen wichtiger als die Zahl der Senkungen.

Dinggedicht, das

In einem Dinggedicht (vgl. ↗Gedicht) zieht sich das ↗Lyrische Ich – bildlich gesprochen – aus dem Gedicht zurück, oder es ist zumindest nicht der Mittelpunkt. Der Beobachter beschreibt Gegenstände oder Lebewesen von außen, so wie er sie sieht. Natürlich ist die Beschreibung gleichzeitig eine Deutung, eine Annäherung.

Der Panther

Im Jardin des Plantes, Paris

Sein Blick ist vom Vorübergehn der Stäbe
so müd geworden, daß er nichts mehr hält.
Ihm ist, als ob es tausend Stäbe gäbe
und hinter tausend Stäben keine Welt.

Der weiche Gang geschmeidig starker Schritte,
der sich im allerkleinsten Kreise dreht,
ist wie ein Tanz von Kraft um eine Mitte,
in der betäubt ein großer Wille steht.

Nur manchmal schiebt der Vorhang der Pupille
sich lautlos auf –. Dann geht ein Bild hinein,
geht durch der Glieder angespannte Stille –
und hört im Herzen auf zu sein.
(R.M. Rilke)

Der Autor verharrt gewissenhaft bei seinem Thema. Er beschreibt den Panther. Er nimmt sich selbst zunächst aus der Beobachtung heraus. Doch allmählich versetzt er sich in den Panther, den er beobachtet. Obwohl er in der dritten Person bleibt, legt er dem Panther doch Gefühle und Regungen zu, die er aus der Beobachtung des Tieres von außen her erschließt, gleichsam als wenn er in der Rolle des Tieres wäre. Der Panther wird menschlich. Deshalb darf man auch vermuten, daß der Panther nicht für sich selbst steht, sondern ein ↗Gleichnis für eine vergleichbare Situation des Menschen ist: der Mensch im Gitter der Zwänge, die ihn beengen.

Komm in den totgesagten park

Komm in den totgesagten park und schau:
Der schimmer ferner lächelnder gestade ·
Der reinen wolken unverhofftes blau
Erhellt die weiher und die bunten pfade.

Dort nimm das tiefe gelb · das weiche grau ·
Von birken und von buchs · der wind ist lau ·
Die späten rosen welkten noch nicht ganz ·
Erlese küsse sie und flicht den kranz ·

Vergiss auch diese letzten astern nicht ·
Den purpur um die ranken wilder reben ·
Und auch was übrig blieb von grünem leben
Verwinde leicht im herbstlichen gesicht.
(Stefan George)

Der Park ist von Menschenhand geformte Natur, ein künstliches Gebilde. Der Autor beschreibt ihn in einer kunstvollen, erlesenen Sprache. Der totgesagte Park ist nicht der Ort vieler; vielleicht hat er eine Mauer. Der Autor beschreibt den Park in seinem herbstlichen Kleide, ein letzter Schimmer des vergangenen Sommers liegt über ihm. Dieser Park, so genau er auch im einzelnen beschrieben wird, ist eine ↗Chiffre für eine Kunstvorstellung, für Dichtung, die sich von den Marktplätzen und dem quellenden Leben fernhält, die nicht jedem zugänglich ist.

Dingsymbol, das

(vgl. ↗Symbol)

Ein Dingsymbol veranschaulicht einen Gedanken oder ein Gefühl, ohne daß zwischen dem symbolisch verwendeten Gegenstand und dem Gedanken oder dem Gefühl ein unmittelbarer Zusammenhang besteht; die Verbindung zwischen dem Gegenstand und dem Gemeinten ergibt sich erst aus der Darstellung. Der Becher im folgenden Gedicht ist ein Becher wie viele andere: er dient zum Trinken. Aber in der besonderen Situation zwischen den beiden Liebenden wird er zum Symbol der Liebe. Oder, wenn man genau ist: Die Art, wie beide den Becher einander reichen, wird zum „Erkennungszeichen" ihrer Zuneigung.

Die Beiden

Sie trug den Becher in der Hand
– Ihr Kinn und Mund glich seinem Rand –,
So leicht und sicher war ihr Gang,
Kein Tropfen aus dem Becher sprang.

So leicht und fest war seine Hand:
Er ritt auf einem jungen Pferde,
Und mit nachlässiger Gebärde
Erzwang er, daß es zitternd stand.

Jedoch, wenn er aus ihrer Hand
Den leichten Becher nehmen sollte,
so war es beiden allzu schwer:

Denn beide bebten sie so sehr,
Daß keine Hand die andre fand
Und dunkler Wein am Boden rollte.
(H.v. Hofmannsthal)

Distichon, das

[griech. – Zweizeiler, Strophe aus zwei Versen]

Das Distichon ist eine antike Strophenform (vgl. ↗Strophe). Es besteht aus einem ↗Hexameter und einem ↗Pentameter. Der Doppelvers eignet sich besonders für spruchhafte, kurze ↗Gedankenlyrik (vgl. ↗Epigramm):

Würde des Menschen

Nichts mehr davon, ich bitt' euch. Zu essen gebt ihm, zu wohnen, Hexameter
x́ x x x́ x x́ x x x́ x x́ x x x́ x
Habt ihr die Blöße bedeckt, gibt sich die Würde von selbst. Pentameter
x́ x x x́ x x x́ // x́ x x x́ x x x́
(Fr. Schiller)

Das Distichon wird auch in längeren Gedichten verwendet, z.B. in der ↗Elegie:

Die Sänger der Vorwelt

Sagt, wo sind die Vortrefflichen hin, wo find ich die Sänger,
Die mit dem lebenden Wort horchende Völker entzückt,
Die vom Himmel den Gott, zum Himmel den Menschen gesungen
Und getragen den Geist hoch auf den Flügeln des Lieds?
Ach, noch leben die Sänger, nur fehlen die Taten, die Lyra
Freudig zu wecken, es fehlt, ach! ein empfangendes Ohr.
Glückliche Dichter der glücklichen Welt! Von Munde zu Munde
Flog, von Geschlecht zu Geschlecht euer empfundenes Wort.
Wie man die Götter empfängt, so begrüßte jeder mit Andacht,
Was der Genius ihm, redend und bildend, erschuf.
An der Glut des Gesangs entflammten des Hörers Gefühle,
An des Hörers Gefühl nährte der Sänger die Glut.
Nährt' und reinigte sie! Der Glückliche, dem in des Volkes
Stimme noch hell zurück tönte die Seele des Lieds,
Dem noch von außen erschien, im Leben, die himmlische Gottheit,
Die der Neuere kaum, kaum noch im Herzen vernimmt.
(Fr. Schiller)

Elegie, die

[griech. – Flötenlied]

In der griechischen Antike wurde jedes Gedicht, das aus mehreren ↗Distichen bestand, eine Elegie genannt; es war eine Bezeichnung nach der äußeren Form. Erst in römischer Zeit verstand man unter Elegie hauptsächlich ein Gedicht in Distichen, dessen Inhalt einen wehmütigen Grundton hatte: Klage über Tod und Vergänglichkeit und über unerfüllte Sehnsucht. In der deutschen Literatur ist die Elegie vor allem inhaltlich bestimmt; die Distichen sind kein notwendiger formaler Bestandteil.

In der neueren Dichtung ist die Elegie fast mit der ↗Gedankenlyrik gleichzusetzen. Carl Zuckmayer schrieb seine *Elegie von Abschied und Wiederkehr* 1939 im amerikanischen Exil:

Elegie von Abschied und Wiederkehr

Ich weiß, ich werde alles wiedersehn.
Und es wird alles ganz verwandelt sein,
Ich werde durch erloschne Städte gehn,
Darin kein Stein mehr auf dem andern Stein –
Und selbst noch wo die alten Steine stehen,
Sind es nicht mehr die altvertrauten Gassen –
Ich weiß, ich werde alles wiedersehen
Und nichts mehr finden, was ich einst verlassen.

Der breite Strom wird noch zum Abend gleiten.
Auch wird der Wind noch durch die Weiden gehn,
Die unberührt in sinkenden Gezeiten
Die stumme Totenwacht am Ufer stehn.
Ein Schatten wird an unserer Seite schreiten
Und tiefste Nacht um unsere Schläfen wehn –
Dann mag erschauernd in den Nebel reiten,
Wer lebend schon sein eignes Grab gesehn.

Ich weiß, ich werde zögernd wiederkehren,
Wenn kein Verlangen mehr die Schritte treibt.
Entseelt ist unsres Herzens Heimbegehren,
Und was wir brennend suchten, liegt entleibt.
Leid wird zu Flammen, die sich selbst verzehren,
Und nur ein kühler Flug von Asche bleibt –
Bis die Erinnrung über dunklen Meeren
Ihr ewig Zeichen in den Himmel schreibt.

Emblem, das
[griech. – das Eingefügte, Einlegearbeit]

Emblem ist ein altgriechisches Wort, es hat im Verlauf der Geschichte einen Bedeutungswandel durchgemacht. Ursprünglich meinte es den Teil des Lanzenschaftes, der in die eiserne Lanzenspitze eingefügt wurde. Daraus entwickelte sich die Bedeutung „Einlegearbeit", d.h. die bildliche Anordnung von Materialteilen zu einem Bild oder Ornament (man nennt dies heute Intarsien). Emblem meint ein Bild, das eine bestimmte, festgelegte Bedeutung hat.

Das Denken und Argumentieren mit Hilfe von Bildern war für das Mittelalter und bis ins 17. Jahrhundert selbstverständlich. Den Dingen und Erscheinungen der sichtbaren Welt wurde ein Sinn zugewiesen, an den sie den Betrachter erinnern sollten. Die erschaffene Welt wurde als Bilderbuch Gottes verstanden, in dem er uns seine Lehre durch die Gebilde seiner Schöpfung offenbarte. Das Bild vom Pelikan, der in der Not die Jungen mit seinem eigenen Blut ernährt, wurde als ↗Sinnbild des Opfertodes Christi gedeutet. Diese Sinnbilder bezogen sich nicht nur auf Glaubenswahrheiten, sondern auch auf Lebenserfahrungen und Lebensregeln. Das sich drehende Rad, das Rad der Fortuna, auf dem, was oben ist, sich nach unten wendet und umgekehrt, wurde als Sinnbild für die Unbeständigkeit des menschlichen Lebens verstanden.

Aus diesem Denken in ↗Symbolen und ↗Bildern entwickelte sich im 17. Jahrhundert, d.h. im Barock, eine eigene Kunstform: das Emblem.

Das Emblem besteht aus drei Teilen. Eine Überschrift gibt das Thema an. In einer bildlichen Darstellung wird das Sinnbild gezeigt. Eine kurze Unterschrift, d.h. einige Verszeilen, erklären den Sinnzusammenhang zwischen Überschrift und Bild. Diese Struktur ist auch in vielen Gedichten des 17. Jahrhunderts wiederzufinden, z.B. in dem Gedicht *Es ist alles eitel* von Andreas Gryphius (siehe unter ↗Alexandriner). Die Überschrift nennt das Thema, dann wird es in mehreren Bildern vorgeführt, und schließlich wird der Sinn zusammengefaßt. Das Emblem ist ein Symbol, bei dem auch die Erklärung mitgeliefert wird.

Friede aus Krieg — Überschrift – Thema

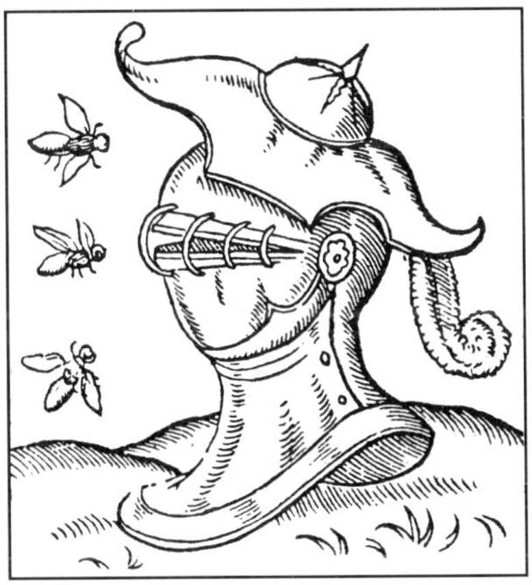

Bild

Welch seltsamer Wandel geschieht auf Erden: — Erklärende Unterschrift
Der Helm, geführt in Schlacht und Streit
Viel Jahr, und oft mit Blut benetzt,
Jetzt in der Ruhe und Friedenszeit
Ist zu einem Bienenkorb verwandelt,
Darinnen gezogen Honigs viel:
O Fürst, all Krieg mit Ernst vermeid;
Wo du mit Ruhe magst sitzen still!

[Aus: Andreas Alciatus, *Emblematum Libellus*, 1531]

Endreim, der

Der Endreim (vgl. ↗Reim) geht auf den lateinischen Kirchengesang des frühen Mittelalters zurück. Im 9. Jahrhundert verdrängte er in der deutschen Dichtung den germanischen ↗Stabreim [vgl. ↗Stabreimvers, ↗Alliteration). Unter Endreim versteht man den Gleichklang mehrerer Versenden von der letzten betonten Silbe an:

Ich bin meiner Mutter einzig Kind,	a	männlich
Und weil die andern ausblieben sind	a	
– Was weiß ich wieviel, die sechs oder sieben, –	b	weiblich
Ist eben alles an mir hängen blieben; (...)	b	
(E. Mörike, *Selbstgeständnis*)		

Bei völliger Übereinstimmung der Vokale und Konsonanten spricht man von einem ↗Reinen Reim. Bei einem ↗Unreinen Reim klingen Konsonanten und Vokale nur ähnlich:

Und er brüstet sich frech, und lästert wild;
Die Knechtenschar ihm Beifall brüllt.
(Heinrich Heine, *Belsatzar*)

Von einer ↗Assonanz spricht man, wenn nur die Vokale im Endreim übereinstimmen:

Und wenn die alten Raben
Noch fliegen immerdar,
So muß ich auch noch schlafen
Verzaubert hundert Jahr. (...)
(Fr. Rückert, *Barbarossa*)

Der Endreim, die Übereinstimmung der Vokale, kann auch über die letzte betonte Silbe zurückreichen (vgl. ↗Erweiterter Reim):

Welle der Nacht – zwei Muscheln miterkoren,
die Fluten strömen sie, die Felsen her,
dann Diadem und Purpur mitverloren,
die weiße Perle rollt zurück ins Meer. (...)
(G. Benn, *Welle der Nacht*)

Der Endreim wird erst hörbar, wenn er sich in mehreren Versen regelmäßig wiederholt, wenn ein Bauprinzip erkennbar wird. Die einfachste Form der Wiederholung ist der ↗Paarreim:

Es war einmal ein Lattenzaun, a
mit Zwischenraum, hindurchzuschaun. (...) a
(Chr. Morgenstern, *Der Lattenzaun*)

Steht der Reim „übers Kreuz", dann spricht man von einem ↗Kreuzreim:

Laue Luft kommt blau geflossen, a weiblich
Frühling, Frühling soll es sein! b männlich
Waldwärts Hörnerklang geschossen, a weiblich
Mut'ger Augen lichter Schein; (...) b männlich
(J.v. Eichendorff, *Frische Fahrt*)

Im ↗Umarmenden Reim umschließt ein Reim den anderen:

Alte Plätze sonnig schweigen. a
Tief in Blau und Gold versponnen b
Traumhaft hasten sanfte Nonnen b
Unter schwüler Buchen Schweigen. (...) a
(G. Trakl, *Die schöne Stadt*)

Über sechs Verse reicht der ↗Schweifreim:

Die linden Lüfte sind erwacht, a
Sie säuseln und weben Tag und Nacht, a
Sie schaffen an allen Enden. b
O frischer Duft, o neuer Klang! c
Nun, armes Herze, sei nicht bang! c
Nun muß sich alles, alles wenden. (...) b
(L. Uhland, *Frühlingsglaube*)

Dies sind nur die häufigsten Reimkombinationen. ↗Strophen oder ↗Gedichte können noch viel kunstvoller gereimt sein.

Enjambement, das

[franz. – Überschreitung]

Man spricht von einem Enjambement (auch: Zeilensprung), wenn ein Satz oder ein ↗Kolon nicht mit der Verszeile endet, sondern in die nächste Verszeile – manchmal auch ↗Strophe – „hinüberspringt“. Es entsteht eine Spannung zwischen Satzbau und Versbau, zwischen inhaltlicher und ↗metrischer Gliederung. Das Versende läßt eine Pause erwarten, aber der Satz oder das Kolon laufen weiter. Dadurch wird das starre metrische Gerüst aufgelockert.

Dafür zwei Beispiele:

I. **Gefunden**

Ich ging im Walde	Zeilensprung
So für mich hin,	
Und nichts zu suchen,	
Das war mein Sinn.	
Im Schatten sah ich	Zeilensprung
Ein Blümchen stehn	
Wie Sterne leuchtend,	
Wie Äuglein schön.	
Ich wollt' es brechen,	
Da sagt' es fein:	
Soll ich zum Welken	Zeilensprung
Gebrochen sein?	
Ich grub's mit allen	Zeilensprung
Den Würzlein aus,	
Zum Garten trug ich's	Zeilensprung
Am hübschen Haus.	
Und pflanzt' es wieder	Zeilensprung
Am stillen Ort;	
Nun zweigt es immer	Zeilensprung
Und blüht so fort.	
(J.W. Goethe)	

Folgendes fällt auf:

- Der Zeilensprung ist jeweils nur zwischen der ersten und zweiten Zeile bzw. zwischen der dritten und vierten Zeile.
- Nur die zweite und vierte Zeile sind durch einen ↗Endreim gebunden.

Man könnte die Strophen auch anders schreiben:

Ich ging im Walde So für mich hin,
Und nichts zu suchen, Das war mein Sinn.

Goethe hat für sein Gedicht die Form der ↗Volksliedstrophe gewählt; sie ist aus dem germanischen ↗Langvers entstanden. Der Langvers bestand aus zwei Kurzversen mit zwei bis vier

↗Hebungen; er hatte ursprünglich keinen Endreim. Gereimte Langverse tauchen erst im Mittelalter auf, z.B im *Nibelungenlied.* Der häufige Zeilensprung in Goethes Gedicht *Gefunden* ist aus der Herkunft der Volksliedstrophe begründet. Wenn man das Gedicht in Langverse umschreibt, dann ist es ohne Zeilensprung.

II. **Der römische Brunnen**

Aufsteigt der Strahl und fallend gießt   Zeilensprung
Er voll der Marmorschale Rund,
Die, sich verschleiernd, überfließt   Zeilensprung
In einer zweiten Schale Grund;
Die zweite gibt, sie wird zu reich,
Der dritten wallend ihre Flut,
Und jede nimmt und gibt zugleich
Und strömt und ruht.
(C.F. Meyer)

In diesem Gedicht ist der Zeilensprung Teil des Inhalts: Das Strömen des Wassers von einer Brunnenschale zur anderen, der fließende Übergang, ist auch im ↗Rhythmus des Gedichts zu hören. Das Enjambement ist die rhythmische Untermalung der Verszeile „Und jede nimmt und gibt zugleich". Daß dieser Zeilensprung nicht selbst zum Strukturelement des Textes wird, daß die Wasserflut in die dritte Schale sprachlich anders – durch mehrere Sprechabschnitte, d.h. Kola – gestaltet ist, ist genau im Sinne des Enjambements, das Eintönigkeit oder Gleichförmigkeit verhindern soll.

Epigramm, das

[griech. – Aufschrift]

Das Epigramm ist eine Kurzform der ↗Gedankenlyrik. Eine Person, ein Gegenstand oder ein Ereignis werden möglichst genau oder treffend charakterisiert; ein Gedanke wird einprägsam formuliert. Das Epigramm ist meist ein Zweizeiler (vgl. ↗Strophe, ↗Distichon).

An die Gesetzgeber

Setzet immer voraus, daß der Mensch im Ganzen das Rechte
Will, im einzelnen nur rechnet mir niemals darauf.
(Fr. Schiller)

Außer diesem Stern

Außer diesem Stern, dachte ich, ist nichts und er
Ist so verwüstet.
Er allein ist unsere Zuflucht und die
Sieht so aus.
(B. Brecht)

Erlebnislyrik, die

Man könnte sie die persönlichste, subjektivste Aussagegestalt der ↗Lyrik nennen. Ein Ich spricht über sich selbst, von seinen Erlebnissen und Stimmungen, es überträgt (projiziert) sein inneres Gefühl auf die Natur, auf die Außenwelt; es läßt sich von äußeren Eindrücken einstimmen und beeinflussen; es kann aber auch in gedanklicher Schärfe seine Umwelt beobachten und das eigene Erlebnis wie etwas von außen Beobachtetes wiedergeben. Nur: es ist voreilig, dieses Ich mit dem Dichter gleichzusetzen (vgl. ↗Lyrisches Ich). Die Erlebnislyrik kann einen hohen autobiographischen Anteil haben, z.B. in Liebesgedichten; sie kann aber auch ein bewußt eingesetztes Gestaltungsmittel sein. Wichtig ist, ob ein Gedicht über den vermuteten Erlebnisanlaß noch einen Aussagewert hat, ob es auch auf Stimmungen oder Erfahrungen des Lesers übertragbar ist, ob der Leser mit dem „literarischen" Erlebnis etwas anfangen kann. Jedes Gedicht, in dem ein Ich spricht, von sich erzählt, seine Stimmungen und Eindrücke in Bilder faßt, ist Erlebnislyrik oder Stimmungslyrik, aber nicht notwendig im Sinne einer autobiographischen Überprüfbarkeit.

Erweiterter Reim

Ein erweiterter Reim ist jeder ↗Endreim, bei dem die lautliche Übereinstimmung zweier Versenden schon vor dem letzten betonten Vokal beginnt. Meist bezieht sich die Übereinstimmung nur auf die Vokale:

Ich bin der wohlbekannte Sänger,
Der vielgereiste Rattenfänger,
Den diese altberühmte Stadt
Gewiß besonders nötig hat. (...)
(J.W. Goethe, *Der Rattenfänger*)

Ähnlich ist auch der ↗Schüttelreim gebaut:

Es sprach der Herr von Rubenstein:
„Mein Hund, der ist nicht stubenrein."

Vollständige Übereinstimmung auch der Konsonantenfolge findet man selten, da sie das klangliche Reimspiel einengt und eintönig wirkt.

Erzählgedicht, das [siehe unter ↗Ballade]

Figurengedicht, das [siehe unter ↗Bildgedicht]

Freie Rhythmen

[griech. rhythmós – vgl. ↗Rhythmus]

Freie Rhythmen sind ↗Verse, die weder durch ein regelmäßiges ↗Metrum noch durch ↗Reime gebunden sind. Die Länge der Verszeile ist beliebig, ohne ein festes Schema; sie wechselt von Zeile zu Zeile. Die innere Gliederung geschieht nicht durch einen regelmäßigen Strophenbau (vgl. ↗Strophe), sondern durch zusammenhängende Sinnblöcke unterschiedlicher Größe.

Dieses Fehlen eines formalen Gerüstes bietet große Freiheiten in der dynamischen Ausgestaltung. Stimmungen und Gefühle können unmittelbar in den Rhythmus des Sprechens übertragen werden, – ohne Rücksicht auf irgendeinen metrischen Regelzwang. Der Rhythmus, die bewegte oder auch feierliche Redeweise, ist geradezu charakteristisch für ↗Gedichte in freien Rhythmen. Sie dürfen nicht mit ↗Prosa-Gedichten verwechselt werden. Ihr

Satzbau ist ein anderer als in der ↗Prosa oder Alltagssprache; er richtet sich nach der rhythmischen Bewegung und Betonung. Auch fehlt das Metrum nicht ganz; es gibt immer wieder Passagen, in denen ein bestimmtes Metrum herauszuhören ist, – nur daß es nicht mit der Strenge einer geforderten Regelmäßigkeit gehandhabt wird.

In der Dichtung des Sturm und Drang, zur Zeit des jungen Goethe, waren die Freien Rhythmen nicht nur eine Rebellion gegen formalen Regelzwang, sondern auch ein Protest gegen jede Bevormundung. Goethes *Prometheus* vereint beides:

Prometheus

Bedecke deinen Himmel, Zeus,
Mit Wolkendunst!
Und übe, Knaben gleich,
Der Disteln köpft,
An Eichen dich und Bergeshöhn!
Mußt mir meine Erde
Doch lassen sie stehn,
Und meine Hütte
Die du nicht gebaut,
Und meinen Herd,
Um dessen Glut
Du mich beneidest.

Ich kenne nichts Ärmer's
Unter der Sonn' als euch Götter.
Ihr nähret kümmerlich
Von Opfersteuern
Und Gebetshauch
Eure Majestät
Und darbtet, wären
Nicht Kinder und Bettler
Hoffnungsvolle Toren.

Da ich ein Kind war,
Nicht wußt', wo aus, wo ein,
Kehrte mein verirrtes Aug'
Zur Sonne, als wenn drüber wär'
Ein Ohr, zu hören meine Klage,
Ein Herz wie meins,
Sich des Bedrängten zu erbarmen.

Wer half mir wider
Der Titanen Übermut?
Wer rettete vom Tode mich,
Von Sklaverei?
Hast du's nicht alles selbst vollendet,
Heilig glühend Herz?
Und glühtest, jung und gut,
Betrogen, Rettungsdank
Dem Schlafenden da droben?

Ich dich ehren? Wofür?
Hast du die Schmerzen gelindert
Je des Beladenen?

Hast du die Tränen gestillet
Je des Geängsteten?
Hat nicht mich zum Manne geschmiedet
Die allmächtige Zeit
Und das ewige Schicksal,
Meine Herrn und deine?

Wähntest du etwa,
Ich sollte das Leben hassen,.
In Wüsten fliehn,
Weil nicht alle Knabenmorgen –
Blütenträume reiften?

Hier sitz' ich, forme Menschen
Nach meinem Bilde,
Ein Geschlecht, das mir gleich sei,
Zu leiden, weinen,
Genießen und zu freuen sich,
Und dein nicht zu achten,
Wie ich.

(J.W. Goethe)

Freie Verse

Wie die ↗Freien Rhythmen haben auch Freie Verse eine unterschiedliche Zeilenlänge. Sie haben aber ein Reimschema (vgl. ↗Reim, ↗Endreim); der ↗Versfuß ist einheitlich, allerdings mit großer Füllungsfreiheit in den Senkungen. Versfuß und Reim sind ihr Gerüst.

Als mich mein Traum verschlug,		
x x́ x x́ x x́	a	3 Jamben
Fand ich mich wandern im schönsten Nachmittag		
x x́ x x́ x x x́ x x́ x x́	b	5 Jamben
Den Hügel nieder, der schwebte und mit Flügeln schlug.	a	6 Jamben
Zu meinen Füßen lag	b	3 Jamben
Das Land in goldenem Staat,	c	3 Jamben
Das Land in Schwaden rauschend der gereiften Saat. (...)	c	6 Jamben

[F. Werfel, *Der Ritt*]

Gattung, die

Traditionell wird die Dichtung in drei Gattungen eingeteilt: Drama, Epos (erzählende Versdichtung) und ↗Lyrik. In früheren ↗Poetiken hatte auch die Lehrdichtung ein eigenes Kapitel. Als entscheidendes Merkmal galt bis ins 18. Jahrhundert, daß Dichtung in ↗Versen geschrieben sein müsse. Dies ist aber nur ein äußeres, ein formales Merkmal; denn der Roman, sozusagen ein „Konkurrent" des Versepos, ist in ↗Prosa geschrieben.

Der Begriff „Gattung" bezieht sich im allgemeinen auf fiktionale Literatur, d.h. auf Texte, die nicht unbedingt Reportagen aus dem erlebten Alltag sind; sie sind erdachte Geschichten, in denen der Autor sich mit seiner Umwelt auseinandersetzt.

Da die Trennung zwischen ↗Prosa und ↗Poesie nur eine formale Unterscheidung ist und die Frage, ob etwas wirklich so geschehen ist oder in dieser gedachten Weise geschehen könnte, für das Urteil zweitrangig ist, wurde in letzter Zeit der historisch belastete Begriff

„Gattung" durch „Textsorte" ersetzt. Unter „Textsorte" versteht man die jeweilige Textstruktur, die für die Absicht der Textgestaltung wichtig ist. Das Register der Textsorten umfaßt auch alle Texte, die im Alltag verlangt werden; es unterscheidet nicht mehr zwischen poetischer und Gebrauchsliteratur.

Gedankenlyrik, die

Der Gedankenlyrik liegt kein unmittelbares Erlebnis oder eine momentane Stimmung wie beispielsweise in der ↗Erlebnislyrik zugrunde. Ein Gedanke, eine Überlegung bestimmt den Text. Aus einzelnen Beobachtungen kann sich eine resümierende Aussage ergeben. Viele Gedichte Friedrich Schillers sind Gedankenlyrik. Die Trennlinie zwischen Gedankenlyrik und Erlebnislyrik ist allerdings nicht genau zu ziehen, da auch in der Gedankenlyrik ein ↗Lyrisches Ich auftreten kann, das aus seiner Erfahrung heraus spricht und einen Gedanken ausgestaltet.

Hoffnung

Es reden und träumen die Menschen viel
Von bessern künftigen Tagen,
Nach einem glücklichen goldenen Ziel
Sieht man sie rennen und jagen.
Die Welt wird alt und wieder jung,
Doch der Mensch hofft immer Verbesserung.

Die Hoffnung führt ihn ins Leben ein,
Sie umflattert den fröhlichen Knaben,
Den Jüngling locket ihr Zauberschein,
Sie wird mit dem Greis nicht begraben,
Denn beschließt er im Grabe den müden Lauf,
Noch am Grabe pflanzt er – die Hoffnung auf.

Es ist kein leerer schmeichelnder Wahn,
Erzeugt im Gehirne des Toren,
Im Herzen kündet es laut sich an:
Zu was Besserm sind wir geboren!
Und was die innere Stimme spricht,
Das täuscht die hoffenden Seele nicht.

(Fr. Schiller)

Aus einzelnen Beobachtungen in der ersten und zweiten ↗Strophe kristallisiert sich ein Gedanke, der in der dritten Strophe ausgesprochen wird.

Sensible Wege

Sensibel
ist die erde über den quellen: kein baum darf
gefällt, keine wurzel
gerodet werden

Die quellen könnten
versiegen

Wie viele bäume werden
gefällt, wie viele wurzeln
gerodet

in uns
(R. Kunze)

Eine Aussage über die Natur, über das ökologische Gleichgewicht, als Warnung vor willkürlichem und zerstörendem Eingriff in den natürlichen Kreislauf, wird zu einem „bildlichen" Gedanken über uns selbst. Die Beobachtung „evoziert" die gedankliche Übertragung, d.h. sie ruft sie hervor. Dieses Gedicht ist durch die ↗Metaphern Erlebnis- und Gedankenlyrik in einem.

Gedicht, das

Die Frage, was ein Gedicht ist, läßt sich nicht so leicht beantworten; denn die häufigste Antwort, ein Gedicht müsse sich reimen, trifft nur für einen kleinen Teil der ↗Lyrik zu. Viele moderne Gedichte haben keinen ↗Endreim, sie sind reimlos. Eine Annäherung nach dem äußeren Erscheinungsbild ist die Feststellung, daß ein Gedicht ein Text ist, der aus ↗Versen besteht. Die Verse können nach einem sich wiederholenden Ordnungsprinzip angeordnet sein (vgl. ↗Strophe); sie müssen es aber nicht (vgl. ↗Freie Rhythmen, ↗Freie Verse, ↗Prosa-Gedicht). So läßt sich fürs erste sagen: ein Gedicht ist ein Text, der nach Zeilen unterschiedlicher Länge gegliedert ist. Die Gliederung nach Zeilen – d.h. Versen – beeinflußt den Redefluß, den ↗Rhythmus. Er ist nicht gleichzusetzen mit dem festen Gerüst des ↗Versmaßes; der Rhythmus richtet sich nach der inhaltlichen Betonung des Gesagten, er ist das freie Spiel über diesem festen „Auffangnetz".

Ein weiteres ist die Sprache der Lyrik; sie unterscheidet sich merklich von der Alltagssprache. Der Autor entwirft eine Bilderwelt (vgl. ↗Bild), mit der er durch ↗Vergleiche, ↗Metaphern, ↗Allegorien usw. einen Gedanken versinnlichen oder verbildlichen will. Auch die Wortwahl ist oft eine andere als in der Alltagssprache. In Gedichten tauchen Wörter auf, die nicht mehr üblich sind oder eigene Schöpfungen des Autors sind, die aber genau in den Sinnzusammenhang oder in die Stimmung des Gedichtes passen, die sozusagen „mit einem Wort" ein ganzes Gedankengebäude umreißen oder eine Grundstimmung genau wiedergeben.

Und schließlich ein drittes: Auch die Struktur der Sätze weicht von der Alltagssprache ab. Dies kann durch das Versmaß, den Strophenbau oder den Reim bedingt sein; dies wären aber nur formale Begründungen. Wichtiger ist die innere Bewegung des Textes; was hervorgehoben werden soll und an betonter Stelle stehen muß, was durch Wiederholung im gleichen Wortlaut den Text als ↗Leitmotiv durchzieht usw.

Gedichte sind lyrische Texte. Die Lyrik wird in der ↗Poetik und in der ↗Rhetorik als die subjektivste, d.h. persönlichste der literarischen ↗Gattungen beschrieben. Im Drama treten handelnde Personen auf, die für sich selbst verantwortlich sind. Im Epos, d.h. im Roman, beschreibt der Autor von außen, was er sieht; er ist Beobachter. Oder: er hat alle Fäden in der Hand; er gestaltet die Handlung nach seinem Plan. Oder: er versetzt sich in die Rolle eines seiner Hauptthelden, und schreibt aus dessen Perspektive (Ich-Roman). Nur in der Lyrik, im Gedicht, spricht ein ↗Lyrisches Ich unmittelbar von seinen eigenen Eindrücken, Meinungen und Stimmungen. Es ist nebensächlich, ob der wirkliche Autor sich hinter diesem Lyrischen Ich verbirgt oder ob er nur in eine Rolle (vgl. ↗Rollengedicht) schlüpft; wichtig ist, daß ein Ich redet. Dabei gibt es Abstufungen: Das „Erlebnis" (vgl. ↗Erlebnislyrik) ist nur Anlaß für eine allgemeine Erfahrung; der Einzelfall wird zum repräsentativen, wiederholbaren Beispiel. Das Lyrische Ich beobachtet einen Vorgang oder einen Gegenstand und versucht, sich in die Rolle des Beschriebenen zu versetzen, um es zu verstehen (vgl. ↗Dinggedicht). Das Ich, das in dem Text spricht, denkt über Sinn und Ziel unserer Welt nach (vgl. ↗Gedankenlyrik). Und schließlich kann der Text – ohne sichtbaren Eingriff des Autors – von fremden Ereignissen und Schicksalen erzählen (vgl. ↗Ballade).

Ghasel, das

[arab. – Gespinst]

Das Ghasel ist eine Gedichtform, die aus den Literaturen des Orients kommt. Es beginnt mit zwei ↗Versen, die einen ↗Paarreim haben. Dieser ↗Reim wiederholt sich jeweils in den geraden Zeilen; die ungeraden Zeilen sind reimlos. So entsteht eine Gleichmäßigkeit im Wechsel: Der sich wiederholende ↗Endreim ist das Gerüst, die reimlosen Zeilen sind die Abwechslung in dieser Gleichmäßigkeit. In der deutschen Literatur ist diese Gedichtform selten. Es blieb bei Nachahmungen.

Ghasel

In der ärmsten kleinen Geige liegt die Harmonie des Alls verborgen,	a
Liegt ekstatisch tiefstes Stöhnen, Jauchzen süßen Schalls verborgen;	a
In dem Stein am Wege liegt der Funke, der die Welt entzündet,	–
Liegt die Wucht des fürchterlichen, blitzesgleichen Pralls verborgen.	a
In dem Wort, dem abgegriffnen, liegt was mancher sinnend suchet:	–
Eine Wahrheit, mit der Klarheit leuchtenden Kristalls verborgen ...	a
Lockt die Töne, sucht die Wahrheit, werft den Stein mit Riesenkräften!	–
Unsern Blicken ist Vollkommenes seit dem Tag des Sündenfalls verborgen.	a

(H.v. Hofmannsthal)

Das Ghasel in seiner ursprünglichen Form ist sentenzenhaft, es wiederholt im Gleichmaß des Reims Erkenntnisse oder Aussagen, die nicht zeitgebunden sind, die über den Anlaß hinaus weiterwirken und weitergelten.

Gleichnis, das

Das Gleichnis ist ein ausgestalteter, erweiterter ↗Vergleich. Es stellt eine Gemeinsamkeit zwischen dem, was verglichen wird, und dem, was zum Vergleich dient. Im biblischen Gleichnis vom Sämann heißt es: „Der Same ist das Wort Gottes." Das Wort Gottes wird mit einem Samenkorn verglichen. Gemeinsam ist beiden, daß sie aufgehen müssen, der Same in der Erde und das Wort Gottes im Menschen. In diesem Gleichnis wird auch in weiteren Bildern beschrieben, wie die Menschen das Wort Gottes aufnehmen.

Goethe vergleicht in seinem Gedicht *Gesang der Geister über den Wassern* des Menschen Seele, sein Leben oder seine Bestimmung nicht einfach mit dem Wasser; er erweitert den Vergleich zu einem Gesamtbild. Er verfolgt den Lauf des Wassers vom Bergquell bis zum See. In der letzten Strophe überträgt er – seine Beobachtungen zusammenfassend – das Bild auf des Menschen Leben: „Seele des Menschen, / Wie gleichst du dem Wasser!"

Gesang der Geister über den Wassern

Des Menschen Seele
Gleicht dem Wasser:
Vom Himmel kommt es,
Zum Himmel steigt es,
Und wieder nieder
Zur Erde muß es,
Ewig wechselnd.

Strömt von der hohen,
Steilen Felsenwand
Der reine Strahl,
Dann stäubt er lieblich
In Wolkenwellen
Zum glatten Fels,
Und leicht empfangen
Wallt er verschleiernd,
Leis rauschend
Zur Tiefe nieder.

Ragen Klippen
Dem Sturz entgegen,
Schäumt er unmutig
Stufenweise
Zum Abgrund.

Im flachen Bette
Schleicht er das Wiesental hin,
Und in dem glatten See
Weiden ihr Antlitz
Alle Gestirne.

Wind ist der Welle
Lieblicher Buhler;
Wind mischt vom Grund aus
Schäumende Wogen.

Seele des Menschen,
Wie gleichst du dem Wasser!
Schicksal des Menschen,
Wie gleichst du dem Wind!
(J.W. Goethe)

Groteske, die

[ital. – verschnörkelte Wandmalerei in Grotten]

Die Bezeichnung geht auf das italienische Wort *grotta* (Höhle) zurück. Gemeint sind unterirdische Räume aus der Antike, die durch spätere Überbauung entstanden sind. In ihnen entdeckte man im 16. Jahrhundert alte Wandmalereien, ornamentale Kompositionen aus Pflanzen, Tieren und halbmenschlichen Fabelwesen, die man in eigenen Arbeiten nachzubilden versuchte. Diese dekorative Malerei nannte man Groteske.

Auf die Dichtung übertragen, bedeutete die Groteske eine Darstellung oder Erzählweise, die sich über den natürlichen Zusammenhang der Dinge, über die Wahrscheinlichkeit einer Handlung bewußt hinwegsetzt, Phantastisches mit Natürlichem verbindet und die Wirklichkeit verzerrt. Die Groteske kann ein heiteres Spiel mit Formen sein, sie kann mit der Sprache spielen; – sie kann aber auch in die Abgründe menschlicher Angst eindringen und diese Angst in bedrohlichen Bildern darstellen, die komisch wirken, aber ernst gemeint sind. Das berühmteste Beispiel in der modernen deutschen Literatur für eine „ernste" Groteske ist das ↗Gedicht *Weltende* von Jakob van Hoddis aus dem Jahre 1911:

Weltende

Dem Bürger fliegt vom spitzen Kopf der Hut,
In allen Lüften hallt es wie Geschrei.
Dachdecker stürzen ab und gehn entzwei
Und an den Küsten – liest man – steigt die Flut.

Der Sturm ist da, die wilden Meere hupfen
An Land, um dicke Dämme zu zerdrücken.
Die meisten Menschen haben einen Schnupfen.
Die Eisenbahnen fallen von den Brücken.

Die groteske Verzerrung einer Katastrophe entsteht durch die kommentarlose Reihung von Schreckensmeldungen und banalen Mitteilungen wie „Die meisten Menschen haben einen Schnupfen". Die Katastrophe ist nicht mehr aufzuhalten, aber der Bürger nimmt sie nur als eine Zeitungsnotiz wahr: „Und an den Küsten - liest man - steigt die Flut."

Ein vielzitiertes Beispiel für eine „heitere" Groteske ist *Der Werwolf* von Christian Morgenstern:

Der Werwolf

Ein Werwolf eines Nachts entwich
von Weib und Kind, und sich begab
an eines Dorfschullehrers Grab
und bat ihn: Bitte, beuge mich!

Der Dorfschulmeister stieg hinauf
auf seines Blechschilds Messingknauf
und sprach zum Wolf, der seine Pfoten
geduldig kreuzte vor dem Toten:

„Der Werwolf, – sprach der gute Mann,
„des Weswolfs, Genitiv sodann,
„dem Wemwolf, Dativ, wie man's nennt,
„den Wenwolf, – damit hat's ein End'."

Dem Werwolf schmeichelten die Fälle,
er rollte seine Augenbälle.
Indessen, bat er, füge doch
zur Einzahl auch die Mehrzahl noch!

Der Dorfschulmeister aber mußte
gestehn, daß er von ihr nichts wußte.
Zwar Wölfe gäb's in großer Schar,
doch „Wer" gäb's nur im Singular.

Der Wolf erhob sich tränenblind -
er hatte ja doch Weib und Kind!!
Doch da er kein Gelehrter eben,
so schied er dankend und ergeben.

Der Werwolf hat nichts mit einem Pronomen (Fürwort) zu tun; sein Name hängt mit dem lateinischen Wort *vir* (Mensch) zusammen. Aber Morgenstern macht ihn zu einem grotesken Spiel mit der Deklination.

Hebung, die

Im Deutschen wird das ↗Versmaß nach der Anzahl der betonten Silben – d.h. der Hebungen – bestimmt. Man spricht von Dreihebern, Vierhebern usw. Jeder ↗Versfuß besteht aus einer Hebung und mindestens einer ↗Senkung:

Septembermorgen

Im Nebel ruhet noch die Welt, — vier Hebungen
Noch träumen Wald und Wiesen: — drei Hebungen
Bald siehst du, wenn der Schleier fällt, — vier Hebungen
Den blauen Himmel unverstellt, — vier Hebungen
Herbskräftig die gedämpfte Welt — vier Hebungen
In warmem Golde fließen.
(E. Mörike)

Hexameter, der

[griech. – sechs Metren]

Der Hexameter ist durch Homers *Ilias* und *Odyssee* das klassische ↗Versmaß des antiken Versepos (vgl. ↗Gattung) geworden. Er besteht aus sechs ↗Daktylen (x́ x x). Im letzten Daktylus wird nur eine Kürze besetzt.

Im antiken Verssystem wurde nach Längen und Kürzen gemessen; – deshalb die Möglichkeit des Austauschs zweier Kürzen durch eine Länge (ähnlich wie in der Musik: eine halbe Note für zwei viertel Noten). Im deutschen Verssystem wird nicht gemessen, sondern gezählt – und zwar nach betonten Silben (vgl. ↗Hebung). Wenn also die beiden Kürzen des Daktylus durch eine Silbe ersetzt werden, dann stehen im ↗Versfuß nicht zwei gleichwertige Längen, sondern eine Hebung und eine ↗Senkung (vgl. ↗Trochäus).

Seit dem 18. Jahrhundert hat man mehrmals versucht, Homers Epen im originalen Versmaß zu übersetzen und auch eigene Hexameter-Epen zu schreiben:

Pfingsten, das liebliche Fest war gekommen; es grünten und blühten
x́ x x / x́ x x / x́ x x / x́ x x / x́ x x / x́ x
Feld und Wald; auf Hügeln und Höhn, in Büschen und Hecken
x́ x / x́ x / x́ x x / x́ x / x́ x x / x́ x
Übten ein fröhliches Lied die neuermunterten Vögel; (...)
x́ x x / x́ x x / x́ x / x́ x / x́ x x / x́ x

(J.W. Goethe, *Reineke Fuchs*)

Das beste Erkennungsmerkmal für den „deutschen" Hexameter ist der gleichbleibende metrische Schluß von der fünften Hebung an: x́ x x / x́ x

Humor, der

[lat. – Körpersaft, Temperament]

Nach antiker Vorstellung bestimmen die Körpersäfte das Temperament eines Menschen. Der Humor ist die ausgewogene Mischung der Körpersäfte. Wer Humor hat, betrachtet nachsichtig mit einem Lächeln die Unzulänglichkeiten des Lebens. Der Humor ist mit einem Kleister zu vergleichen, der einen Bruch kittet, ohne daß die Bruchstelle ganz zugedeckt wird. Gemeint ist der Bruch zwischen dem Ideal und der alltäglichen Wirklichkeit. Der Humor wirkt nicht ätzend wie die ↗Satire, er ist eine „Kritik des Herzens" (Wilhelm Busch). Er ist ↗Komik in versöhnlicher Gestalt.

Früher, da ich unerfahren
Und bescheidner war als heute,
Hatten meine höchste Achtung
Andre Leute.

Später traf ich auf der Weide
Außer mir noch mehre Kälber,
Und nun schätz ich, sozusagen,
Erst mich selber.

(Wilhelm Busch aus *Kritik des Herzens*)

In fünfzig Jahren ist alles vorbei

Denk stets, wenn etwas dir nicht gefällt:
„Es währt nichts ewig auf dieser Welt."

Der kleinste Ärger, die größte Qual
Sind nicht von Dauer, sie enden mal.
Drum sei dein Trost, was immer es sei:
„In fünfzig Jahren ist alles vorbei."
(O. Reutter)

Das groteske (vgl. ↗Groteske) Gegenteil des versöhnlichen Humors ist der sogenannte „schwarze" Humor; er ist ein Lachen aus Verzweiflung, er ist gnadenlos.

Kinderlied

Wer lacht hier, hat gelacht?
Hier hat sich's ausgelacht.
Wer hier lacht, macht Verdacht,
daß er aus Gründen lacht.

Wer weint hier, hat geweint?
Hier wird nicht mehr geweint.
Wer hier weint, der auch meint,
daß er aus Gründen weint.

Wer spricht hier, spricht und schweigt?
Wer schweigt, wird angezeigt.
Wer hier spricht, hat verschwiegen,
wo seine Gründe liegen.

Wer spielt hier, spielt im Sand?
Wer spielt, muß an die Wand,
hat sich beim Spiel die Hand
gründlich verspielt, verbrannt.

Wer stirbt hier, ist gestorben?
Wer stirbt, ist abgeworben.
Wer hier stirbt, unverdorben
ist ohne Grund verstorben.
(G. Grass)

Hymne, die

[griech. – Festgesang, feierliches Preislied]

In der Antike war die Hymne ein ↗Gedicht zu festlichem Anlaß; ein Gott oder ein Held wurde gepriesen. Die Hymne ist auch heute festliche ↗Lyrik, ohne daß sie auf eine bestimmte formale Struktur eingeschränkt werden kann; sie ist mit der ↗Ode oder den ↗Freien Rhythmen vergleichbar. Entscheidend sind der Inhalt und der feierliche Ton.

An die Freude

Freude, schöner Götterfunken,
Tochter aus Elysium,
Wir betreten feuertrunken
Himmlische, dein Heiligtum.
Deine Zauber binden wieder,
Was die Mode streng geteilt,
Alle Menschen werden Brüder,
Wo dein sanfter Flügel weilt.

Seid umschlungen Millionen!
Diesen Kuß der ganzen Welt!
Brüder – überm Sternenzelt
Muß ein lieber Vater wohnen. (...)
(Fr. Schiller)

Hyperbel, die

[griech. – Übermaß, Übertreibung]

„Das dauert ja eine Ewigkeit!" – „Er reagierte blitzschnell." – „Zu meinem Geburtstag bekam ich einen Riesenberg an Geschenken." Niemand wird diese Übertreibungen wörtlich nehmen. Wir verstehen, daß mit ihnen etwas besonders betont wird. Ein geflügeltes Wort ist das Zitat „Himmelhoch jauchzend, zum Tode betrübt" aus Goethes *Egmont* geworden. Im *Bettler* von R.J. Sorge sagt der Dichter im Überschwang seines Glücksgefühls:

Ich will die Welt auf meine Schultern nehmen
Und sie mit Lobgesang zur Sonne tragen.

Das Bild unterstützt das Übermaß eines Gefühls, das zu einem übersteigerten ↗Vergleich drängt: „Ich könnte die ganze Welt umarmen." Oder aus Goethes *Faust*:

Uns ist ganz kannibalisch wohl,
Als wie fünfhundert Säuen!

Ironie, die

[griech. – Verstellung]

Die Ironie ist eine verstellte Redeweise. Wenn sie vorgibt zu loben, dann tadelt und spottet sie; wenn sie vorgibt zu spotten, dann lobt sie insgeheim. Sie meint und will immer das Gegenteil von dem, was sie zu sagen scheint; alles ist nur ironisch gemeint. Sie ist eine Waffe des Spottes und der Kritik:

Der Mensch ist gut! Da gibt es nichts zu lachen!
In Lesebüchern schmeckt das wie Kompott.
Der Mensch ist gut. Da kann man gar nichts machen.
Er hat das, wie man hört, vom lieben Gott. (...)
(E. Kästner, *Der Mensch ist gut*)

Jambus, der

[griech. – Substantiv aus dem Verbum „schleudern"]

Der Jambus ist ein antiker ↗Versfuß. Er besteht aus einer kurzen und einer langen Silbe. Nach antiker Zählung ergaben zwei Jamben ein ↗Metrum. Die häufigste jambische Versform war der ↗jambische Trimeter. In der deutschen Nachbildung besteht er aus einer unbetonten und einer betonten Silbe (vgl. ↗Senkung, ↗Hebung): x x́. Als Baustein des ↗Versmaßes wird er im Deutschen nach den Hebungen gezählt; in der Senkung können bisweilen auch zwei Silben stehen, besonders im ↗Volkslied:

I.	Es steht ein Baum im Odenwald,	jambischer Vierheber
	Der hat viel grüne Äst;	jambischer Dreiheber
	Da bin ich schon viel tausendmal	jambischer Vierheber
	Bei meinem Schatz gewest. (...)	jambischer Dreiheber

(aus *Des Knaben Wunderhorn*)

II. Es war ein König in Thule
Gar treu bis an das Grab,
Dem sterbend seine Buhle
Einen goldnen Becher gab. — Doppelte Füllung der ersten Senkung

Es ging ihm nichts darüber,
Er leert' ihn jeden Schmaus;
Die Augen gingen ihm über, — Doppelte Füllung der dritten Senkung
So oft er trank daraus. (...)
(J.W. Goethe, *Der König in Thule*)

Kadenz, die

[lat. – Substantiv aus dem Verbum „fallen"]

Mit Kadenz ist die metrische (vgl. ↗Metrum) Form des Versendes gemeint. Ein Vers kann mit einer betonten Silbe (vgl. ↗Hebung) oder mit einer unbetonten Silbe (vgl. ↗Senkung) enden, manchmal auch mit Doppelfüllung in der Senkung. Endet der Vers mit einer Betonung – z.B. bei ↗jambischen Versen –, dann spricht man von einem stumpfen oder männlichen Versende. Endet der Vers mit einer unbetonten Silbe – z.B. bei ↗trochäischen Versen –, dann spricht man von einem klingenden oder weiblichen Versende. Die Bezeichnungen „männlich" und „weiblich" gehen auf die französische Adjektivbildung zurück (z.B. *petit* und *petite*).

Ich hab es getragen sieben Jahr — männlich
Und ich kann es nicht tragen mehr.
Wo immer die Welt am schönsten war,
Da war sie öd und leer.
(Th. Fontane, *Archibald Douglas*)

Nächtlich am Busento lispeln, bei Cosenza, dumpfe Lieder, — weiblich
Aus den Wassern schallt es Antwort, und in Wirbeln klingt es wider! (...)
(A.v. Platen, *Das Grab im Busento*)

Beide Formen des Versendes können unterschiedlich kombiniert werden, z.B.:
- durchgehend männliche oder weibliche Kadenz
- alternierender Wechsel nach jedem Vers oder nach jeweils zwei bzw. drei Versen
- jeweils strophenweise Wiederholung der Anordnung

Die Kadenz ist nicht an den ↗Reim gebunden; denn es gibt auch reimlose Gedichte. Bei Gedichten mit einem ↗Endreim spricht man von männlichem und weiblichem Reim:

Ich wollt ein Sträußlein binden, — a weiblich
Da kam die dunkle Nacht, — b männlich
Kein Blümlein war zu finden, — a weiblich
Sonst hätt ich dir's gebracht. (...) — b männlich
(C. Brentano)

Kehrreim, der [siehe unter ↗Refrain]

Kinderreime

Kinderreime sind – genau genommen – Kinderverse. In dem Begriff hat die alte Bedeutung für ↗Reim im Sinne von ↗Vers überlebt.

Kinderreime sind Endreimdichtung (vgl. ↗Endreim). Das Vers- und Reimschema wird streng beachtet; es ist das Grundgerüst für das klangliche Sprachspiel. Kinderreime muß man hören, sie sind nicht für die stille Lektüre. Die häufigste Form des Kinderreims ist der Abzählvers; der Inhalt ist nebensächlich, er reicht vom lustigen Wortspiel bis zum baren Unsinn (vgl. ↗Nonsens-Gedichte). Die Verse müssen nur richtig reimen und ein ↗Versmaß haben, nach dem sich abzählen läßt:

Eins zwei drei vier fünf sechs sieben,
eine alte Frau kocht Rüben,
eine alte Frau kocht Speck,
und du bist weg!

Ich und du,
Müllers Kuh,
Müllers Esel,
Das bist du!

Kinderreime sind Dichtung in gemeinschaftlicher Runde. Am besten, man trägt sie gemeinsam laut vor und betont den ↗Rhythmus durch Klatschen:

Backe, backe Kuchen,
der Bäcker hat gerufen:
Wer will guten Kuchen backen,
der muß haben sieben Sachen:
Eier und Schmalz,
Zucker und Salz,
Milch und Mehl,
Safran macht den Kuchen gel.

Kinderreime sind Dichtung im ursprünglichen Sinne; sie schaffen eine eigene Welt, sie nehmen keine Rücksicht auf die „Welt der Erwachsenen". In der Phantasie ist alles möglich; die Welt kann auf den Kopf gestellt werden.

Eine Kuh, die saß im Schwalbennest
mit sieben jungen Ziegen,
die feierten ihr Jubelfest
und fingen an zu fliegen.
Der Esel zog Pantoffeln an,
ist übers Haus geflogen.
Und wenn das nicht die Wahrheit ist,
so ist es doch gelogen.

Ob der Dichter nun ein Erwachsener oder ein Kind war, darüber mögen sich die Sachkundigen streiten. Der Kinderreim lebt von seiner Popularität: Man kennt ihn und spricht ihn zu Ende. Kinderreime sind Gemeinbesitz.

Ri ra rutsch,
wir fahren mit der Kutsch.
Wir fahren mit der Schneckenpost,
die uns keinen Pfennig kost.
Ri ra rutsch,
wir fahren mit der Kutsch.

Klapphornverse

1878 stand in der humoristischen Zeitschrift „Fliegende Blätter" ein ↗Naturgedicht mit folgender Eingangsstrophe:

Zwei Knaben gingen durch das Korn,
Der andere blies das Klappenhorn.
Er konnt' es zwar nicht ordentlich blasen,
Doch blies er's wenigstens einigermaßen.
(Fr. Daniel)

Diese Verse wirkten so komisch, daß sie geradezu zur ↗Parodie reizten. Und sehr bald erschienen in der Zeitschrift ↗Nonsens-Gedichte nach dem Muster dieser Verse; man nannte sie – nach dieser Strophe – Klapphornverse. Wie beim ↗Leberreim ist die erste Zeile gewöhnlich fest vorgegeben; nur das Reimwort (vgl. ↗Endreim) kann ausgetauscht werden. Noch komischer wirken die Verse aber, wenn das ursprüngliche Reimwort beibehalten wird.

Zwei Knaben gingen durch das Korn,
Der zweite hat sein Hut verlorn,
Der erste würd ihn finden,
Ging er statt vorne hinten.

Zwei Knaben gingen durch das Korn,
Sie waren beide Feger des Schorn.
Der eine konnte gar nicht fegen,
Der andre fog brilliant dagegen.

Zwei Knaben gingen durch die Nacht,
Der eine leis, der andre sacht.
Man konnte sie weder sehen noch hören –
Wenn sie's nun gar nicht gewesen wären?

Auch der Münchner Volkskomiker Karl Valentin hat es mit dem Klapphornvers versucht:

Zwei Knaben stiegen auf einen Baum,
Sie wollten Äpfel runterhaun;
Am Gipfel drobn wurds ihnen klar,
Daß das a Fahnenstange war.

Knittelvers, der

Knittel bedeutete zur Zeit Martin Luthers „das unordentlich Geknüpfte"; *Knittel* ist mit *Knoten* verwandt. Der Knittelvers geht auf die paarweise gereimten (vgl. ↗Paarreim), vierhebigen (vgl. ↗Hebung) ↗Verse der mittelalterlichen Versepen zurück. Da er trotz eines gewissen Regelrahmens sehr frei gehandhabt wurde und die Hebungen nicht immer auch auf die betonte Sinnsilbe (Wortakzent, Satzakzent; vgl. ↗Akzent) trafen, nannten ihn später strenge Poetiklehrer spöttisch „Knüppelvers"; er sei so holprig und knorrig wie ein Knotenstock. Seit den Tagen von Hans Sachs ist der Knittelvers aber ein volkstümlicher, beliebter Vers geblieben; in den Kinderreimen und Büttenreden reicht er bis in unsere Zeit.

Hans Sachs hat den Knittelvers noch nach Silben gezählt. Bei männlichem Versende hatte er acht Silben, bei weiblichem Versende hatt er er neun Silben (vgl. ↗Kadenz). Das Versmaß wurde nach ↗Jamben oder ↗Trochäen gezählt. Es konnten sich aber beide ↗Versfüße auch vermischen, so daß zwei Hebungen aufeinanderprallten; dafür stand die ausgesparte ↗Senkung dann an einer anderen Stelle (Doppelfüllung der Senkung). Verbindlich war nur der Paarreim.

Wach auf! Es nahet gen den Tag.	
x x́ x x́ x x́ x x́	Jamben – acht Silben (männlich)
Ich hör singen im grünen Hag	
x x́ x́ x x x́ x x́	Aufprall zweier Hebungen
Ein wonnigliche Nachtigall.	
Ihr Stimm durchklinget Berg und Tal.	
Die Nacht neigt sich dem Okzident,	
Der Tag geht auf von Orient.	
Die rotbrüstige Morgenröt	
x x́ x́ x x x́ x x́	Aufprall zweier Hebungen
Her durch die trüben Wolken geht,	Wechsel des Versfußes oder
x́ x x x́ x x́ x x́	Umstellung der Senkungen oder
oder (?)	Beugung des Worttons (?)
x x́ x x́ x x́ x x́	
Daraus die lichte Sonn tut blicken.	Jamben – neun Silben (weiblich)
x x́ x x́ x x́ x x́ x	
Des Mondes Schein tut sie verdrücken. (...)	
(H. Sachs)	

Knittelverse, die jeweils acht oder neun Silben haben, heißen Strenge Knittelverse. Bei den Freien Knittelversen werden nur noch die Hebungen gezählt; die Füllung der Senkungen ist frei. Zwei Beispiele:

I.	Alle Menschen groß und klein	Trochäen –	sieben Silben
	Spinnen sich ein Gewebe fein		acht Silben
	Wo sie mit ihrer Scheren Spitzen		neun Silben
	Gar zierlich in der Mitte sitzen.	Jamben –	neun Silben
	Wenn nun darein ein Besen fährt,		acht Silben
	Sagen sie, es sei unerhört,	Trochäen –	acht Silben
	Man habe den größten Palast zerstört.	Jamben –	zehn Silben
	(J.W. Goethe aus: *West-östlicher Divan*)		

II. Wir wünschen der Köchin ein fröhlich neu Jahr,
daß all ihr Unglück zum Schlot hinausfahr!
Wir hören sie mit den Schlüsseln rum klingeln,
sie wird uns wohl eine Gabe bringen!
(Kinderreim)

Kolon, das [Pl. Kola]
[griech. – Glied, Körperteil]

Das Kolon ist eine Wortgruppe, die inhaltlich und syntaktisch (durch den Satzbau) zusammenhängt. Das Kolon gliedert und gestaltet den rhythmischen (vgl. ↗Rhythmus) Ablauf des Redeflusses. Die einzelnen Kola sind durch Atempausen oder Wechsel der Tonhöhe voneinander abgesetzt. Diese Pausen werden meistens durch Satzzeichen, Gedankenstriche und ähnliches markiert. Die Pause kann mit dem Versende (vgl. ↗Vers) oder Strophenende (vgl. ↗Strophe) zusammenfallen. Das Kolon kann aber auch über das Versende hinausgehen und in den nächsten Vers hineinreichen (vgl. ↗Enjambement). Das Kolon ist nicht Teil des formalen Versbaus (vgl. ↗Metrum), es ist durch den Sprechrhythmus bedingt. Das Kolon ist nicht zu verwechseln mit den regelmäßig sich wiederholenden Einschnitten, die durch den Versbau vorgegeben sind (vgl. ↗Zäsur). Im Gegenteil: Es unterbricht die Regelmäßigkeit des Versbaus, es belebt den Redefluß. Die Kola überlagern sozusagen das feste Gerüst der Versbaus. Dazu ein Beispiel:

Die Teilung der Erde

Nehmt hin die Welt! rief Zeus von seinen Höhen
Den Menschen zu, nehmt, sie soll euer sein.
Euch schenk ich sie zum Erb und ewgen Lehen,
Doch teilt euch brüderlich darein.

Da eilt, was Hände hat, sich einzurichten
Es regte sich geschäftig jung und alt.
Der Ackermann griff nach des Feldes Früchten,
Der Junker pirschte durch den Wald.

Der Kaufmann nimmt, was seine Speicher fassen,
Der Abt wählt sich den edeln Firnewein,
Der König sperrt die Brücken und die Straßen,
Und sprach, der Zehente ist mein.

Ganz spät, nachdem die Teilung längst geschehen,
Naht der Poet, er kam aus weiter Fern.
Ach! da war überall nichts mehr zu sehen,
Und alles hatte seinen Herrn!

Weh mir! So soll denn ich allein von allen
Vergessen sein, ich, dein getreuster Sohn?
So ließ er laut der Klage Ruf erschallen,
Und warf sich hin vor Jovis Thron.

Wenn du im Land der Träume dich verweilet,
Versetzt der Gott, so hadre nicht mit mir.
Wo warst du denn, als man die Welt geteilet?
Ich war, sprach der Poet, bei dir.

Mein Auge hing an deinem Angesichte,
An deines Himmels Harmonie mein Ohr,
Verzeih dem Geiste, der, von deinem Lichte
Berauscht, das Irdische verlor!

Was tun! spricht Zeus, die Welt ist weggegeben,
Der Herbst, die Jagd, der Markt ist nicht mehr mein.
Willst du in meinem Himmel mit mir leben,
So oft du kommst, er soll dir offen sein.

(Fr. Schiller)

Die einzelnen Strophen haben einen gleichmäßigen Versbau. Sie bestehen jeweils aus drei jambischen Fünfhebern und einem jambischen Vierheber. Nur in der letzten Strophe ist auch der vierte Vers ein jambischer Fünfheber. Die Reimform ist der ↗Kreuzreim mit regelmäßigem Wechsel von weiblichem und männlichem Ausgang (vgl. ↗Kadenz). Trotzdem hat das Gedicht einen sehr abwechslungsreichen Rhythmus. Nur in wenigen Versen reicht die rhythmische Sprecheinheit, d.h. das Kolon, über die ganze Verszeile. Die Verse sind durch die Kola sehr unterschiedlich gegliedert. Man braucht nur die Strophenanfänge miteinander zu vergleichen (Versmaß: x x́ x x́ x x́ x x́ x x́ x):

Vers 1	Nehmt hin die Welt // rief Zeus von seinen Höhen
Vers 5	Da eilt, // was Hände hat, // sich einzurichten, //
Vers 9	Der Kaufmann nimmt, // was seine Speicher fassen. //
Vers 13	Ganz spät, // nachdem die Teilung längst geschehen, //
Vers 17	Weh mir! // So soll denn ich allein von allen
Vers 21	Wenn du im Land der Träume dich verweilet, //
Vers 25	Mein Auge hing an deinem Angesichte, //
Vers 29	Was tun! // spricht Zeus, // die Welt ist weggegeben, //

Bei den Versen 1 und 17 geht das Kolon jeweils über das Versende hinaus.

Komik, die

[griech. - Aus dem Substantiv *komos*; es meinte einen weinseligen nächtlichen Umzug, bei dem einiges durcheinander ging.]

Die Komik lebt von den Ungereimtheiten des Alltags. Wie oft sagen wir „Das wirkt aber komisch" oder „Das kommt mir komisch vor"? Jemand will mehr sein, als er ist, und er stolpert über seine eigenen Fehler; er macht sich lächerlich. Die Komik ist das Mißverhältnis zwischen dem, was etwas darstellen soll, und dem, was es wirklich darstellt. Das Gefälle zwischen überzogener oder falscher Selbsteinschätzung und dem, was dabei rauskommt, ist der spielerische Freiraum des Komischen. Komik kann bewußt als Mittel der Entlarvung eingesetzt werden, häufiger ist aber die unfreiwillige Komik. Die Wirkung der Komik reicht vom nachsichtigen Lächeln über die Unzulänglichkeit des Lebens (vgl. ↗Humor) bis zum bissigen Spott (vgl. ↗Satire). Der komische Effekt kann an Charaktere, Situationen oder Gegenstände gebunden sein.

Komisch wirkt ein ↗Gedicht, wenn der Autor sich unfreiwillig im Ton vergreift, falsche ↗Bilder wählt oder feierlich wirken will, sich aber holprig ausdrückt. Geschieht dies jedoch absichtlich, dann ist eher von einer Satire oder ↗Parodie zu reden.

Die 1873 erschienenen *Gedichte* von Friederike Kempner wurden vor allem wegen ihrer unfreiwilligen Komik ein großer Erfolg. Spöttelnd nannte man die Autorin bald den „Schlesischen Schwan" oder die „Schlesische Nachtigall". Hier eine Kostprobe:

Amerika

Amerika, du Land der Träume,
Du Wunderwelt, so lang und breit,
Wie schön sind deine Kokosbäume,
Und deine rege Einsamkeit!

Mit deinen blau und roten Vögeln,
Mit deinem stolzen Blumenmeer,
Mit deinen tausend Schiff' und Segeln
Von denen voll dein weites Meer.

Mit deinen smaragdgrünen Blättern,
Mit deiner duftig kühlen Nacht,
Zu nahn dir auf des Schiffes Brettern,
Dran hab als Kind ich schon gedacht!

Trotz deiner prächtig bunten Schlangen,
Trotz deiner heißen Sonnenglut
Gilt dir mein eifriges Verlangen,
Das mächtig nun und nimmer ruht!

Konkrete Poesie
[lat. - zu einem festen Körper verdichtet, gegenständlich]

In der Konkreten Poesie, einer Strömung in der modernen ↗Lyrik, wird mit dem sprachlichen Material selbst gespielt.

schweigen schweigen schweigen
schweigen schweigen schweigen
schweigen   schweigen
schweigen schweigen schweigen
schweigen schweigen schweigen   (E. Gomringer)

Der Inhalt des Wortes wird durch eine graphische Komposition wiedergegeben, dem ↗Bildgedicht vergleichbar. Der Text ist eine „visuelle Konstellation"; die Lücke im Zentrum steht für die Bedeutung des Wortkörpers „Schweigen".

Lichtung

manche meinen
lechts und rinks
kann man nicht
velwechsern.
werch ein illtum!   (Ernst Jandl)

Ernst Jandl setzt in seinem Text die Aussage sofort in ein Sprachspiel um; die verwechselten Buchstaben sind die akustische Bestätigung für die Aussage.

man muß was tun
muß man was tun
was muß man tun
tun muß man was

man hätte was getan
hätte man was getan
was hätte man getan
hätte man was getan

tun was man muß
was man tun muß
tun muß man was
was muß man tun
(Franz Mon)

Franz Mon nimmt sich die Redefloskel „man muß was tun" vor. Durch Umstellungen und durch Wechsel vom Indikativ zum Konjunktiv (Irrealis) gibt er ihr immer neue Aspekte. Der moralische Appell – „man muß was tun" –, die Entschuldigung im Irrealis – „man hätte was getan" – und die Berufung auf eine verordnete Pflicht – „tun was man muß" –, die nur mit vier Wörtern vorgeführt werden, sind im privaten und öffentlichen Sprachgebrauch üblich; sie ersetzen die Auseinandersetzung mit der eigenen Verantwortung. Dieses Beispiel zeigt, daß die konkrete Poesie mehr ist als nur ein Spiel mit der Sprache; es geht auch um die Inhalte, die durch Sprache – oft gedankenlos – artikuliert werden.

Kreuzreim, der

Der Kreuzreim ist ein ↗Endreim. In der vierzeiligen ↗Volksliedstrophe hat er die Reimfolge a b a b; die Reime kreuzen sich.

Füllest wieder Busch und Tal   a
Still im Nebelglanz   b
Lösest endlich auch einmal   a
Meine Seele ganz;   (...)   b
(J. W. Goethe, *An den Mond*)

Das ↗Volkslied kennt ihn auch in der Form des „halben" ↗Kreuzreims, bei dem nur die zweite und die vierte Zeile reimen.

Dort oben auf dem Berge, –
Da steht ein hohes Haus, a
Da fliehen alle Morgen –
Zwei Turteltäublein raus. (...) a
(*Ach, wenn ich doch ein Täublein wär!* aus *Des Knaben Wunderhorn*)

Der „halbe Kreuzreim" geht auf die ↗Nibelungenzeile zurück.

Kunstballade, die

Die Unterscheidung zwischen ↗Volksballade und Kunstballade geht auf das 18. Jahrhundert zurück, als man die anonym überlieferten alten ↗Balladen sammelte; man nannte sie Volksballaden, weil sie im Volk erzählt wurden. Mit Kunstballaden meint man jene Balladen, die einen einzelnen Autor als Urheber haben. Diese Kunstballaden können eine Nachahmung der schlichten Struktur und einfachen Sprache der Volksballade sein, sie können aber auch äußerst kunstvoll aufgebaute Gebilde sein.

Die Brück' am Tay
(28. Dezember 1879)

When shall we three meet again?
Macbeth

„Wann treffen wir drei wieder zusamm?"
„Um die siebente Stund', am Brückendamm."
„Am Mittelpfeiler."
„Ich lösche die Flamm."
„Ich mit."
„Ich komme vom Norden her."
„Und ich vom Süden."
„Und ich vom Meer."
„Hei, das gibt einen Ringelreihn,
Und die Brücke muß in den Grund hinein."

„Und der Zug, der in die Brücke tritt
Um die siebente Stund'?"
„Ei, der muß mit."
„Muß mit."
„Tand, Tand,
Ist das Gebilde von Menschenhand!"

Auf der Norderseite, das Brückenhaus -
Alle Fenster sehen nach Süden aus,
Und die Brücknersleut' ohne Rast und Ruh
Und in Bangen sehen nach Süden zu,
Sehen und warten, ob nicht ein Licht
Übers Wasser hin „Ich komme" spricht,
„Ich komme, trotz Nacht und Sturmesflug,
Ich, der Edinburgher Zug."

Und der Brückner jetzt: „Ich seh' einen Schein
Am anderen Ufer. Das muß er sein.
Nun, Mutter, weg mit dem bangen Traum,
Unser Johnie kommt und will seinen Baum,
Und was noch am Baume von Lichtern ist,
Zünd alles an wie zum Heiligen Christ,
Der will heuer *zweimal* mit uns sein -
Und in elf Minuten ist er herein."

Und es war der Zug. Am Süderturm
Keucht er vorbei jetzt gegen den Sturm,
Und Johnie spricht: „Die Brücke noch!
Aber was tut es, wir zwingen es doch.
Ein fester Kessel, ein doppelter Dampf,
Die bleiben Sieger in solchem Kampf.
Und wie's auch rast und ringt und rennt,
Wir kriegen es unter, das Element.

Und unser Stolz ist unsre Brück';
Ich lache, denk' ich an früher zurück,
An all den Jammer und all die Not
mit dem elend alten Schifferboot;
Wie manche liebe Christfestnacht
Hab'ich im Fährhaus zugebracht
und sah unsrer Fenster lichten Schein
Und zählte und konnte nicht drüben sein."

Auf der Norderseite, das Brückenhaus -
Alle Fenster sehen nach Süden aus,
Und die Brücknersleut' ohne Rast und Ruh'
Und in Bangen sehen nach Süden zu;
Denn wütender wurde der Winde Spiel,
Und jetzt, als ob Feuer vom Himmel fiel',
Erglüht es in niederschießender Pracht
Überm Wasser unten ... Und wieder ist Nacht.

„Wann treffen wir drei wieder zusammen?"
　　„Um Mitternacht, am Bergeskamm."
　　　　„Auf dem hohen Moor, am Erlenstamm."
„Ich komme."
　　　　　　„Ich mit."
　　　　　　　　　　„Ich nenn' euch die Zahl."
„Und ich die Namen."
　　　　　　　　　　„Und ich die Qual."
„Hei!
　　Wie Splitter brach das Gebälk entzwei."
　　　　　　　　　　　　„Tand, Tand
Ist das Gebilde von Menschenhand."

(Th. Fontane)

Theodor Fontane hatte von dem Einsturz der Eisenbahnbrücke in Schottland aus der Zeitung erfahren. Die Brücke über den Tay galt damals als ein Meisterwerk der Technik. Fontane stellt den Einsturz der Brücke dar als einen Kampf der Menschen mit ihrer Technik gegen die Naturgewalten, die durch die Sturmgeister aus Shakespeares *Macbeth* personifiziert sind (vgl. ↗Personifikation). Die Zerstörung der Brücke und der Absturz des Zuges in die tödliche Tiefe werden am Schicksal des Lokführers und seiner vergeblich wartenden Eltern gezeigt. In Fontanes Text sind praktisch alle Elemente der Ballade vertreten: ein unheimlicher Rahmen (die Sturmgeister); ein historisches oder aktuelles Ereignis (der Brückeneinsturz); der dramatische Aufbau durch Steigerung und Szenenwechsel zwischen dem Brückenhaus und der Lokomotive, zwischen Eltern und Sohn; erzählende Einschübe. Alles wird nur kurz angedeutet, die Handlung drängt in die Katastrophe.

Langvers, der

Der Langvers besteht aus zwei meist gleichlangen Halbversen mit einem deutlichen Einschnitt in der Mitte zwischen beiden Halbversen (vgl. ↗Zäsur). Diese Halbverse oder auch: Kurzverse können zwei bis vier ↗Hebungen haben mit freier Füllung der ↗Senkungen. Der Langvers war die häufigste Versform (vgl. ↗Versmaß, ↗Vers) der germanischen Stabreimdichtung (vgl. ↗Stabreimvers, ↗Alliteration).

Vol ende Wodan vuorun zi holza Stabreimvers mit vier Hebungen
x́ x x x́ x // x́ x x x́ x
[Vol und Wodan ritten in den Wald]
(Beginn des *zweiten Merseburger Zauberspruchs*)

Mit ↗Endreim taucht er im *Nibelungenlied* auf:

Uns ist in alten mæren wunders vil geseit
x x́ x x́ x x́ x // x́ x x́ x x́
[Uns ist in alten Geschichten viel Wunderbares erzählt]
von helden lobebæren, von grozer arebeit [...]
x x́ x x́ x x́ x // x x́ x x́ x x́
[von ruhmreichen Helden, von gewaltigem Kampf]
(Beginn des *Nibelungenliedes*)

Der feierlich schreitende Ton der alten Heldenlieder wurde auch später in der historischen Heldenballade (vgl. ↗Ballade) nachgeahmt:

Das Grab am Busento

Nächtlich am Busento lispeln bei Cosenza dumpfe Lieder; Je vier Hebungen mit
x́ x x́ x x́ x x́ x // x́ x x́ x x́ x x́ x Paarreim im zweiten Halbvers

Aus den Wassern schallt es Antwort, und in Wirbeln klingt es wieder!

Und den Fluß hinauf, hinunter ziehn die Schatten tapfrer Goten,
Die den Alarich beweinen, ihres Volkes besten Toten.

Allzufrüh und fern der Heimat mußten hier sie ihn begraben,
Während noch die Jugendlocken seine Schulter blond umgaben.

Und am Ufer des Busento reihten sie sich um die Wette,
Um die Strömung abzuleiten, gruben sie ein frisches Bette.

In der wogenleeren Höhlung wühlten sie empor die Erde,
Senkten tief hinein den Leichnam, mit der Rüstung, auf dem Pferde.

Deckten dann mit Erde wieder ihn und seine stolze Habe,
Daß die hohen Stromgewächse wüchsen aus dem Heldengrabe.

Abgelenkt zum zweiten Male, ward der Fluß herbeigezogen:
Mächtig in ihr altes Bette schäumten die Busentowogen.

Und es sang ein Chor von Männern: „Schlaf in deinen Heldenehren!
Keines Römers schnöde Habsucht soll dir je dein Grab versehren!"

Sangen's, und die Lobgesänge tönten fort im Gotenheere;
Wälze sie, Busentowelle, wälze sie von Meer zu Meer!

(A. v. Platen)

Auch der deutsche ↗Alexandriner mit seinem regelmäßig wiederkehrenden Einschnitt nach der dritten Hebung ist ein Langvers.

Lautmalerei, die

Von Lautmalerei spricht man, wenn nicht nur der Sinn einzelner Wörter, sondern auch ihr Klang den Inhalt untermalt. Am unmittelbarsten geschieht dies in ↗Kinderreimen:

Hopp hopp hopp zu Pferde,
wir reiten um die Erde.
Die Sonne reitet hinterdrein,
wie wird sie abends müde sein.
Hopp hopp hopp!

Im ↗Refrain von volkstümlichen Liedern wird oft ein typisches Geräusch lautlich nachgeahmt:

Es klappert die Mühle am rauschenden Bach:
Klipp, klapp!
Bei Tag und bei Nacht ist der Müller stets wach:
Klipp, klapp!
Er mahlet uns Korn zu dem kräftigen Brot,
und haben wir dieses, so hat's keine Not!
Klipp, klapp, klipp,klapp, klipp, klapp! (...)
(E. Anschütz)

In Brentanos *Wiegenlied* sind der Klang der Vokale und Konsonanten und der ↗Rhythmus eine Stimmungseinheit:

Singet leise, leise,leise,
Singt ein flüsternd Wiegenlied,
Von dem Monde lernt die Weise,
Der so still am Himmel zieht.

Singt ein Lied so süß gelinde,
Wie die Quellen auf den Kieseln,
Wie die Bienen um die Linde
Summen, murmeln, flüstern, rieseln.

Ernst Jandls Lautgedicht *auf dem land* muß man hören:

auf dem land

rininininininininDER
brüllüllüllüllüllüllüllüllEN

schweineineineineineineineinE
grununununununununZEN

hununununununununDE
bellellellellellellellellEN

katatatatatatatatZEN
miauiauiauiauiauiauiauiauEN

katatatatatatatatER
schnurrurrurrurrurrurrurrurrEN

gänänänänänänänänSE
schnattattattattattattattattERN

ziegiegiegiegiegiegiegiegEN
meckeckeckeckeckeckeckeckERN

bienienienienienienienienEN
summummummummummummummummEN

grillillillillillillillillEN
ziririririririrPEN

fröschöschöschöschöschöschöschöschE
quakakakakakakakakEN

hummummummummummummummummELN
brummummummummummummummummEN

vögögögögögögögögEL
zwitschitschitschitschitschitschitschitschERN

Leberreim, der

Leberreime sind keine höhere Dichtung, sondern Scherzverse (vgl. ↗Nonsens-Gedichte), die man in geselliger Runde erfindet. Vorgegeben ist der Anfang:

Die Leber ist vom Hecht und nicht von einem (einer) .....

Daher auch der Name. Als Reimwort (vgl. ↗Endreim) kann ein Tiername eingesetzt werden, auf den sich dann die zweite Zeile reimen muß. Je größer der Unsinn, desto besser; wenn er nur richtig reimt.

Die Leber ist vom Hecht und nicht von einem Spechte:
Rechts liegt der Daum, dagegen links der rechte.

Die Leber ist von einem Hecht und nicht von einem Rind:
Das Auge macht verliebt, doch macht die Liebe blind.
(Schimper)

Die Leber ist von einem Hecht und nicht von einer Schleie,
Der Fisch will trinken, gebt ihm was, daß er vor Durst nicht schreie.
(Th. Fontane)

Lehrgedicht, das

Das Lehrgedicht gehört zu dem größeren Bereich der ↗Gedankenlyrik. Es vermittelt Wissen, es belehrt, es äußert eine moralische Absicht usw. In antiken Lehrgedichten wurden ganze Lehrgebäude errichtet (z.B. Lukrez, *Über die Natur der Dinge*). Heute ist es eher ein kurzer Text in ↗Versen.

Über den Frieden

1 Viele in unserer Zeit, entsetzt über Greuel des Krieges
Wenden sich heftig und klagend gegen den „kriegerischen Geist" jetzt.
Denn aus solchem Geiste sehen den Krieg sie entspringen
Und ihn bekämpfend vermeinen den Krieg sie zu treffen.
Aber die Kriege entstehen nicht aus kriegerischem Geiste.

2 Freilich, es gibt Liebhaber der Kriege, Fachleute für Kriege, Handwerker
Leidenschaftlich geneigt diesem Handwerk mit goldenem Boden.
Diesen gesellt der Friedliche meistens sehr schnell jene Leute
Die den Krieg als nur unvermeidlich erklären
Und ihn keineswegs lieben. Sie nennen ihn Fortführung
Ihrer Politik mit anderen Mitteln.
(Bertolt Brecht)

Leitmotiv, das

[lat. von *movere* bewegen]

Der Begriff ist aus der Musikwissenschaft übernommen. In der Musik bedeutet das Leitmotiv eine charakteristische, immer wiederkehrende Melodie, die ein Thema, eine Person oder einen Gegenstand kennzeichnet oder ankündigt. In dem musikalischen Märchen *Peter und der Wolf* von Sergej Prokofjew hat jede Gestalt ihr eigenes Instrument und ihre eigene Erkennungsmelodie. In der Literatur können wiederkehrende Wortfolgen, Bilder und Handlungen oder immer wiederkehrende Gestalten und Gegenstände, die größere Zusammenhänge herstellen, Leitmotiv sein: die Pferde in Kleists Novelle *Michael Kohlhaas*; Mond und Nacht in Eichendorffs Naturgedichten; die dämonischen Gestalten in Georg Heyms Großstadtlyrik (vgl. auch ↗Symbol, ↗Dingsymbol).

Lied, das

Das Lied ist ein ↗Gedicht, das zu einer bestimmten Melodie gesungen wird. Die Melodie kann über das ganze Gedicht reichen – so im Kunstlied – oder sie kann sich strophenweise (vgl. ↗Strophe) wiederholen. Da die sich wiederholende Melodie eine feste Struktur hat, müssen die Textstrophen gleichmäßig gebaut sein (vgl. ↗Vers, ↗Rhythmus, ↗Reim). Das Versende fällt meist mit einem inhaltlichen oder syntaktischen Einschnitt (vgl. ↗Kolon) zusammen – so besonders im einfachen, volkstümlichen Liedtext (vgl. auch ↗Volkslied).

Kommt ein Vogel geflogen,
setzt sich nieder auf mei'n Fuß,
hat ein Briefchen im Schnabel,
von der Liebsten einen Gruß.

Lieber Vogel, flieg weiter,
bring ein'n Gruß mit, einen Kuß;
denn ich kann dich nicht begleiten,
weil ich hier bleiben muß.

Die Bezeichnung Lied wird auch für Gedichte verwendet, die einen einfachen Aufbau haben und durch ihren Rhythmus sehr melodisch wirken. Heinrich Heine nannte seinen bekanntesten Gedichtband *Buch der Lieder*.

Limerick, der

[Name einer irischen Stadt]

Der Limerick gehört wie der ↗Klapphornvers und der ↗Leberreim zur Unsinnspoesie (vgl. ↗Nonsens-Gedichte). Er kam im 19. Jahrhundert in Irland und England auf.

Er beginnt mit einem formelhaften Einleitungsvers (vgl. ↗Vers), der als Reimwort (vgl. ↗Endreim) meistens den Namen einer Person, eines Ortes oder eines Landes hat. In den folgenden Zeilen wird eine komische Situation geschildert, die in der fünften, der letzten Zeile eine verblüffende ↗Pointe hat. ↗Versmaß und Reimschema sind genau vorgeschrieben. Einen viel zitierten Limerick schrieb der englische Dichter Joseph Rudyard Kipling:

There was a young Lady of Riga,
x x́ x x x́ x x x́ x — a drei Hebungen
Who rode with a smile on a tiger.
x x́ x x x́ x x x́ x — a drei Hebungen
They returned from the ride
x x x́ x x x́ — b zwei Hebungen
With the lady inside
x x x́ x x x́ — b zwei Hebungen
And the smile on the face of the tiger.
x x x́ x x x́ x x x́ x — a drei Hebungen

Ein Versuch auf Deutsch könnte lauten:

Da war ein Mädchen aus Niger,
Das ritt mit Lächeln 'nen Tiger.
Zurück kam er auch,
Mit dem Mädchen im Bauch.
Jetzt lächelt verschmitzt dieser Tiger.

Lyrik, die

[griech. – nach der Lyra, einem antiken Musikinstrument]

Die Lyrik ist eine literarische ↗Gattung, neben Drama und Epos; sie umfaßt als Begriff die Gesamtheit der ↗Gedichte. Die Herkunft der Bezeichnung deutet an, daß Gedichte im Altertum mit Musikbegleitung vorgetragen wurden. Bestimmend für die Lyrik sind neben formalen Merkmalen (vgl. ↗Vers, ↗Strophe, ↗Reim, ↗Rhythmus) das eigentliche Sprechen in ↗Bildern und der oft sehr persönliche Grundton; man nennt sie die subjektivste literarische Gattung, weil sie unmittelbar Gefühle, Stimmungen und Meinungen in sprachliche Bilder umsetzt. Dies stimmt für die moderne Lyrik nur zum Teil; sie kann auch bewußt distanziert und sachlich sein. Ein Gemeinsames ist aber die Absicht, den Einzelfall einer Stimmung oder Beobachtung ins Allgemeine zu erheben, ihm eine weiterreichende Gültigkeit als nur für den Moment, der im einzelnen Text eingefangen ist, zu geben.

Wünschelrute

Schläft ein Lied in allen Dingen,
Die da träumen fort und fort,
Und die Welt hebt an zu singen,
Triffst du nur das Zauberwort.
(J.v. Eichendorff, 1838)

Ein Wort

Ein Wort, ein Satz –: aus Chiffern steigen
erkanntes Leben, jäher Sinn,
die Sonne steht, die Sphären schweigen
und alles ballt sich zu ihm hin.

Ein Wort – ein Glanz, ein Flug, ein Feuer,
ein Flammenwurf, ein Sternenstrich –
und wieder Dunkel, ungeheuer,
im leeren Raum um Welt und Ich.
(G. Benn, 1943)

Lyrisches Ich

Um zu vermeiden, daß das Ich, das in einem ↗Gedicht spricht, mit dem Autor gleichgesetzt wird, verwendet man die Bezeichnung Lyrisches Ich (vgl. ↗Lyrik). Der Verfasser des Gedichts und der Sprecher in dem Gedicht müssen nicht identisch sein. Meist allerdings kommt das Lyrische Ich mit seinen Gedanken und Stimmungen dem Autor sehr nahe; es spricht aus einer Situation,die auch den Autor betrifft. Dieses Selbstgespräch kann sich zu einem Wir erweitern oder als Du ein Zwiegespräch mit dem Lyrischen Ich selbst sein (vgl. auch ↗Rollengedicht).

Sommerbild

Ich

Ich sah des Sommers letzte Rose stehn,
Sie war, als ob sie bluten könne, rot;
Da sprach ich schauernd im Vorübergehn:
„So weit im Leben, ist zu nah am Tod!"

Es regte sich kein Hauch am heißen Tag,
Nur leise strich ein weißer Schmetterling;
Doch, ob auch kaum die Luft sein Flügelschlag
Bewegte, sie empfand es und verging.
(Fr. Hebbel)

Wir

Wir sind nur Gast auf Erden
Und wandern ohne Ruh
Mit mancherlei Beschwerden
Der ewigen Heimat zu. (...)
(G. Thurmair)

Denk es, o Seele **Du**

Ein Tännlein grünet wo,
Wer weiß, im Walde,
Ein Rosenstrauch, wer sagt,
In welchem Garten?
Sie sind erlesen schon,
Denk es, o Seele!
Auf deinem Grab zu wurzeln
Und zu wachsen.

Zwei schwarze Rößlein weiden
Auf der Wiese,
Sie kehren heim zur Stadt
In muntern Sprüngen.
Sie werden schrittweis gehn
Mit deiner Leiche;
Vielleicht, vielleicht noch eh
An ihren Hufen
Das Eisen los wird,
Das ich blitzen seh!

(E. Mörike)

Metapher, die

[griech. – Übertragung]

Wenn wir etwas veranschaulichen wollen, greifen wir auch in der Alltagssprache oft zu einem ↗Bild:

> Ein Stuhl hat *Beine.* – Ein Rohr hat ein *Knie.* – Ein Vertrag hat einen *Haken.* – Ein *Berg* an Fragen türmt sich auf. – Er wußte keinen *Ausweg*, er steckte in der *Zwickmühle.*

Wir verwenden die ursprüngliche Bedeutung eines Wortes im übertragenen Sinn: Ein Stuhl ist kein Lebewesen, aber wir nennen die Stützen, auf denen er steht, Bein. Im Grunde vergleichen wir zwei Bereiche miteinander, ohne den ↗Vergleich auszusprechen. Deshalb spricht man bei der Metapher auch von einem verkürzten Vergleich. Beide Bereiche müssen aber etwas gemeinsam haben, sie müssen vergleichbar sein: Was die Stützen am Stuhl, sind die Beine für den Menschen.

Diese Gemeinsamkeiten zweier Bereiche sind in Zusammensetzungen oder Wortgruppen aus beiden Bereichen noch erkennbar:

> Er verbrachte einen ruhigen *Lebensabend* im Kreise seiner Familie. – Die *Wogen der Entrüstung* legten sich allmählich.

Der Tag hat einen Abend, eine letzte Phase, wie auch das Leben des Menschen im Alter. *Abend* steht im übertragenen Sinne für *Alter.* – Bei einem Sturm auf dem Meer türmen sich die Wogen. Wenn der Sturm nachläßt, glätten sich die Wogen wieder. Auch bei einem heftigen Gespräch geht es „stürmisch" zu.

Die Metapher kann auch ohne einen erläuternden Hinweis stehen. Dann hat der Hörer oder Leser das Bild und dessen übertragene Bedeutung selbst aufzuschlüsseln:

> Es ist noch nicht aller Tage Abend. – Er zog sich in sein Schneckenhaus zurück. – Man sollte nicht alles über einen Kamm scheren.

Dies sind meist sprichwörtliche Redewendungen, deren Herkunft wir oft gar nicht mehr aufschlüsseln können; aber wir verstehen, was im übertragenen Sinne gemeint ist. Metaphern des Alltags können in ihrer Bildlichkeit verblassen; wir benutzen sie, ohne noch über sie nachzudenken.

Die metaphorische Sprechweise, das Erklären eines gedanklichen, vielleicht unanschaulichen Zusammenhangs durch ein Bild, durch etwas „Anschauliches", ist eine wesentliche Eigenart der Dichtung, vor allem der ➚Lyrik (vgl. auch ➚Gedicht). Ein Gedicht lebt geradezu von dieser Bildlichkeit. In der ➚Rhetorik und ➚Poetik spricht man von vier Varianten der Übertragung:

1. von Belebtem auf Unbelebtes
   Schiffsbauch – Kranarm – am Fuße des Berges
2. von Unbelebtem auf Belebtes
   Brustkorb – Sein Herz ist aus Stein
3. von Belebtem auf Belebtes (aus verschiedenen Bereichen)
   ein schlauer Fuchs – ein dummes Schaf – ein Leithammel – unser Nesthäkchen
4. von Unbelebtem auf Unbelebtes
   Flußbett – Talsohle der Wirtschaftskrise

Diese vergleichsweise nüchterne Einteilung reicht aber nicht aus; denn die Bildersprache der Dichtung ist vielschichtiger und im einzelnen nicht so genau zu trennen. Allgemein kann man sagen, daß die Metapher gedankliche (d.h. abstrakte) Sinnzusammenhänge durch Bilder veranschaulicht. Auch kann man in der Dichtung die einzelnen Formen des bildlichen Sprechens nicht streng voneinander abgrenzen (vgl. ➚Vergleich, ➚Gleichnis, ➚Allegorie, ➚Personifikation).

Morgenglanz der Ewigkeit,
Licht vom unerschöpften Lichte,
Schick uns diese Morgenzeit
Deine Strahlen zu Gesichte
Und vertreib durch deine Macht
Unsre Nacht. (...)
(Chr. Knorr v. Rosenroth, *Morgenandacht*)

Der Metapher dieses religiösen Gedichts aus dem 17. Jahrhundert liegt die übertragene Bedeutung der Tageszeiten und des Himmelslichts zugrunde; Gott ist die gnadenspendende Sonne in der Nacht des menschlichen Lebens, er ist der „Morgenglanz der Ewigkeit", – oder, wie es in der letzten Strophe heißt: die „verklärte Gnadensonne".

Abendlied

Augen, meine lieben Fensterlein,
Gebt mir schon so lange holden Schein,
Lasset freundlich Bild um Bild herein:
Einmal werdet ihr verdunkelt sein!

Fallen einst die müden Lider zu,
Löscht ihr aus, dann hat die Seele Ruh';
Tastend streift sie ab die Wanderschuh',
Legt sich auch in ihre finstre Truh'.

Noch zwei Fünklein sieht sie glimmend stehn
Wie zwei Sternlein, innerlich zu sehn,
Bis sie schwanken und dann auch vergehn,
Wie von eines Falters Flügelwehn.

Doch noch wandl' ich auf dem Abendfeld,
Nur dem sinkenden Gestirn gesellt;
Trinkt, o Augen, was die Wimper hält,
Von dem goldnen Überfluß der Welt.

(G. Keller)

Gottfried Keller nennt die Augen „Fensterlein", durch die „Bild um Bild" in die Seele dringt. Aber das, was er sagen will, geht über die Metapher „Augen, meine Fensterlein" hinaus. Er spricht von der Vergänglichkeit, von dem Ende: „Fallen einst die müden Lider zu". Eine zweite Metapher ist die Seele als ein Wanderer, der die Wanderschuhe abstreift; auch dies ein Bild des Endes, der Endgültigkeit. Und dieser Grundton der Vergänglichkeit läuft weiter. In der dritten Strophe sind die Augen zwei verglimmende Fünklein, die erlöschen. In der letzten Strophe erweitert sich das Bild um die Metapher des Abends („Abendfeld"). In dem Schlußbild vereinen sich alle Metaphern zu einem Loblied auf den Genuß des Augenblicks.

Zur Metapher im herkömmlichen Sinn gehört es, daß die Grundbedeutung auch in der übertragenen Bedeutung noch erkannt wird. Kellers Gedicht *Abendlied* ist ein gutes Beispiel dafür. Die Metapher kann sich aber auch verselbständigen, d.h. der Autor schafft ein Bild, das sich nur aus sich selbst erklärt; es hat eine eigene Wirklichkeit, es läßt sich nicht in einen Vergleich auflösen. Diese Art der Metapher nennt man eine „kühne" Metapher.

Todesfuge

Schwarze Milch der Frühe, wir trinken sie abends
wir trinken sie mittags und morgens wir trinken sie nachts
wir trinken und trinken
wir schaufeln ein Grab in den Lüften da liegt man nicht eng
Ein Mann wohnt im Haus der spielt mit den Schlangen der schreibt
der schreibt wenn es dunkelt nach Deutschland dein goldenes Haar Margarete
er schreibt es und tritt vor das Haus und es blitzen die Sterne er pfeift seine Rüden herbei
er pfeift seine Juden hervor läßt schaufeln ein Grab in der Erde
er befiehlt uns spielt auf nun zum Tanz

Schwarze Milch der Frühe wir trinken dich nachts
wir trinken dich morgens und mittags wir trinken dich abends
wir trinken und trinken
Ein Mann wohnt im Haus der spielt mit den Schlangen der schreibt
der schreibt wenn es dunkelt nach Deutschland dein goldenes Haar Margarete
Dein aschenes Haar Sulamith wir schaufeln ein Grab in den Lüften da liegt man nicht eng

Er ruft stecht tiefer ins Erdreich ihr einen ihr andern singet und spielt
er greift nach dem Eisen im Gurt er schwingts seine Augen sind blau
stecht tiefer die Spaten ihr einen ihr andern spielt weiter zum Tanz auf
Schwarze Milch der Frühe wir trinken dich nachts
wir trinken dich mittags und morgens wir trinken dich abends
wir trinken und trinken
ein Mann wohnt im Haus dein goldenes Haar Margarete
dein aschenes Haar Sulamith er spielt mit den Schlangen

Er ruft spielt süßer den Tod der Tod ist ein Meister aus Deutschland
er ruft streicht dunkler die Geigen dann steigt ihr als Rauch in die Luft
dann habt ihr ein Grab in den Wolken da liegt man nicht eng

Schwarze Milch der Frühe wir trinken dich nachts
wir trinken dich mittags der Tod ist ein Meister aus Deutschland
wir trinken dich abends und morgens wir trinken und trinken
der Tod ist ein Meister aus Deutschland sein Auge ist blau
er trifft dich mit bleierner Kugel er trifft dich genau
ein Mann wohnt im Haus dein goldenes Haar Margarete
er hetzt seine Rüden auf uns er schenkt uns ein Grab in der Luft
er spielt mit den Schlangen und träumet der Tod ist ein Meister aus Deutschland

dein goldenes Haar Margarete
dein aschenes Haar Sulamith

(P. Celan)

Wie in einer Fuge wiederholt sich in Paul Celans Gedicht über die Vernichtung der Juden in den nationalsozialistischen Konzentrationslagern die leitmotivische Metapher „Schwarze Milch der Frühe". Die Milch ist weiß. Schwarze Milch gibt es nicht. Aber der Widerspruch zur überprüfbaren Erfahrung ist bewußt gesetzt. „Schwarz" ist eine Metapher für den Tod. Die Opfer leben in der ständigen Gegenwart ihrer Vernichtung:

Schwarze Milch der Frühe wir trinken sie abends
wir trinken sie mittags und morgens wir trinken sie nachts

Die Milch, erste Nahrung des neugeborenen Lebens, verwandelt sich in einen Todestrank; sie ist schwarz.

Metonymie, die

[griech. – Umbenennung]

Im Unterschied zur ↗Metapher, bei der ein Wort in übertragener Bedeutung verwendet wird, ist die Metonymie der Austausch einer Bezeichnung durch andere. Beide Bezeichnungen müssen inhaltlich zueinander in Beziehung stehen.

Georg Büchner gab seinem *Hessischen Landboten* (1834), einer Kampfschrift gegen soziale Ungerechtigkeit, das Motto: „Friede den Hütten! Krieg den Palästen!" Was und wen er mit den „Hütten" und „Palästen" meinte, sagte er selbst: „Das Leben der *Vornehmen* ist ein langer Sonntag: sie wohnen in schönen Häusern, sie tragen zierliche Kleider, sie haben feiste Gesichter und reden eine eigene Sprache; das Volk aber liegt vor ihnen wie Dünger auf dem Acker. Der Bauer geht hinter dem Pflug, der *Vornehme* aber geht hinter ihm und dem Pflug und treibt ihn mit den Ochsen am Pflug, er nimmt das Korn und läßt ihm die Stoppeln. Das Leben der Bauern ist ein langer Werktag; Fremde verzehren seine Äcker vor seinen Augen, sein Leib ist eine Schwiele, sein Schweiß ist das Salz auf dem Tische des *Vornehmen.*" Das Motto nennt die Wohnungen und meint ihre Bewohner.

Fragen eines lesenden Arbeiters

Wer baute das siebentorige Theben?
In den Büchern stehen die Namen von Königen.
Haben die Könige die Felsbrocken herbeigeschleppt?
Und das mehrmals zerstörte Babylon –
Wer baute es so viele Male auf? In welchen Häusern
Des goldstrahlenden Lima wohnten die Bauleute?

Wohin gingen an dem Abend, wo die Chinesische Mauer fertig war
Die Maurer? Das große Rom
Ist voll von Triumphbögen. Wer errichtete sie? Über wen
Triumphierten die Cäsaren? Hatte das vielbesungene Byzanz
Nur Paläste für seine Bewohner? Selbst in dem sagenhaften Atlantis
Brüllten in der Nacht, wo das Meer es verschlang
Die Ersaufenden nach ihren Sklaven.

Der junge Alexander eroberte Indien.
Er allein?
Cäsar schlug die Gallier.
Hatte er nicht wenigstens einen Koch bei sich?
Philipp von Spanien weinte, als seine Flotte
Untergegangen war. Weinte sonst niemand?
Friedrich der Zweite siegte im Siebenjährigen Krieg. Wer
Siegte außer ihm?

Jede Seite ein Sieg.
Wer kochte den Siegesschmaus?
Alle zehn Jahre ein großer Mann.
Wer bezahlte die Spesen?

So viele Berichte.
So viele Fragen. (B. Brecht)

Brechts Gedicht ist eine Kritik an dieser Form der Metonymie, die den wahren Sachverhalt verschleiert; denn nicht der junge *Alexander* hat Indien erobert, sondern sein *Heer*, das die Entbehrungen zu tragen hatte – und so weiter.

Metrik, die

[griech. – Verslehre]

Die Metrik ist die Lehre von den formalen Elementen der ↗Lyrik und der gebundenen Redeweise. Sie umfaßt ↗Versfuß, ↗Metrum, ↗Versmaß, ↗Rhythmus, die innere Untergliederung durch Pausen (vgl. ↗Zäsur) und die Verbindung der Verse zu ↗Strophen. Ein ergänzender Teilbereich ist der ↗Reim, der kein notwendiges Bauelement der Lyrik ist. Es gibt auch reimlose Gedichte.

Metrum, das

[griech. und lat. – Maß]

Das Metrum ist die kleinste meßbare und sich wiederholende Einheit im ↗Vers. Mehrere Metren, die nach einer bestimmten, meist sich wiederholenden Ordnung gegliedert sind, ergeben das ↗Versmaß einer Verszeile oder einer ↗Strophe. Eine Verszeile kann einem gleichförmigen Aufbau mit nur einem Metrum haben; es können in einer Verszeile aber auch verschiedene Metren miteinander verbunden sein. Dies gilt auch für die Gestaltung einer Strophe.

In der antiken Verslehre bildeten je zwei ↗Jamben oder ↗Trochäen (vgl. ↗Versfuß) ein ↗Metrum; der ↗Daktlyus und der ↗Anapäst waren gleichzeitig auch ein Metrum. Wenn sechs Jamben einen Vers bildeten, dann sprach man von einem Trimeter (= drei Metren; dreimal je zwei Jamben); sechs Daktylen ergaben einen Hexameter (= sechs Metren).

Im Lauf der Geschichte und bei den einzelnen Sprachen wurde das Metrum nach unterschiedlichen Kriterien „gemessen" oder „gezählt". In der Antike wurden die Versfüße und Metren nach der Länge und Kürze der Silben gemessen. Man muß sich das vorstellen wie bei den verschiedenen Notenwerten in der Musik. In den romanischen Sprachen, die aus der lateinischen Sprache entstanden, entwickelte sich im Mittelalter das System der reinen Silbenzählung; die Anzahl der Silben bestimmte das Versmaß. In der deutschen Sprache ist der ↗Akzent die wichtigste Meßeinheit oder Zähleinheit. Wir gliedern einen Vers nach betonten und unbetonten Silben. Dabei ist die die Anzahl und Abfolge der betonten Silben festgelegt. Statt von einer betonten Silbe spricht man auch von einer ↗Hebung. Die unbetonten Silben stehen in einer ↗Senkung; ihre Anzahl ist nicht streng festgelegt, es können auch mehrere unbetonte Silben in einer Senkung stehen:

Ich weiß nicht, was soll es bedeuten,
x x́ x x x́ x x x́ x
Daß ich so traurig bin;
x x́ x x́ x x́
Ein Märchen aus alten Zeiten,
x x́ x x x́ x x́ x
Das kommt mir nicht aus dem Sinn (...)
x x́ x x́ x x x́
(H. Heine)

Wir verwenden heute weiterhin die antiken Bezeichnungen der Verslehre, aber wir messen die Versfüße und Metren nicht nach Länge und Kürze, sondern zählen die Hebungen und Senkungen.

Montage, die

[franz. – Zusammenbau]

Die Montage ist in der Industrie der Zusammenbau angelieferter Fertigteile. Auf die ↗Lyrik bezogen, ist es die Zusammenstellung vorgegebener Textteile unterschiedlicher Herkunft zu einem neuen Ganzen, zu einem montierten ↗Gedicht. Dadurch entstehen neue inhaltliche Zusammenhänge, die das verwendete Textmaterial in einem anderen Licht erscheinen lassen. Die Autoren setzen ihre Gedichte nicht deshalb aus fremdem Material zusammen, weil sie es selbst nicht besser sagen könnten. Die Montage dient der Entlarvung falscher Ansichten und Vorurteile, sie zwingt zum Nachdenken. Die Montage ist entweder ausschließlich mit vorgegebenen „Fertigteilen" (Redensarten, Gemeinplätzen, Reklame) durchgeführt oder der eigene Text ist mit fremdem Material durchsetzt. Dazu zwei Beispiele:

Was ein Kind gesagt bekommt

Der liebe Gott sieht alles.
Man spart für den Fall des Falles.

Die werden nichts, die nichts taugen.
Schmökern ist schlecht für die Augen.

Kohlentragen stärkt die Glieder.
Die schöne Kinderzeit, die kommt nicht wieder.

Man lacht nicht über ein Gebrechen.
Du sollst Erwachsenen nicht widersprechen.

Man greift nicht zuerst in die Schüssel bei Tisch.
Sonntagsspaziergang macht frisch.

Zum Alter ist man ehrerbötig.
Süßigkeiten sind für den Körper nicht nötig.

Kartoffeln sind gesund.
Ein Kind hält den Mund.
(B. Brecht)

Bertold Brechts Gedicht ist eine Zusammenstellung von Redensarten und Sprüchen, die Erwachsene oft gedankenlos zur Hand haben, wenn sie ein Kind maßregeln wollen. Die ungeordnete, willkürliche Reihung der Sprüche ist selbst schon Teil des Urteils über diese Art von „Ratschlägen". Die Häufung selbst erreicht schon den Zweck, über den Sinn dieser Sprüche nachzudenken. Der Autor braucht nicht mit Kommentaren ergänzend einzugreifen. Im Gegenteil: Dies würde den Effekt sogar abschwächen.

Reklame

Wohin aber gehen wir
ohne sorge sei ohne sorge
wenn es dunkel und wenn es kalt wird
sei ohne sorge
aber
mit musik
was sollen wir tun
heiter und mit musik
und denken
heiter
angesichts eines Endes
mit musik
und wohin tragen wir
am besten
unsre Fragen und den Schauer aller Jahre
in die Traumwäscherei ohne sorge sei ohne sorge
was aber geschieht
am besten
wenn Totenstille

eintritt
(I. Bachmann)

Ingeborg Bachmanns eigener Text ist ein abgeschlossenes Gedicht. Es kann auch ohne die kursiv gedruckten Einschübe gelesen werden. Es ist die bange Frage nach dem Ende, nach dem Sinn des Lebens. Die Autorin gibt keine Antwort, sie stellt nur Fragen. Niemand kann eine Antwort geben – es sei denn: der Glaube, wenn man ihn hat –. Aber die Reklame hat ihre gefälligen Antworten ; keine bange Frage, kein Warum und Ob; statt dessen: „sei ohne sorge" – „heiter und mit musik". Diese unvermittelte Gegenüberstellung von ernsten Fragen und billigen Antworten entlarvt die Reklame, die auf billige Weise Wunschdenken befriedigt.

Moritat, die

[Herkunft unklar – wahrscheinlich aus „Mordtat"]

Moritat ist eine andere Bezeichnung für den ↗Bänkelsang nach seinem hauptsächlichen Inhalt.

Motiv, das

[lat. – Beweggrund, Antrieb]

Das Motiv meint in der Literatur eine Grundsituation oder ein Grundmodell, das zwar den Aufbau und den Handlungsverlauf eines einzelnen Werkes bestimmt, aber auch in anderen Werken auftaucht; z. B. Freundestreue, die auf die Probe gestellt wird (Schiller, *Die Bürgschaft*, C. F. Meyer, *Das Amulett*) – Angst vor dem Unheimlichen (Goethe, *Erlkönig*, Droste-Hülshoff, *Der Knabe im Moor*) – der Traum vom Fliegen (die griechische Sage von *Dädalus und Ikarus*, Brecht, *Der Schneider von Ulm*).

Naturlyrik, die

Naturlyrik ist eine Sammelbezeichnung für Gedichte, die Erscheinungen der Natur (Tageszeiten, Jahreszeiten, Wetter, Landschaften, usw.) beschreiben. Oft steht das Naturbild stellvertretend für eine Stimmung oder Situation des ↗Lyrischen Ich. Naturlyrik ist selten reine Beobachtung; das Naturbild weist über sich hinaus:

- Ein Ich läßt sich von dem Stimmungsbild (vgl. ↗Erlebnislyrik), das es sieht, in seinen Gefühlen beeinflussen.
- Ein beobachtendes Ich überträgt seine innere Verfassung auf die Natur. Die Natur ist nur ein Spiegelbild eines Zustandes des Betrachters.
- Der Betrachter beschreibt die Natur, aber er meint etwas ganz anderes. Die Natur dient ihm nur als ↗Vergleich oder ↗Gleichnis (siehe auch ↗Metapher).
- Natur war früher ein ↗Bild der Harmonie und natürlichen Ordnung. Das hat sich in unserer Zeit geändert; die Natur leidet unter dem Menschen; sie wird zerstört: draußen und in uns. Das ist der Inhalt vieler moderner Naturgedichte; sie sprechen nicht von Wald und Feld, sie beschreiben die Straßenzüge der Großstädte; sie warnen vor dem Raubbau und vor der Vernichtung der natürlichen ökologischen Struktur; ihr Vokabular ist „Beton" und „Kahlschlag".

Mailied

Wie herrlich leuchtet
Mir die Natur!
Wie glänzt die Sonne!
Wie lacht die Flur!

Es dringen Blüten
Aus jedem Zweig
Und tausend Stimmen
Aus dem Gesträuch

Und Freud und Wonne
Aus jeder Brust.
O Erd', o Sonne,
O Glück, o Lust,

O Lieb', o Liebe,
So golden schön
Wie Morgenwolken
Auf jenen Höhn,

Du segnest herrlich
Das frische Feld,
Im Blütendampfe
Die volle Welt!

O Mädchen, Mädchen,
Wie lieb' ich dich!
Wie blinkt dein Auge,
Wie liebst du mich!

So liebt die Lerche
Gesang und Luft,
Und Morgenblumen
Den Himmelsduft,

Wie ich dich liebe
Mit warmem Blut,
Die du mir Jugend
Und Freud' und Mut

Zu neuen Liedern
Und Tänzen gibst.
Sei ewig glücklich,
Wie du mich liebst.

(J.W. Goethe)

In Goethes Gedicht *Mailied* spricht ein Lyrisches Ich. Das heitere Naturbild der Maienzeit und das Glücksgefühl des Sprechers fließen in eins zusammen. Die innere Stimmung spiegelt sich in der Natur. Sehr bald wird der Vergleich auch ausgesprochen: die Liebe ist „So golden schön / Wie Morgenwolken / Auf jenen Höhn". Das einleitende Naturbild ist nur ein Vorspiel für das Loblied auf die Geliebte; sie erst gibt der Natur Sinn und Leben.

Im Sommer

Dünnbesiedelt das Land.
Trotz riesiger Felder und Maschinen
Liegen die Dörfer schläfrig
In Buchsbaumgärten: die Katzen
Trifft selten ein Steinwurf.

Im August fallen Sterne.
Im September bläst man die Jagd an.
Noch fliegt die Graugans, spaziert der Storch
Durch unvergiftete Wiesen. Ach, die Wolken
Wie Berge fliegen sie über die Wälder.

Wenn man hier keine Zeitung hält
Ist die Welt in Ordnung.
In Pflaumenmuskesseln
Spiegelt sich schön das eigne Gesicht und
Feuerrot leuchten die Felder.

(S. Kirsch)

In dem Gedicht *Sommer* von Sarah Kirsch werden die Impressionen einer Sommerlandschaft in mehreren Bildern eingefangen; es scheint eine heile Welt zu sein. Aber der Satz „Wenn man hier keine Zeitung hält / Ist die Welt noch in Ordnung" macht nachdenklich. Die sommerliche Ruhe trügt. Draußen in der „Menschenwelt" ist die Welt anders; man braucht nur die Zeitung aufzuschlagen.

Unterwegs nach Utopia II

Auf der Flucht
vor dem Beton
geht es zu
wie im Märchen: Wo du
auch ankommst
er erwartet dich
grau und gründlich

Auf der Flucht findest du
vielleicht
einen grünen Fleck
am Ende
und stürzest selig
in die Halme
aus gefärbtem Glas.

(G. Kunert)

Utopia ist ein Nirgendwo; die Flucht vor dem Beton in eine unversehrte Natur ist ein unerfüllbares Wunschbild. Wie der Igel im Märchen ist der Beton schon immer da. Selbst der grüne Fleck, den man schließlich „selig" gefunden zu haben glaubt, ist eine künstliche Landschaft „aus gefärbtem Glas", ohne Leben.

Natur-Gedicht

in der Nähe des Hauses,
der Kahlschlag, Kieshügel, Krater
erinnern mich daran –
nichts Neues; kaputte Natur,
aber ich vergesse das gern,
solange ein Strauch steht

(J. Becker)

In Jürgen Beckers *Natur-Gedicht* ist von Natur nicht mehr viel zu lesen, stattdessen von „Kahlschlag, Kieshügel, Krater". Auch die schönen ↗Reime fehlen. Trotzdem endet der Text mit einer letzten, kleinen Hoffnung, die allerdings durch ein behutsames „solange" eingeschränkt ist.

Nibelungenstrophe, die

Die Nibelungenstrophe ist nach dem mittelalterlichen *Nibelungenlied* benannt. Sie besteht aus vier ↗Langversen, die paarweise reimen (vgl. ↗Paarreim). Jeder Langvers ist durch einen deutlichen Einschnitt (vgl. ↗Zäsur) in der Mitte in zwei Halbverse geteilt. Der erste Halbvers (auch: Anvers) endet jeweils weiblich (vgl. ↗Kadenz) und ist reimlos. Der zweite Halbvers (auch: Abvers) endet jeweils männlich; er reimt mit dem Abvers der nächsten Zeile. Der letzte Halbvers der Nibelungenstrophe ist besonders hervorgehoben; er hat vier statt drei ↗Hebungen:

Dô von des trachen wunden *vlôz daz heize bluot*
[Da aus des Drachen Wunden floß das heiße Blut]
und sich dar inne badete *der kuene recke guot,*
[und sich darin badete der mutige, treffliche Recke,]
dô viel im zwischen die herte *ein linden blat vil breit.*
[da fiel ihm zwischen die Schulterblätter ein sehr großes Lindenblatt.]
dâ mac man in versnîden: *des ist mir sorgen vil bereit.*
[Da kann man ihn verwunden: deshalb bin ich so voller Sorgen.]

In der neuen Nibelungenstrophe – man nennt sie nach dem *Jüngeren Hildebrandslied* auch Hildebrandsstrophe – haben alle Halbverse durchgehend drei Hebungen:

„Ich will zu Land ausreiten", sprach sich Meister Hildebrand.
„Der mir die Weg tät weisen gen Bern wohl in die Land,
Die sind mir unkund gewesen viel manchen lieben Tag:
In zwei und dreißig Jahren Frau Uten ich nie gesah." [...]

In dieser Gestalt ist sie auch in der ↗Kunstballade zu finden:

Der erste Hohenstaufen, der König Konrad, lag
Mit Heeresmacht vor Winsperg seit manchem langen Tag;
Der Welfe war geschlagen, noch wehrte sich das Nest,
Die unverzagten Städter, die hielten es noch fest. (...)
(A.v. Chamisso, *Die Weiber von Winsperg*)

Aus der neuen Nibelungenstrophe bzw. Hildebrandsstrophe entwickelte sich die ↗Volksliedstrophe; man setzte die Halbverse untereinander:

Es wirbt ein schöner Knabe
Da überm breiten See
Um eines Königs Tochter,
Nach Leid geschah ihm Weh.

„Ach Knabe, lieber Buhle,
Wie gern wär ich bei dir,
So fließen nun zwei Wasser
Wohl zwischen mir und dir. (...)
[*Der verlorene Schwimmer* aus *Des Knaben Wunderhorn*)

Wenn auch die Anverse miteinander paarweise reimen, dann entsteht ein ↗Kreuzreim:

Als Gott die Welt erschaffen a
Und allerhand Getier, b
Konnt er nicht ruhig schlafen, a
Er hat noch etwas für: b
Wann nur ein Mensch auf Erden! c
Dacht er in seinem Sinn, d
Die Welt muß voller werden, c
Es sei noch etwas drin. (...) d
(*Konstruktion der Welt* aus *Des Knaben Wunderhorn*)

Nibelungenzeile, die

Die Nibelungenzeile ist nach dem mittelalterlichen *Nibelungenlied* benannt (vgl. ↗Nibelungenstrophe). Sie ist – in der heutigen Gestalt – ein ↗Langvers aus zwei dreihebigen Halbversen (vgl. ↗Hebung). Der erste Halbvers (auch: Anvers) endet jeweils weiblich (vgl. ↗Kadenz) und ist reimlos. Der zweite Halbvers (auch: Abvers) endet jeweils männlich und reimt paarweise (vgl. ↗Paarreim) mit der nächsten Zeile:

Es stand in alten Zeiten ein Schloß so hoch und hehr, a
x x́ x x́ x x́ x // x x́ x x́ x x́
Weit glänzt' es über die Lande bis an das blaue Meer. a
Und rings von duft'gen Gärten ein blütenreicher Kranz, b
Drin sprangen frische Brunnen in Regenbogenglanz. (...) b
(L. Uhland, *Des Sängers Fluch*)

Wenn die Halbverse untereinander angeordnet werden, entsteht eine vierzeilige ↗Strophe mit dreihebigen Versen. Nur die zweite und vierte Zeile sind durch ↗Endreim verbunden:

Laßt, Leute euch berichten – weiblich
Eine wundersame Kund. a männlich
Sie ist bei Wien geschehen, – weiblich
Ihr Held, das war ein Hund. (...) a männlich
(Bänkelsang *Das Lied vom braven Hund*)

Wenn auch die Anverse paarweise reimen, dann entsteht Kreuzreim. Dies ist eine häufige Gestalt der ↗Volksliedstrophe:

Zu Bacharach am Rheine, drei Hebungen – weiblich – a
Wohnt eine Zauberin, drei Hebungen – männlich – b
Die war so schön und feine drei Hebungen – weiblich – a
Und riß die Herzen hin, (...) drei Hebungen – männlich – b
(C. Brentano, *Lureley*)

Der Einschnitt (vgl. ↗Zäsur) in der Mitte des ursprünglichen Langverses ist durch den Endreim und die Pause am Versende noch deutlich hörbar. Zeilensprung (vgl. ↗Enjambement) ist – zumindest bei bewußter Nachahmung des Volksliedtons – sehr selten.

Nonsens-Gedichte

[engl. – Unsinn]

So „unsinnig" brauchen Nonsens-Gedichte gar nicht zu sein. Wenn man z.B. *Das große Lalula* von Christian Morgenstern laut liest, dann merkt man, daß es *formal* die Strukturmerkmale eines Gedichtes hat. Nur einen Sinn hat es nicht.

Das große Lalula

Kroklokwafzi? Semememi!
Seiokrontro – prafriplo:
Bifzi, bafzi; hulalemi:
quasti basti bo ...
Lalu lalu lalu lalu la!

Hontraruru miromente
zasku zes rü rü?
Entepente, leiolente
klekwapufzi lü?
Lalu lalu lalu lalu la!

Simarar kos malzipempu
silzuzankunkrei!
Marjomat dos: Quempu Lempu
Siri Suri Sei!
Lalu lalu lalu lalu la!

Es hat einen ↗Kreuzreim mit abwechselnder weiblicher und männlicher ↗Kadenz. Die letzte Verszeile (vgl. ↗Waise) wiederholt sich jeweils als ↗Refrain in jeder Strophe. Der Versfuß ist der ↗Trochäus.

Vers	Reim	Kadenz
Kroklokawzi? Sememmemi!	a	
x́ x x́ x x́ x x́ x		weiblich
Seiokontro – prafriplo:	b	
x́ x x́ x x́ x x́		männlich
Bifzi bafzi; hulalemi:	a	
x́ x x́ x x́ x x́ x		weiblich
quasti basti bo ...	b	
x́ x x́ x x́		männlich
Lalu, lalu lalu lalu la	Waise	
x́ x x́ x x́ x x́ x x́		männlich

Wenn die Möpse Schnäpse trinken

Wenn die
Möpse
Schnäpse
Trinken,
Wenn vorm
Spiegel
Igel
Stehn,
Wenn vor
Föhren
Bären
Winken,
Wenn die
Ochsen
Boxen
Gehn,
Wenn im
Schlafe
Schafe
Blöken,
Wenn im
Tal
Ein Wal
Erscheint,
Wenn in
Wecken
Schnecken
Stecken,

Wenn die
Meise
Leise
Weint,
Wenn
Giraffen
Affen
Fangen,
Wenn ein
Mäuslein
Läuslein
Wiegt,
Wenn an
Stangen
Schlangen
Hangen,
Wenn der
Biber
Fieber
Kriegt,
Dann
Entsteht zwar
Ein Gedicht,
Aber
Sinnvoll
Ist es
Nicht!
(James Krüss)

Das große Lalula von Christian Morgenstern ist ein lautliches Nonsens-Gedicht. Er spielt in diesem Lautgedicht (vgl. ↗Konkrete Poesie) mit den formalen Merkmalen eines Gedichts. Der Text von James Krüss ist zwar auch nicht „sinnvoll", aber alle benutzten Wörter lassen sich im Lexikon finden, und auch der Satzbau ist grammatikalisch richtig. Der Unsinn entsteht nur durch die Verbindung von Inhalten, die nicht zusammenpassen. Grammatikalisch sind die Sätze richtig, in ihrem Sinnzusammenhang sind sie falsch.

Blödsinnverse

Die Herrschaften verzeihen,
Sollt ich hier oben störn,
Sie können jetzt von mir einmal
An großen Blödsinn hörn.
Solls ihnen nicht gefallen,
Da liegt mir gar nichts dran,
Ich bitt schön, hören sie mir zu,
Nun geht der Unsinn an.

Es ist doch kaum zu glauben,
Was kürzlich erst passiert,
Ein Baumeister der hat sich da
Ganz fürchterlich blamiert,
Denn als der Bau beendet,
Er voll Entsetzen ruft:
Wir habn ja kein Parterre gebaut,
Nun hängts Haus in der Luft.

Erst kürzlich fuhr ein Auto
Ganz leer an mir vorbei,
Und daß das übel riechen tut,
Das war mir nicht mehr neu.
Denn dieser Autoführer,
Das ist doch kein Gebahrn,
Trotzdem daß niemand drinnen saß,
Ließ er doch einen fahrn.

Ein Meister sagt zum Lehrbub:
Besorg mir einen Gang,
Und schneide nur den Weg recht ab,
Dann brauchst du nicht so lang.
Der Lehrbub bleibt dumm stehen
Und schaut den Meister an
Und sagt: Geh gebns mir d'Scher mit,
Daß ichn Weg abschneiden kann.

Es gibt noch dumme Leute,
Behaupte ich genau.
Einen Operngucker kaufte sich
Erst kürzlich eine Frau.
Sie schaut hinein in Gucker
Und sagt, das ist gemein,
Da is ja gar kei Oper drin,
Das muß a Schwindel sein.

(K. Valentin)

Karl Valentin war ein hintergründiger Wortakrobat. Er nimmt einzelne Wortbilder und Redensarten und verbindet sie miteinander. Da sie aber nicht zusammenpassen, wird das Ganze ein Unsinn: „Nun hängts Haus in der Luft." Oder er nimmt wie Till Eulenspiegel einzelne Redensarten wörtlich und spielt sie zu Ende: „Und schneide nur den Weg recht ab." Oder er interpretiert eine Wortzusammensetzung auf seine eigene Weise: Operngucker.

Ode, die
[griech. – Gesang, Lied]

Die antike Ode hat eine strenge, sehr kunstvoll gebaute Strophenform (vgl. ↗Strophe). Ursprünglich war sie reimlos (vgl. ↗Endreim). In der deutschen Dichtung erscheint die auch mit Reim. Die einzelnen Odenformen sind nach den verschiedenen antiken Versmaßen benannt: ↗Alkäische, ↗Asklepiadeische und ↗Sapphische Strophe bzw. Ode. Der strengen Form entspricht der feierliche, gedankenvolle Inhalt (vgl. auch ↗Hymne).

An die Hoffnung

O Hoffnung! holde! gütiggeschäftige!
Die du das Haus der Trauernden nicht verschmähst,
Und gerne dienend, Edle! zwischen
Sterblichen waltest und Himmelsmächten,

Wo bist du? wenig lebt ich; doch atmet kalt
Mein Abend schon. Und stille, den Schatten gleich,
Bin ich schon hier; und schon gesanglos
Schlummert das schaudernde Herz im Busen.

Im grünen Tale, dort, wo der frische Quell
Vom Berge täglich rauscht, und die liebliche
Zeitlose mir am Herbsttag aufblüht,
Dort, in der Stille, du Holde, will ich

Dich suchen, oder wenn in der Mitternacht
Das unsichtbare Leben im Haine wallt,
Und über mir die immerfrohen
Blumen, die blühenden Sterne, glänzen,

O du des Aethers Tochter! erscheine dann
Aus deines Vaters Gärten, und darfst du nicht,
Ein Geist der Erde, kommen, schröck, o
Schröcke mit anderem nur das Herz mir.

(Fr. Hölderlin)

Paarreim, der

Der Paarreim ist ein ↗Endreim. Es reimen jeweils zwei Verse miteinander. Er ist die älteste Form des Endreims. Er wird häufig in der vierzeiligen ↗Volksliedstrophe verwendet und in der ↗Balladendichtung.

Hinunter ist der Sonnen Schein, a
Die finstre Nacht bricht stark herein. a
Leucht uns, Herr Christ, du wahres Licht, b
Laß uns im Finstern tappen nicht. (...) b

(N. Hermann)

Jung Siegfried war ein stolzer Knab, a
Ging von des Vaters Burg herab. a

Wollt rasten nicht in Vaters Haus, b
Wollt wandern in die Welt hinaus. b

Begegnet' ihm manch Ritter wert, c
Mit festem Schild und breitem Schwert. (...) c
(L. Uhland, *Siegfrieds Schwert*)

Parodie, die
[griech. – Gegengesang]

Er stand auf seines Daches Zinnen,
Und schaute mit vergnügten Sinnen
Auf zwei belegte Brötchen hin.
„Dies alles ist mir noch zu wenig",
Begann er zu Ägyptens König,
„Gestehe, daß ich hungrig bin."

Wer kennt nicht diese Schülerparodie auf Schillers *Ring des Polykrates*! Der feierliche Ton des Originals wird ins Lächerliche, ins Lustige gezogen. Durch Auswechseln einzelner Wörter, durch die veränderte Situation entsteht eine ↗Pointe, die zum Lachen reizt. Ein Meister dieses lustigen Gegengesangs war Heinz Erhardt:

Der König Erl

(Frei nach Johann Wolfgang von Frankfurt)

Wer reitet so spät durch Wind und Nacht?
Es ist der Vater. Es ist gleich acht.
Im Arm den Knaben er wohl hält,
er hält ihn warm, denn er ist erkält'.
Halb drei, halb fünf. Es wird schon hell.
Noch immer reitet der Vater schnell.
Erreicht den Hof mit Müh und Not ---
der Knabe lebt, das Pferd ist tot!

Die Parodie ist aber nicht nur ein lustiger Gegengesang. Sie ist – allgemein gesagt – die satirische (vgl.↗ Satire) Umbildung bekannter Texte. Der ursprüngliche Inhalt wird durch einen neuen ersetzt, der nicht zur Form oder zum Thema paßt. Die Möglichkeiten der Parodie reichen von verspottender Nachahmung des Vorbilds bis zu bewußter Hervorhebung des Widerspruchs zwischen dem „schönen" dichterischen Stimmungsbild und der erfahrbaren Wirklichkeit. Die politische Parodie entlarvt hohles Wortgeklingel oder gefährliche Einstellungen und Vorurteile (z.B. Brechts Parodie *Kälbermarsch* auf das *Horst-Wessel-Lied* der Nationalsozialisten). Ein Beispiel für eine ernste Parodie, für einen warnenden Gegengesang, ist das *Heimatleid* von Gert Kalow, das eine geruhsame Naturstimmung aus dem 18. Jahrhundert mit unserer Gegenwart konfrontiert:

Über allen Gipfeln
Ist Ruh,
In allen Wipfeln
Spürest du
Kaum einen Hauch;
Die Vögelein schweigen im Walde.
Warte nur, balde
Ruhest du auch.
(J. W. Goethe)

Heimatlied

über allen giebeln
ist ruß
aus allen schloten
siehst du es
quellen
die kinder
kommen vom
baden krepierte
fische im handtuch
warte nur
balde
stürzen die vögel
aus der
sogenannten
luft

(Gert Kalow)

Pars pro toto [siehe unter ↗Synekdoche]

Pentameter, der
[griech. – fünf Maße]

Der Pentameter ist ein antikes ↗Versmaß. Trotz seines Namens hat er in Wirklichkeit sechs Längen bzw. ↗Hebungen. Er ist ein „gekürzter" ↗Hexameter. Friedrich Schiller hat beide Versmaße folgendermaßen verglichen:

Im Hexameter steigt des Springquells flüssige Säule,
x́ x x́ x x x́ x x́ x x́ x x x́ x
Im Pentameter drauf fällt sie melodisch herab.
x́ x x́ x x x́ // x́ x x x́ x x x́

Der Pentameter hat, wenn man ihn nach betonten und unbetonten Silben zählt (vgl. ↗Akzent, ↗Metrum), nach der dritten Hebung eine ↗Zäsur. Zwischen der dritten und vierten Hebung ist keine ↗Senkung; die beiden Hebungen prallen zusammen, nur durch eine Pause getrennt. Der Pentameter endet männlich (vgl. ↗Kadenz). Der Pentameter kommt nur in Verbindung mit dem Hexameter vor (vgl. ↗Distichon), z.B. in der ↗Elegie oder im ↗Epigramm:

Weil ein Vers dir gelingt in einer gebildeten Sprache,
Die für dich dichtet und denkt, glaubst du schon Dichter zu sein.

(Fr. Schiller, *Dilettant*)

Personifikation, die
[lat. – Vermenschlichung, Verkörperung]

Die Personifikation ist eine Form des dichterischen ↗Bildes. Begriffe oder leblose Dinge erscheinen in menschlicher Gestalt (vgl. ↗Metapher, ↗Allegorie). Die Personifikation veranschaulicht, sie macht einen Gedanken „lebendig". Verben oder Adjektive aus dem Bereich des Belebten werden auf gedankliche Vorstellungen, auf Begriffe übertragen. Der Frühling tritt als Jüngling auf; Veilchen träumen:

Er ist's

Frühling läßt sein blaues Band
Wieder flattern durch die Lüfte;
Süße, wohlbekannte Düfte
Streifen ahnungsvoll das Land.
Veilchen träumen schon,
Wollen balde kommen.
– Horch, von fern ein leiser Harfenton!
Frühling, ja du bist's!
Dich hab ich vernommen!
(E. Mörike)

Auch Pflanzen und Tiere können menschliche Züge annehmen. Die Personifikation ist Teil unserer Alltagssprache; wir sprechen vom „Vater" Staat und der „Mutter" Natur, der Straßenbau „verschlingt" Unsummen, die Börse reagiert „lustlos". – Dies alles sind Übertragungen aus der sinnlichen Lebenswelt auf Abstraktes, auf nur gedanklich Erfaßbares.

Poesie, die

[griech. – Substantiv aus dem Verbum „machen]

Poesie ist Dichtung. Unter ihr versteht man inhaltlich Werke, die frei erfunden sein können, die der Phantasie des Dichters entspringen. Das formale Kriterium ist – zumindest im Altertum – die gebundene Rede, die Versform (vgl. ↗Vers), im Unterschied zur ↗Prosa. Poetische Werke können sich durch ihre Komposition und Wortwahl bzw. Bildhaftigkeit von der Alltagssprache und der Gebrauchsliteratur unterscheiden. Dies gilt aber nicht mehr uneingeschränkt auch für die zeitgenössische Literatur. Es gibt Autoren, die den Jargon des Alltags bewußt als Ausdrucks- und Gestaltungsmittel einsetzen. In der dichterischen Erzählprosa (Roman, Novelle, Kurzgeschichte u.a.) spielt die gebundene Rede keine Rolle mehr.

Poetik, die

[griech. – Lehre von der Dichtkunst]

Der griechische Begriff „Poetik" geht auf ein Verbum zurück, das „machen" bedeutet. Jede Kunst verlangt ein handwerkliches Rüstzeug, ein hinreichendes Wissen über ihre Bauelemente; sie sind der äußere Rahmen. Aber zur Kunst gehört mehr als handwerkliche Fertigkeit. Wer z.B. weiß, wie ein ↗Sonett aufgebaut ist, muß nicht deshalb auch schon ein großer Dichter sein. Die formalen Gestaltungselemente sind das eine, die Idee, aus der ein Kunstwerk entsteht, das andere. Die Poetik ist weniger eine Anleitung zur Dichtkunst, sie ist eher eine Verstehenshilfe, in der die kompositorische Vielfalt, die Elemente der einzelnen ↗Gattungen und die sprachlichen Mittel beschrieben und erklärt werden. So hat auch Aristoteles aus Griechenland (384 – 322] seine Poetik verstanden; sie war kein Regelsystem für angehende Dichter. Aristoteles beschrieb Form und Inhalt der einzelnen Werke, um auf diesem Wege wichtige Merkmale der einzelnen Gattungen zusammenfassen zu können. Mancher seiner Nachfolger hat allerdings die Zusammenfassungen, die nur als Verstehenshilfe gedacht waren, zur starren Regel erhoben.

Gegenstand der Poetik waren ursprünglich nur Werke, die in gebundener Rede, d.h. in ↗Versen geschrieben waren. Sie berichteten nicht notwendig über wirklich Geschehenes; ihr meist erfundener Inhalt mußte nur möglich und wahrscheinlich sein. Es dauerte lange, bis von den Verfassern der Poetiken auch die Erzählprosa (vgl. ↗Prosa) als gleichwertige Gattung neben den Werken in gebundener Rede anerkannt wurde. Das Publikum hatte sich schon lange vorher für den Roman in Prosaform entschieden; er war schon im Altertum ein „Bestseller".

Pointe, die

[franz. – Spitze, Schärfe]

Unter Pointe versteht man die überraschende Umkehr des Gesagten; es hat plötzlich eine andere Bedeutung. Das wichtigste Moment ist dabei – besonders im Witz – die Überraschung. Ein Beispiel: Ein junger Schreiber sagt zu einem Dichter, dem er sein Manuskript geschickt hat: „Ich hoffe, Sie damit nicht belästigt zu haben." – „Nein, keineswegs; ich habe es gar nicht gelesen."

Das Finkennest

Ich fand einmal ein Finkennest,
und in demselben lag der Rest
von einem Kriminalroman.
Nun sieh mal an:
der Fink konnt lesen!
Kein Wunder, es ist ein *Buchfink* gewesen!

(H. Erhardt)

Politische Lyrik

In der Politischen Lyrik ergreift der Autor Partei; er urteilt über das Zeitgeschehen. Die Bandbreite reicht von Zustimmung bis zu scharfer Kritik. Oft, wenn es zu gefährlich ist, offen zu sprechen, verschlüsselt er seine Kritik. Das politische Gedicht verlangt Öffentlichkeit, es richtet sich an ein Publikum, auf das der Autor einwirken will.

1928 warnte Erich Kästner vor Militarismus und Untertanengeist in Deutschland; er parodierte (vgl. ↗Parodie) in seiner ↗Satire *Kennst du das Land, wo die Kanonen blühn?* ein berühmtes Gedicht Goethes. Fünf Jahre später waren die Nationalsozialisten an der Macht, und Kästners Werke wurden öffentlich verbrannt:

Kennst du das Land, wo die Kanonen blühn?

Kennst du das Land, wo die Kanonen blühn?
Du kennst es nicht? Du wirst es kennenlernen!
Dort stehn die Prokuristen stolz und kühn
in den Bureaus, als wären es Kasernen.

Dort wachsen unterm Schlipse Gefreitenknöpfe.
Und unsichtbare Helme trägt man dort.
Gesichter hat man dort, doch keine Köpfe.
Und wer zu Bett geht, pflanzt sich auch schon fort!

Wenn dort ein Vorgesetzter etwas will
– und es ist sein Beruf etwas zu wollen –
steht der Verstand erst stramm und zweitens still.
Die Augen rechts! Und mit dem Rückgrat rollen!

Die Kinder kommen dort mit kleinen Sporen
und mit gezognem Scheitel auf die Welt.
Dort wird man nicht als Zivilist geboren.
Dort wird befördert, wer die Schnauze hält.

Kennst du das Land? Es könnte glücklich sein.
Es könnte glücklich sein und glücklich machen!
Dort gibt es Äcker, Kohle, Stahl und Stein
und Fleiß und Kraft und andre schöne Sachen.

Selbst Geist und Güte gibt's dort dann und wann!
Und wahres Heldentum. Doch nicht bei vielen.
Dort steckt ein Kind in jedem zweiten Mann.
Das will mit Bleisoldaten spielen.

Dort reift die Freiheit nicht. Dort bleibt sie grün.
Was man auch baut – es werden stets Kasernen.
Kennst du das Land, wo die Kanonen blühn?
Du kennst es nicht? Du wirst es kennenlernen!

1943 schrieb Bertolt Brecht im Exil den *Kälbermarsch;* er parodierte das *Horst-Wessel-Lied* der Nationalsozialisten:

Kälbermarsch

Hinter der Trommel her
Trotten die Kälber
Das Fell für die Trommel
Liefern sie selber.
Der Metzger ruft. Die Augen fest geschlossen
Das Kalb marschiert mit ruhig festem Tritt.
Die Kälber, deren Blut im Schlachthof schon geflossen
Sie ziehn im Geist in seinen Reihen mit.

Sie heben die Hände hoch
Sie zeigen sie her
Sie sind schon blutbefleckt
Und sind noch leer.
Der Metzger ruft. Die Augen fest geschlossen
Das Kalb marschiert mit ruhig festem Tritt.
Die Kälber, deren Blut im Schlachthof schon geflossen
Sie ziehn im Geist in seinen Reihen mit.

Sie tragen ein Kreuz voran
Auf blutroten Flaggen
Das hat für den armen Mann
Einen großen Haken.
Der Metzger ruft. Die Augen fest geschlossen
Das Kalb marschiert mit ruhig festem Tritt.
Die Kälber, deren Blut im Schlachthof schon geflossen
Sie ziehn im Geist in seinen Reihen mit.

In dem Band *Beunruhigungen* veröffentlichte Erich Fried 1984 seine Warnung vor den falschen politischen Sprachbildern:

Herrschaftsfreiheit

Zu sagen
„Hier
herrscht Freiheit"
ist immer
ein Irrtum
oder auch
eine Lüge:

Freiheit
herrscht nicht

Politische Lyrik ist an historische Ereignisse und Fakten gebunden; sie kann nicht zeitlos sein. Sie ist – im guten Sinne – Gebrauchslyrik. Deshalb ist ihr Darstellungsmittel oft die ↗Satire oder ↗Parodie.

Reiner Kunze, selbst ein Opfer der deutschen Teilung, warnt davor, daß mit dem Fall der Mauer alles wieder in Ordnung sei: Jetzt müßten die eigentlichen „Aufräumungsarbeiten" beginnen, in uns selbst:

Die mauer

Zum 3. oktober 1990

Als wir sie schleiften, ahnten wir nicht,
wie hoch sie ist
in uns

Wir hatten uns gewöhnt
an ihren horizont

Und an die windstille

In ihrem schatten warfen
alle keinen schatten

Nun stehen wir entblößt
jeder entschuldigung

Prosa, die

[lat. – gerade, weder durch Vers oder Reim gebundene Redeweise]

Die Prosa ist eine freie Redeweise der Umgangssprache, die nicht durch ↗Rhythmus, ↗Vers, ↗Reim oder ähnliche Strukturelemente festgelegt ist. Dies ist allerdings nur ein formaler Unterschied zur ↗Poesie; denn es gibt auch ↗Gedichte in Prosa oder äußerst kunstvoll gestaltete Prosatexte, z.B. Romane oder Novellen.

Prosa-Gedicht, das

[lat. – vgl. ↗Prosa]

> „Einen jener klassischen schwarzen Tangos in Köln, Ende des Monats August, da der Sommer schon ganz verstaubt ist, kurz nach Ladenschluß aus der offenen Tür einer dunklen Wirtschaft, die einem Griechen gehört, hören, ist beinahe ein Wunder: für einen Moment eine Überraschung, für einen Moment aufatmen, für einen Moment eine Pause in dieser Straße, die niemand liebt und atemlos macht, beim Hindurchgehen. Ich schrieb das schnell auf, bevor der Moment in der verfluchten dunstigen Abgestorbenheit Kölns wieder erlosch."

Der Text, die Skizze eines momentanen Eindrucks, ist so nicht geschrieben worden; sein Autor, Rolf Dieter Brinkmann, hat ihn nach Zeilen gegliedert:

Einen jener klassischen

schwarzen Tangos in Köln, Ende des
Monats August, da der Sommer schon

ganz verstaubt ist, kurz nach Laden
Schluß aus der offenen Tür einer

dunklen Wirtschaft, die einem
Griechen gehört, hören, ist beinahe

ein Wunder: für einen Moment eine
Überraschung, für einen Moment

aufatmen, für einen Moment
eine Pause in dieser Straße,

die niemand liebt und atemlos
macht, beim Hindurchgehen. Ich

schrieb das schnell auf, bevor
der Moment in der verfluchten

dunstigen Abgestorbenheit Kölns
wieder erlosch.

Ein anderes Beispiel:

> „Das kleine Haus unter Bäumen am See. Vom Dach steigt Rauch. Fehlte er, wie trostlos dann wären Haus, Bäume und See."

Der Text stammt von Bertolt Brecht. Im Original ist er folgendermaßen angeordnet:

Der Rauch

Das kleine Haus unter Bäumen am See.
Vom Dach steigt Rauch.
Fehlte er,
wie trostlos dann wären
Haus, Bäume und See.

Beide Texte, wenn sie als laufende Texte geschrieben werden, lassen nicht sofort erkennen, daß sie Gedichte sein sollen. Erst durch ihre Zeilenstruktur werden sie als ↗Gedichte erkennbar. Doch diese Untergliederung in Zeilen (vgl. ↗Vers) ist nur ein äußeres, rein formales Merkmal. In dieser graphischen Anordnung ließe sich jeder Text schreiben. Beide Texte sind in ihrer Struktur keine Alltagstexte.

Brinkmanns Text muß man hören, er ist rhythmisierte Prosa (vgl. ↗Rhythmus). In einem großen Satzbogen wird ein Augenblick eingefangen, der den grauen Alltag einer Großstadt vergessen läßt. Die Melodie eines südamerikanischen Tanzes aus einer Kneipe verwandelt für den Moment die trostlose Szene. Der Text lebt aus seiner Musikalität; er ist wie ein Lied, nach Zweizeilern gegliedert.

Der Text von Bertolt Brecht ist gedanklich strukturiert. Die Struktur wird aber erst durch die Zeilenanordnung „augenfällig". Die Bildkette des Anfangs „Haus, Bäume, See" wiederholt sich am Ende. Das Mittelstück ist der Rauch, der aus dem Hause steigt; er ist das sichtbare Zeichen dafür, daß in dieser beschriebenen Landschaft noch Menschen leben.

Prosa-Gedicht –, das mag eine sich selbst widersprechende Bezeichnung sein, aber sie zeigt doch, daß ein Gedicht mehr ist als nur eine Komposition aus Versen und Strophen. Wortwahl, Bildwelt und inhaltlicher Zusammenhang sind wichtiger als der formale Rahmen.

Prosavers, der

[lat. – vgl. ↗Prosa]

Prosaverse sind am ehesten mit den ↗Freien Rhythmen zu vergleichen. Im Unterschied zu ihnen haben sie aber keinen besonders betonten ↗Rhythmus; ihr Redefluß verläuft „prosaisch". Ihre Gliederungskriterien sind Wortakzent,Satzakzent, Sinnakzent (vgl. ↗Akzent) und die Schreibweise in Verszeilen gleicher oder unterschiedlicher Länge:

Ich stehe am Fließband
wo es hinläuft
weiß der Teufel
ob die Schrauben, die ich drehe
für Wasserhähne oder Daumen
sind, Pausen gibt es
nicht, nur flatternde
Finger, die greifen nach Schrauben
und Leere, zerreißen
die Stunden zu Lohn. (...)
(M. Schreiber, *Fließband*)

Trotzdem sind sie keine Alltagssprache. Es sind die ungewohnten Sinnverbindungen und ↗Bilder, die sie von der Alltagssprache abheben: Schrauben für Wasserhähne oder Daumen – Finger greifen nach Schrauben und Leere – Finger zerreißen Stunden zu Lohn –.

Refrain, der

[lat. und altfranz. – die gleichmäßig wiederkehrende Brechung der Wellen an den Klippen]

Der Refrain ist die regelmäßige Wiederkehr eines Textteils jeweils an der gleichen Stelle in den ↗Strophen eines ↗Liedes oder eines ↗Gedichts. Er kann aus einem einzigen hervorgehobenen Wort, aus Teilen einer Verszeile, aus einem ↗Vers oder aus mehreren Versen bestehen. Er kann innerhalb der Strophe oder – was häufiger ist – am Ende der Strophe stehen. Der Refrain kann eine wörtliche, d.h. unveränderte Wiederholung sein oder eine leicht veränderte.

Wörtliche Wiederholung:
Unveränderter Refrain am Strophenende

Heidenröslein

Sah ein Knab ein Röslein stehn,
Röslein auf der Heiden,
War so jung und morgenschön,
Lief er schnell, es nah zu sehn,
Sahs mit vielen Freuden
Röslein, Röslein, Röslein rot,
Röslein auf der Heiden.

Knabe sprach: Ich breche dich,
Röslein auf der Heiden:
Röslein sprach: Ich steche dich,
Daß du ewig denkst an mich,
Und ich will's nicht leiden.
Röslein, Röslein, Röslein rot,
Röslein auf der Heiden.

Und der wilde Knabe brach
's Röslein auf der Heiden;
Röslein wehrte sich und stach,
Half ihm doch kein Weh und Ach,
Mußt es eben leiden.
Röslein, Röslein, Röslein rot,
Röslein auf der Heiden.

(J.W. Goethe)

Leicht veränderte Wiederholung:
Veränderte Wiederholung des Refrains innerhalb der Strophe

Weißt du, wie viel Sterne stehen
an dem blauen Himmelszelt?
Weißt du, wie viel Wolken gehen
weit hin über alle Welt?
Gott der Herr hat sie gezählet,
daß ihm auch nicht eines fehlet
an der ganzen großen Zahl.

Weißt du, wie viel Mücklein spielen
in der heißen Sonnenglut?
Wie viel Fischlein auch sich kühlen
in der hellen Wasserflut?
Gott der Herr rief sie mit Namen,
daß sie all ins Leben kamen,
daß sie nun so fröhlich sind.

Weißt du, wie viel Kinder frühe
stehn aus ihren Bettlein auf,
daß sie ohne Sorg' und Mühe
fröhlich sind im Tageslauf?
Gott im Himmel hat an allen
seine Lust, sein Wohlgefallen,
kennt auch dich und hat dich lieb.
(W. Hey)

Der Refrain hat etwas mit dem Wechselgesang zwischen dem Vorsänger und dem Chor zu tun: Der Vorsänger erzählt etwas, und die Runde der Zuhörer antwortet ihm, den Inhalt zusammenfassend:

Bolle reiste jüngst zu Pfingsten,
nach Pankow war sein Ziel.
Da verlor er seinen Jüngsten
janz plötzlich im Jewühl.
'ne volle halbe Stunde hat er nach ihm jespürt.
Aber dennoch hat sich Bolle
janz köstlich amüsiert.

In Pankow gabs kein Essen,
In Pankow gabs kein Bier,
war alles aufjefressen
von fremden Gästen hier.
Nich mal ne Butterstulle
hat man ihm reserviert!
Aber dennoch hat sich Bolle
janz köstlich amüsiert. (...)
(Berliner Gassenhauer)

Reim, der

Die Herkunft des Wortes *Reim* ist nicht ganz geklärt; es kann mit den griechischen Wörtern *arithmós* (Zahl, Reihenfolge) oder *rhythmós* (vgl. ↗Rhythmus) verwandt sein. Im Altfranzösischen verstand man unter *rime* die Verszeile (vgl. ↗Vers). Diese Bedeutung hatte das Wort Reim auch in Deutschland bis ins 17. Jahrhundert. Wir sprechen heute noch von ↗Kinderreimen und meinen in Wirklichkeit „Kinderverse". Seit dem Barock versteht man unter Reim hauptsächlich den ↗Endreim.

Der Reim ist – wie auch das ↗Metrum – ein Strukturmittel des Versbaus. Der Reim entsteht durch die regelmäßige Wiederkehr gleichklingender Lautgruppen. Man unterscheidet zwischen Stabreim (vgl. ↗Alliteration) und Endreim. Beim Stabreim beginnen mehrere Wörter innerhalb einer Verszeile gleich- oder ähnlichlautend. Der Stabreim ist die älteste deutsche Reimform. Im Mittelalter wurde er allmählich durch den Endreim abgelöst, aber wir verwenden ihn auch heute noch in Redewendungen wie „*H*aus und *H*of" oder „mit *St*umpf und *St*iel". Der Endreim entsteht durch den Gleichklang der Versenden von mindesten zwei Verszeilen; dieser Gleichklang kann von der Übereinstimmung nur der Vokale (vgl. ↗Assonanz) bis zu einer Übereinstimmung einer Lautgruppe reichen (vgl. ↗Reiner Reim, ↗Erweiterter Reim).

Der Reim ist kein notwendiges Merkmal für ein Gedicht. In der Antike kam man auch ohne ihn aus; er war durch den Gleichklang von Wortanfang oder Wortende höchstens ein rhetorisches (vgl. ↗Rhetorik) Mittel der Hervorhebung. Viel wichtiger waren ↗Versmaß und ↗Rhythmus. Viele moderne Gedichte sind reimlos, und trotzdem sind sie Gedichte.

Der Endreim verbindet zwar einzelne Verse miteinander zu einer ↗Strophe. Er kann im rhythmischen Sprechton aber auch hemmend wirken, da er einen Einschnitt (vgl. ↗Zäsur), das Versende, markiert. Er kann durch die Wiederholung des Gleichklangs am Versende langweilig wirken. Und wenn die Wortwahl nur dem Reimzwang folgt, kann er sogar komisch wirken. Ob der Reim ein bereicherndes Gestaltungsmittel oder ein Hemmnis ist, hängt davon ab, wie der Autor ihn in die Gesamtkomposition des Gedichtes einzufügen vermag. Je weniger der Reimzwang hörbar ist, je unauffälliger der Gleichklang einzelner Versenden in die Melodie des Gedichtes eingeht, desto gelungener kann man es nennen. Der Reim gliedert den Rhythmus des Gedichts, aber er soll ihn nicht beherrschen.

Wünschelrute

Schläft éin Lied in allen Dingen, a
Die da träumen fort und fort, b
Und die Welt hebt an zu singen, a
Triffst du nur das Zauberwort. b
(J.v. Eichendorff)

Der Text bleibt in der Bewegung der Verse, das Versende ist auch eine Pause im Redefluß, die vier Zeilen sind durch ↗Kreuzreim verbunden, das ↗Metrum wird genau eingehalten, die Endreime sind klangrein, in diesem Gedicht sind alle Regeln gewissenhaft beachtet; und doch ist es kein bloßes Wortgeklingel oder Reimspiel. Unauffällig fügt sich das ganze Regelinventar in die „Stimmung" des Gedichtes (Lied, träumen, singen, Zauberwort); die Melodie des Textes verbindet die gereimten Verse.

Das kann man von den folgenden Versen nicht sagen:

Was einer ist, was einer war,
Beim Scheiden wird es offenbar.
Wir hörens nicht, wenn Gottes Weise summt,
Wir schaudern erst, wenn sie verstummt.
(H. Carossa)

Der Gleichklang von *summt* und *verstummt* ist Reimzwang; denn das ↗Bild oder der ↗Vergleich, Gottes Wirken oder seine „Weise" mit dem Verbum summen zu verbinden, wirkt eher komisch als erklärend.

Der Endreim eines Verses wird erst hörbar, wenn er sich in einem anderen Vers wiederholt:

Es sitzt ein Vogel auf dem Leim,
Er flattert sehr und kann nicht heim. (...)
(W. Busch)

Die Verflechtung der Endreime kann sich über mehrere Zeilen erstrecken, von der Strophe bis zum Gedichttext insgesamt (vgl. ↗Paarreim, ↗Kreuzreim, ↗Umarmender Reim, ↗Schweifreim, ↗Sonett). Zwischen den reimenden Versen können Verse ohne Reim stehen (vgl. ↗Waise); sie sind isoliert und dadurch hervorgehoben.

Reiner Reim

Man spricht von einem Reinen Reim, wenn die Versenden (vgl. ↗Endreim) zweier miteinander reimender Verszeilen völlig gleich sind, und zwar vom letzten betonten Vokal ab. Die Übereinstimmung der Vokale und Konsonanten bezieht dich nicht auf die Schreibweise, sondern auf die Aussprache:

Seifenblase, himmelwärts verl<u>oren</u>,
aus Entzücken an der Welt geb<u>oren</u>
und aus eines Kindes Vaterh<u>and</u>
in den Wind auf Wanderschaft ges<u>andt</u>. (...)
(Peter Gan, *Preislied auf eine Seifenblase*)

(Auslautendes „d" wird wie „t" gesprochen.)

Bei lautlichen Abweichungen spricht man von einem Unreinen Reim. Die Bezeichnung ist zwar richtig, aber sie wirkt abwertend. Leichte Abweichungen im Gleichklang können belebend sein und das starre Reimschema auflockern. Es sollte aber eine hörbare Ähnlichkeit vorhanden sein, - wie bei dem folgenden Beispiel:

Leise zieht durch mein Gem<u>üt</u> a
Liebliches Gel<u>äute</u>. b
Klinge, kleines Frühlingsl<u>ied</u> , a
Kling hinaus ins W<u>eite.</u> b

Kling hinaus, bis an das H<u>aus</u>,
Wo die Blumen spr<u>ießen</u>.
Wenn du eine Rose sch<u>aust</u>,
Sag, ich laß sie gr<u>üßen</u>.
(H. Heine)

Rhetorik, die

[griech. – Anleitung zur Redekunst]

Anlaß und Absicht einer Rede können sehr verschieden sein. Ein Politiker versucht im Parlament, seine Meinung darzulegen und die Versammlung für einen Gesetzentwurf zu gewinnen. Der Verteidiger vor Gericht spricht für seinen Mandanten, um ihn zu entlasten oder ein milderes Urteil zu erreichen. Ein Wissenschaftler informiert ein interessiertes Publikum über seine Forschungsergebnisse. In einer Festrede wird ein besonderes Ereignis würdevoll gefeiert. Der Geistliche überlegt, wie er seiner Gemeinde das Wort Gottes am besten verkünden kann.

All diese öffentlichen Reden erfordern eine gewissenhafte Vorbereitung. Die Rhetorik, schon im Altertum entwickelt und im Mittelalter weiter ausgestaltet, ist eine Anleitung dazu. Man kann die verschiedenen Arten der Rede in drei Großgruppen zusammenfassen: sie wollen überzeugen bzw. überreden, sie wollen informieren, sie wollen erbauen und erfreuen. Die Vorbereitung ist für alle – nach den Anleitungen der Rhetorik – die gleiche. Wer eine Rede halten will, muß sich zunächst überlegen, vor wem, zu welchem Anlaß, mit welcher Absicht und wozu er reden will; er muß die Argumente, den Stoff, für seine Rede sammeln. Dann folgt die sinnvolle Anordnung der Argumente, die Gliederung der Rede. Der wichtigste Teil ist aber die sprachliche Ausgestaltung: Wie drücke ich mich am besten aus? Wie kann ich einen schwierigen Sachverhalt möglichst anschaulich darstellen? In den lateinischen Rhetoriken heißen die drei Stufen der Vorbereitung:

- *inventio* (Suche nach den Argumenten und dem Material),
- *dispositio* (Anordnung und Gliederung der Argumente und des Materials),
- *elocutio* (sprachliche Ausgestaltung).

Bei der Ausgestaltung unterscheidet man zwischen den rein sprachlichen Mitteln und den ↗Bildern, die verwendet werden, um etwas zu verdeutlichen oder zu erklären. Sprachliche Mittel sind Redefiguren, mit denen ich einen Sachverhalt oder ein Anliegen besonders hervorheben kann; z.B. wenn ich mehrere Sätze hintereinander ähnlich beginnen lasse, einen Kernsatz in bestimmten Abständen wiederhole, mich bei der Beschreibung nicht nur mit einem Substantiv begnüge oder einen Vorgang in einer ganzen Reihe von Verben wiedergebe. Das Ziel dieser Redefiguren ist es, beim Zuhörer „anzukommen", auf ihn einzuwirken. Die Bilder sind effektvolle Hilfen, um etwas zu veranschaulichen: z.B. wenn ich etwas durch einen ↗Vergleich erläutere oder mit einem Bild umschreibe, d. h. wenn ich die Wörter in einem übertragenen (vgl. ↗Metapher) Sinn verwende.

Die Lehre von den Redefiguren und der bildlichen Sprechweise ist auch ein wichtiger Bestandteil der ↗Poetik.

Ein später Ableger der Rhetorik ist die Aufsatzlehre. Schon in den antiken Rhetorikschulen und in den mittelalterlichen Klosterschulen lernten die Schüler am Beispiel großer Vorbilder Aufbau und Gestaltung eines Redetextes; den Aufsatz kann man eine schriftliche Rede nennen. Auch bei seiner Vorbereitung spricht man von Stoffsammlung, Gliederung und sprachlicher Ausformung.

Rhythmus, der

[griech. – Zeitfluß, sinnvolle Gliederung des Redeflusses]

Das ↗Versmaß ist ein festes Gerüst, das den Strophenbau (vgl. ↗Strophe) und die Gesamtkomposition des ↗Gedichtes in sich wiederholenden Einheiten zusammenhält. Man kann das Versmaß mit den Träger- und Stützbalken eines Fachwerkhauses vergleichen, die dem Bau die Stabilität geben. Aber kein Fachwerkbau gleicht dem anderen. Jedes Haus hat eine individuelle Note; sie entsteht durch die abwechslungsreiche Ausgestaltung des Grundgerüstes, durch die phantasiereiche Komposition der Fassade. Ein ↗Vergleich stimmt zwar nie in allen Einzelheiten, aber er gibt eine Verstehenshilfe: Der freien Ausgestaltung des Grundgerüstes beim Fachwerkhaus entspricht im Gedicht der Rhythmus; er gibt dem starren Versmaß, dem Baurahmen des Gedichts, ein eigenes Leben. Der Rhythmus hält sich an die „Baukonzeption" von Versmaß, Strophe und Gedicht, aber er gestaltet sie jeweils dem Inhalt entsprechend aus. Wir benutzen die Regeln der Grammatik, unsere Sätze müssen stimmen, sonst versteht man uns nicht, – aber jeder von uns betont anders, spricht langsamer oder schneller, macht öfter Pausen oder redet ohne Schnaufpausen, spricht laut oder leise, verhalten oder stürmisch, nachdenklich oder bestimmt usw. ... Dies alles gehört zum Rhythmus eines individuellen Sprechens; und im Gedicht ist es nicht anders: Der Rhythmus ist das freie Spiel des Redeflusses auf der Grundlage eines festen Gerüstes, wie es Vers, Strophe und Gedicht sind.

Um dies näher zu erläutern, wähle ich zwei Gedichte, die das gleiche Versmaß haben:

- jambische Vierheber (vgl. ↗Jambus),
- Wechsel von weiblichem und männlichem Versende (vgl. ↗Kadenz),
- Kreuzreim

Nur in der Strophenlänge sind sie verschieden.

Der frohe Wandersmann

Wem Gott will rechte Gunst erweisen,
Den schickt er in die weite Welt;
Dem will er seine Wunder weisen
In Berg und Wald und Strom und Feld.

Die Trägen, die zu Hause liegen,
Erquicket nicht das Morgenrot,
Sie wissen nur von Kinderwiegen,
Von Sorgen, Last und Not um Brot.

Die Bächlein von den Bergen springen,
Die Lerchen schwirren hoch vor Lust,
Was sollt ich nicht mit ihnen singen
Aus voller Kehl und frischer Brust?

Den lieben Gott laß ich nur walten;
Der Bächlein, Lerchen, Wald und Feld
Und Erd und Himmel will erhalten,
Hat auch mein Sach aufs best bestellt!
(J. v. Eichendorff)

Eichendorff, den Volksliedton (vgl. ↗Volkslied) nachahmend, ordnet den Redefluß seines Gedichtes in das metrische (vgl. ↗Metrum) Grundgerüst ein. Sätze oder sinnvolle Satzabschnitte fügen sich in den Versbau; die Sinnpause (vgl. ↗Zäsur) deckt sich mit dem Zeilenende. Keine Atemspanne geht über das Zeilenende hinaus; der Vortragende kann kurz anhalten. Trotzdem ist das Gedicht nicht eintönig. Warum? Der natürliche Sprachrhythmus fügt sich unauffällig in das vorgegebene metrische Gerüst. Das gibt dem volksliedhaften Text seine Leichtigkeit.

Willkommen und Abschied

Es schlug mein Herz, geschwind zu Pferde!
Es war getan fast eh gedacht.
Der Abend wiegte schon die Erde,
Und an den Bergen hing die Nacht;
Schon stand im Nebelkleid die Eiche,
Ein aufgetürmter Riese, da,
Wo Finsternis aus dem Gesträuche
Mit hundert schwarzen Augen sah.

Der Mond von einem Wolkenhügel
Sah kläglich aus dem Duft hervor,
Die Winde schwangen leise Flügel,
Umsausten schauerlich mein Ohr;
Die Nacht schuf tausend Ungeheuer,
Doch frisch und fröhlich war mein Mut:
In meinen Adern welches Feuer!
In meinem Herzen welche Glut!

Dich sah ich, und die milde Freude
Floß von dem süßen Blick auf mich;

Ganz war mein Herz an deiner Seite
Und jeder Atemzug für dich.
Ein rosenfarbnes Frühlingswetter
Umgab das liebliche Gesicht,
Und Zärtlichkeit für mich – ihr Götter!
Ich hofft' es, ich verdient' es nicht!

Doch ach, schon mit der Morgensonne
Verengt der Abschied mir das Herz:
In deinen Küssen welche Wonne!
In deinem Auge welcher Schmerz!
Ich ging, du standst und sahst zur Erden
Und sahst mir nach mit nassem Blick:
Und doch, welch Glück, geliebt zu werden!
Und lieben, Götter, welch ein Glück!
(J. W. Goethe)

Wenn man sich die ↗Hebungen an den Fingern abzählt, kommt man bei Goethes Gedicht auf die gleiche Zahl wie bei Eichendorffs Gedicht. Auch das Reimschema hat den gleichen Aufbau. Trotzdem hören sich beide Gedichte, wenn sie sinnvoll vorgetragen werden, doch sehr verschieden an. Bei Goethe ist das Tempo ein anderes; – bald stürmende Unruhe, bald glückliches Verweilen. Die Verse laufen nicht wie im Versmaß gleichmäßig durch; sie haben Pausen, Unterbrechungen, die durch Satzzeichen oder durch Sinneinheiten (vgl. ↗Kolon) markiert sind. Der Redefluß greift von einem Vers in den nächsten Vers (vgl. ↗Enjambement). Aber: Diese temperamentvolle Ausgestaltung zerstört nicht das metrische Grundgerüst; ↗Hebung bleibt Hebung, auch die Anzahl der Hebungen wird beachtet, durchgehend wird der Kreuzreim mit weiblichem und männlichem Wechsel beibehalten. Nur: Die Betonungen in den Hebungen werden abgetönt, die ↗Senkungen werden unterschiedlich gefüllt, wie es eben der Rhythmus des Redeflusses verlangt. Der Rhythmus widerspricht nicht dem Versmaß, er lockert das Versmaß nur auf, er gibt ihm eine jeweils eigene „Interpretation", die mit dem Inhalt übereinstimmt. All dies ist unter dem Sammelbegriff „Rhythmus" zu verstehen.

In den ↗Freien Rhythmen bestimmt der Redefluß des Gedichtes selbst den Rhythmus, unabhängig von einem festen Versmaß, das sich wiederholen müßte.

Rollengedicht, das

Das Rollengedicht ist in der Ich- Form geschrieben. Die Rolle des ↗Lyrischen Ich übernimmt eine Gestalt, die aus ihrer besonderen Situation spricht. Dieses Rollenspiel kann ein Alibi für den Autor sein; er überträgt seine kritischen Gedanken auf eine andere, auf eine von ihm erfundene Person, die an seiner Stelle spricht. Eines der berühmtesten Rollengedichte ist Goethes *Prometheus.* Der Rollenträger wird meist schon in der Überschrift genannt, so auch in dem Gedicht *Der Bauer* von Gottfried August Bürger (1747 – 1794). Die Kritik an absolutistischer Willkür wird aus der Perspektive des unterdrückten und ausgebeuteten Bauern geführt:

Der Bauer
An seinen Durchlauchtigen Tyrannen

Wer bist du, Fürst, daß ohne Scheu
Zerrollen mich dein Wagenrad,
Zerschlagen darf dein Roß?

Wer bist du, Fürst, daß in mein Fleisch
Dein Freund, dein Jagdhund, ungebläut
Darf Klau' und Rachen hau'n?

Wer bist du, daß, durch Saat und Forst,
Das Hurra deiner Jagd mich treibt,
Entatmet, wie das Wild? –

Die Saat, so deine Jagd zertritt,
Was Roß, und Hund, und Du verschlingst,
Das Brot, du Fürst, ist mein.

Du Fürst hast nicht, bei Egg' und Pflug,
Hast nicht den Erntetag durchschwitzt.
Mein, mein ist Fleiß und Brot! –

Ha! du wärst Obrigkeit von Gott?
Gott spendet Segen aus; du raubst!
Du nicht von Gott, Tyrann!

Brecht baut sein Rollengedicht *Die Vögel warten im Winter vor dem Fenster* zu einer kleinen Dialogszene aus; den Refrain sprechen jeweils die Kinder, an die sich die Vögel mit ihrer Bitte wenden:

Die Vögel warten im Winter vor dem Fenster

1
Ich bin der Sperling.
Kinder, ich bin am Ende.
Und ich rief euch immer im vergangnen Jahr
Wenn der Rabe wieder im Salatbeet war.
Bitte um eine kleine Spende.
    Sperling, komm nach vorn.
    Sperling, hier ist dein Korn.
    Und besten Dank für die Arbeit!

2
Ich bin der Buntspecht.
Kinder, ich bin am Ende.
Und ich hämmere die ganze Sommerzeit
All das Ungeziefer schaff ich beiseit.
Bitte um eine kleine Spende.
    Buntspecht, komm nach vurn.
    Buntspecht, hier ist dein Wurm.
    Und besten Dank für die Arbeit!

3
Ich bin die Amsel.
Kinder, ich bin am Ende.
Und ich war es, den ganzen Sommer lang
Früh im Dämmergrau in Nachbars Garten sang.
Bitte um eine kleine Spende.
    Amsel, komm nach vorn.
    Amsel, hier ist dein Korn.
    Und besten Dank für die Arbeit!

Romanze, die

[span. – Dichtung in der romanischen Volkssprache, im Unterschied zur lateinischen Dichtung]

Die Romanze entstand in Spanien. Sie ist eine einfache Verserzählung über Personen und Ereignisse aus der maurisch-spanischen Geschichte; am ehesten kann man sie mit der deutschen ↗Volksballade vergleichen. Kennzeichnend ist für die Romanze die ↗Romanzenstrophe. In den älteren Romanzen wurden auch ↗trochäische ↗Langverse mit acht ↗Hebungen verwendet. Eine Sammlung von Romanzen nennt man Romancero. Im 18. Jahrhundert kam die Romanzenform nach Deutschland; sie nahm neue Inhalte auf.

Romanzenstrophe, die

[span. – vgl. ↗Romanze]

Die Romanzenstrophe kommt aus Spanien. Sie ist ein Vierzeiler (vgl. ↗Vers, ↗Strophe). Jede Zeile besteht aus vier Trochäen. Die Verse sind entweder reimlos (vgl. ↗Reim, ↗Endreim) oder nur durch ↗Assonanz verbunden. Die doppelte Romanzenstrophe besteht aus acht Zeilen.

Reich geziert mit Geschenken	vier Trochäen
Seiner schönen Lindaraja,	durchgehend weiblich endend
Reiset ab der tapfre Gazul,	jeweils acht Silben
Geht nach Gelves zum Turniere.	ohne Reim
Mit sich führet er vier Pferde,	Nachahmung der spanischen
Reich bedeckt mit goldnen Decken,	Romanzenstrophe
Wo sich tausendmal der Name	
Bencerraja schlingt in Golde. (...)	
(J.G. Herder, *Gazul und Zaida*)	

Seit dem 18. Jahrhundert (Goethezeit, Romantik) ist sie auch in der deutschen Dichtung häufig. In den deutschen Beispielen hat sie ↗Kreuzreim mit Wechsel von weiblichem und männlichem Versende (vgl. ↗Kadenz). Es können auch Vierheber mit Dreihebern abwechseln (vgl. ↗Hebung).

Durch den Wald mit raschen Schritten	vier Trochäen,	weiblich
Trage ich die Laute hin,	vier Trochäen,	männlich
Freude singt, was Leid gelitten,	vier Trochäen,	weiblich
Schweres Herz hat leichten Sinn.	vier Trochäen,	männlich
Durch die Büsche muß ich dringen	a	
Nieder zu dem Felsenborn	b	
Und es schlingen sich mit Klingen	a	Kreuzreim
In die Saiten Ros und Dorn. (...)	b	
(C. Brentano, *Der Jäger an den Hirten*)		

Sapphische Strophe

Die Sapphische ↗Strophe ist eine antike Strophenform. Sie ist nach der griechischen Dichterin Sappho benannt. In der Antike wurde nach Längen und Kürzen (vgl. ↗Metrum,

↗Versfuß, ↗Versmaß) gemessen. In der deutschen Sprache bestimmen die betonten Vokale (vgl. ↗Hebung) das Versmaß; die Füllung der ↗Senkungen mit unbetonten Silben ist nicht streng festgelegt. Bei der Übernahme der Sapphischen Strophe in die deutsche Dichtung wurden die Längen zu Hebungen und die Kürzen zu Senkungen. Die genaue Verteilung von Länge und Kürze (in der deutschen Wiedergabe: von Hebung und Senkung) widerspricht dem deutschen Betonungssystem (vgl. ↗Akzent, ↗Akzentvers), das den Hauptton auf die Stammsilbe (meist: Anfangssilbe) eines Wortes legt und bei Mehrsilbigkeit noch eine Nebenbetonung zuläßt. Der natürliche Sprachakzent im Deutschen ist ein anderer als der relativ freie Akzent der antiken Sprachen, die beispielsweise – wie in der Musik – eine Länge in zwei Kürzen oder zwei Kürzen in eine Länge verwandeln konnten. Auch kannte der antike ↗Vers keinen ↗Endreim.

In der deutschen Wiedergabe hat die Sapphische Strophe folgende Struktur (bisweilen mit Abweichungen, die durch den natürlichen Wortakzent bedingt sind):

x́ x x́ x x́ x x x́ x x́ x	elf Silben
x́ x x́ x x́ x x x́ x x́ x	elf Silben
x́ x x́ x x́ x x x́ x x́ x	elf Silben
x́ x x x́ x	fünf Silben

Der bestimmende ↗Versfuß ist der ↗Trochäus; jede Zeile hat zusätzlich einen ↗Daktylus. Die Zeilen eins bis drei sind nach dem gleichen Schema gebaut; im Deutschen gibt es Abweichungen. Der Schlußvers besteht aus einem Daktylus und einem Trochäus. Es ist schwer, in der deutschen Dichtung dieses strenge, gleichförmige Versmaß nachzuahmen; deshalb sind die Beispiele auch seltener als bei der ↗Alkäischen Strophe oder der ↗Asklepiadeischen Strophe. Sie wirken bewußt konstruiert; der Satzbau ordnet sich dem Strophenbau unter:

Vor dem Abwurf. Noch auf dem Lederhandschuh
Sitzt der Falke, träumend. Der Schein von Blitzen
Wetterleuchtet durch sein Gemüt. Er zittert.
Gern sieht's der Jäger. (...)
(G. Britting, *Die Jäger*)

Wie ein Sturm ist menschliches Leid und wie das
ferne Spiel von Harfen; das tiefste aber
ist ein Strom: nicht strömt er von hier, er flutet
inner der Erde.
(J. Weinheber, aus *Mit halber Stimme*)

Satire, die

[lat. – eine mit verschiedenen Früchten gefüllte Schale]

In der Satire – sie ist an keine literarische ↗Gattung gebunden – werden Mißstände, Fehler und Fehlverhalten entlarvt und verspottet. Sie ist eine hintergründige Darstellung lästiger Wahrheiten durch übertriebene, grelle Darstellungsweise, durch Überzeichnen, durch vermeintliche Widersprüchlichkeit oder Ungereimtheit. Die Satire will aber nicht verspotten, sondern durch ihre Kritik auch helfen, etwas zu verbessern, oder zumindest zum Nachdenken anregen (vgl. auch ↗Parodie). Ein Beispiel für ein satirisches Gedicht ist *Die Entwicklung der Menschheit* von Erich Kästner:

Die Entwicklung der Menschheit

Einst haben die Kerls auf den Bäumen gehockt,
behaart und mit böser Visage.
Dann hat man sie aus dem Urwald gelockt
und die Welt asphaltiert und aufgestockt,
bis zur dreißigsten Etage.

Da saßen sie nun, den Flöhen entflohn,
in zentralgeheizten Räumen
Da sitzen sie nun am Telefon.
Und es herrscht noch genau derselbe Ton
wie seinerzeit auf den Bäumen.

Sie hören weit. Sie sehen fern.
Sie sind mit dem Weltall in Fühlung.
Sie putzen die Zähne. Sie atmen modern.
Die Erde ist ein gebildeter Stern
mit sehr viel Wasserspülung.

Sie schießen Briefschaften durch ein Rohr.
Sie jagen und züchten Mikroben.
Sie versehn die Natur mit allem Komfort.
Sie fliegen steil in den Himmel empor
und bleiben zwei Wochen oben.

Was ihre Verdauung übrig läßt,
das verarbeiten sie zu Watte.
Sie spalten Atome. Sie heilen Inzest.
Und sie stellen durch Stiluntersuchungen fest,
daß Cäsar Plattfüße hatte.

So haben sie mit dem Kopf und dem Mund
den Fortschritt der Menschheit geschaffen.
Doch davon mal abgesehen und
bei Lichte betrachtet sind sie im Grund
noch immer die alten Affen.

Der Text ist eine Satire auf den „Fortschritt"; wir haben zwar vieles an Technik und Bequemlichkeit erreicht. Aber: Wie steht es um unseren inneren „Fortschritt"?

Scherzgedicht, das

Scherzgedichte gibt es in vielfacher Ausgestaltung (vgl. ↗Leberreim, ↗Limerick, ↗Klapphornverse, ↗Nonsens-Gedichte, ↗Schüttelreim usw.). Es sind Gedichte, die mit dem Inhalt oder mit dem Text selbst spielen. Sie sind nicht allzu ernst zu nehmen; sie machen einfach Spaß. Auch einzelne Parodien kann man zu ihnen rechnen.

Lob der Faulheit

Faulheit, jetzo will ich dir
auch ein kleines Loblied bringen. –
O – – wie – – sau – – er
    wird es mir, – –

Dich – – nach Würden – – zu besingen!
Doch ich will mein Bestes tun,
Nach der Arbeit ist gut ruhn.

Höchstes Gut! wer dich nur hat,
Dessen ungestörtes Leben – –
Ach! – – ich – – gähn' – – ich – –
werde matt – –,
Nun – – so – – magst du – –
mir's vergeben,
Daß ich dich nicht singen kann;
Du verhinderst mich ja dran.
(G. E. Lessing)

Beim *Lob der Faulheit* lähmt die Faulheit den Dichter. Scherzvoll spiegelt sich in Lessings Gedicht das Thema in der verhinderten Lobrede.

O unberachenbere Schreibmischane

O unberachenbere Schreibmischane,
was bist du für ein winderluches Tier?
Du tauschst die Bachstuben günz nach Vergnagen
und schröbst so scheinen Unsinn aufs Papier!

Du tappst die falschen Tisten, luber Bieb!
O sige mar, was kann da ich dafür?
(J. Guggenmos)

Die Tippfehler wird Josef Guggenmos auch in seinem „Klagelied" nicht los.

Gruselett

Der Flügelflagel gaustert
durchs Wiruwaruwolz,
die rote Fingur plaustert,
und grausig gutzt der Golz.
(Chr. Morgenstern)

Morgenstern erfindet phantastische Gruselwörter, die lautmalend (vgl. ↗Lautmalerei) durch sein *Gruselett* geistern.

Schüttelreim, der

Der Schüttelreim ist ein ↗Erweiterter Reim, bei dem die anlautenden Konsonanten der betonten Reimsilben übers Kreuz vertauscht werden:

Ich freue mich auf morgen sehr,

da hab ich keine Sorgen mehr.

Es sind lustige Reime. Jeder kann sich drin üben und neue Zungenbrecher erfinden. Manchmal versteckt sich in ihnen sogar eine ↗Alliteration; es reimen auch Wortanfänge:

Es klapperten die Klapperschlangen,
bis ihre Klappern schlapper klangen.

Menschen mögen Möwen leiden,
während sie die Löwen meiden.

In einer vierzeiligen ↗Strophe wird der Schüttelreim zum ↗Paarreim:

Statt jeden, der noch lacht, zu neiden,
Am Neid dann Tag und Nacht zu leiden,
Sich Kummer, weil man litt, zu machen:
Ists besser, selbst gleich mitzulachen.
(E. Roth)

Schweifreim, der

Der Schweifreim ist ein ↗Endreim. Die Reimkombination bildet eine Sechsergruppe; zwei Reimpaare werden durch einen dritten Reim unterbrochen: aa b cc b. ↗Strophen mit Schweifreim sind im Grunde zweigliedrig: aab // ccb. Dies wirkt sich auch auf den ↗Rhythmus und die gedankliche Gliederung aus (vgl. ↗Kolon, ↗Zäsur).

Abendlied

Der Mond ist aufgegangen,	a
Die goldnen Sternlein prangen	a
Am Himmel hell und klar;	b
Der Wald steht schwarz und schweiget,	c
Und aus den Wiesen steiget	c
Der weiße Nebel wunderbar.	b
Wie ist die Welt so stille,	weiblich
Und in der Dämmrung Hülle	weiblich
So traulich und so hold!	männlich
Als eine stille Kammer,	weiblich
Wo ihr des Tages Jammer	weiblich
Verschlafen und vergessen sollt.	männlich (vgl. ↗Kadenz)
Seht ihr den Mond dort stehen? –	
Er ist nur halb zu sehen,	Deutlicher gedanklicher Einschnitt
Und ist doch rund und schön!	nach der dritten Zeile. Das Naturbild
So sind wohl manche Sachen,	der ersten Strophenhälfte wird auf
Die wir getrost belachen,	die Menschenwelt übertragen.
Weil unsre Augen sie nicht sehn.	
Wir stolze Menschenkinder	
Sind eitel arme Sünder	Paralleler Satzbau in beiden
Und wissen gar nicht viel;	Strophen
Wir spinnen Luftgespinste	

Und suchen viele Künste
Und kommen weiter von dem Ziel.

Gott, laß uns dein Heil schauen,
Auf nichts Vergängliche trauen,
Nicht Eitelkeit uns freun!
Laß uns einfältig werden
Und vor dir hier auf Erden
Wie Kinder fromm und fröhlich sein!

Jambische Verse (vgl. ↗Jambus)

Wollst endlich sonder Grämen
Aus dieser Welt uns nehmen
Durch einen sanften Tod!
Und, wenn du uns genommen,
Laß uns in Himmel kommen,
Du unser Herr und unser Gott!

drei Hebungen

vier Hebungen in der letzten Zeile

So legt euch denn ihr Brüder,
In Gottes Namen nieder;
Kalt ist der Abendhauch.
Verschon uns, Gott! mit Strafen,
Und laß uns ruhig schlafen!
Und unsern kranken Nachbar auch!
(M. Claudius)

Gedankliche und metrische (↗Versmaß) Hervorhebung jeweils der letzten Strophenzeile

Senkung, die

Im Deutschen wird der Umfang eines ↗Verses zwar durch die Anzahl der ↗Hebungen bestimmt, die unbetonten Silben – d.h. die Senkungen – sind aber notwendige Ergänzungen: Weder die Alltagssprache noch ein Gedicht kann nur aus Hebungen bestehen; zum Sprechen gehört der Wechsel von Hebungen und Senkungen. Im Gedicht hat dieser Wechsel eine gewisse Regelmäßigkeit. Man unterscheidet zwischen ↗jambischem und ↗trochäischem Wechsel (vgl. auch ↗Versfuß):

Der Tod, das ist die kühle Nacht,
Das Leben ist der schwüle Tag. (...)
(H. Heine)

jambischer Wechsel (x x́)

Füllest wieder Busch und Tal
Still mit Nebelglanz,
Lösest endlich auch einmal
Meine Seele ganz; (...)
(J.W. Goethe, *An den Mond*)

trochäischer Wechsel (x́ x)

Die Senkungen können aber auch völlig frei (vgl. ↗Freie Rhythmen) oder – wie im ↗Volkslied – teilweise doppelt gefüllt werden:

Es kommen härtere Tage.
Die auf Widerruf gestundete Zeit
wird sichtbar am Horizont. (...)
(I. Bachmann, *Die gestundete Zeit*)

freier Wechsel

Es waren zwei Königskinder,
die hatten einander so lieb,
Sie konnten beisammen nicht kommen,
das Wasser war viel zu tief. (...)
(Volkslied)

teilweise Doppelfüllung

Sinnbild, das [deutsche Übersetzung für ↗Symbol und ↗Emblem]

Sinngedicht, das [deutsche Bezeichnung für ↗Epigramm]

Sonett, das
[ital. – kleiner Tonsatz]

Das Sonett ist eine Gedichtform (vgl. ↗Gedicht), die im 14. Jahrhundert in Italien entstand. Das Sonett gliedert sich in zwei Vierzeiler (Quartette, vgl. ↗Strophe) und zwei Dreizeiler (Terzette). Die übliche Reihenfolge war abba abba (vgl. ↗Umarmender Reim) cdc dcd. Diese Reimfolge wurde aber später um weitere Kombinationsmöglichkeiten bereichert. Das Sonett gehört zur ↗Gedankenlyrik; die gedankliche Gliederung wird durch den strengen formalen Aufbau unterstützt. Hervorgehoben ist oft die Schlußzeile; sie ist das pointierte (vgl. ↗Pointe) Ergebnis der vorausgehenden Gedanken und ↗Bilder:

Was ist die Welt?

Was ist die Welt? Ein ewiges Gedicht,
Daraus der Geist der Gottheit strahlt und glüht,
Daraus der Wein der Weisheit schäumt und sprüht,
Daraus der Laut der Liebe zu uns spricht.

Und jedes Menschen wechselndes Gemüt,
Ein Strahl ists, der aus dieser Sonne bricht,
Ein Vers, der sich an tausend andre flicht,
Der unbemerkt verhallt, verlischt, verblüht.

Und doch auch eine Welt für sich allein,
Voll süß-geheimer, nievernommner Töne,
Begabt mit eigner, unentweihter Schöne,

Und keines Andern Nachhall, Widerschein.
Und wenn du gar zu lesen drin verstündest,
Ein Buch, das du im Leben nicht ergründest.
(H.v. Hofmannsthal)

Stabreim, der [siehe unter ↗Alliteration]

Stabreimvers, der
[Stab bedeutete früher auch *Buchstabe, Laut.*]

Der Stabreimvers war die Versform der germanischen Dichtung. Er war ein Langvers, der aus zwei Halbversen bestand. Der Reim war an die Anfangsbetonung (Betonung der Stammsilbe) gebunden. Jeder Halbvers hatte zwei Hebungen; die Zahl der Senkungen war frei. Die erste bis dritte Hebung waren durch Alliteration verbunden. Beide Halbverse waren durch eine Zäsur getrennt:

garutun se iro gudhamun, gurtun sih iro swert ana
x́ x x x x x x x́ x x // x́ x x x x x́ x x
[Sie richteten sich ihre Rüstung, sie gürteten sich ihr Schwert an.]
[Aus dem *Hildebrandslied*]

Stanze, die

[ital. – Bauwerk, Reimgebäude]

Die Stanze ist eine kunstvoll aufgebaute achtzeilige ↗Strophe. Die Verse der deutschen Stanze sind ↗jambische Fünfheber (vgl. ↗Hebung) mit abwechselnd weiblichem und männlichem Versende (vgl. ↗Kadenz); nur die beiden letzten Zeilen enden gleich. Das Reimschema (vgl. ↗Endreim) ist: ab ab ab cc. Durch den ↗Paarreim am Schluß ist das Strophenende besonders hervorgehoben.

Zueignung

Der Morgen kam; es scheuchten seine Tritte	a weiblich
Den leisen Schlaf, der mich gelind umfing,	b männlich
Daß ich, erwacht, aus meiner stillen Hütte	a weiblich
Den Berg hinauf mit frischer Seele ging;	b männlich
Ich freute mich bei einem jeden Schritte	a weiblich
Der neuen Blume, die voll Tropfen hing;	b männlich
Der junge Tag erhob sich mit Entzücken,	c weiblich
Und alles war erquickt, mich zu erquicken. (...)	c weiblich
(J. W. Goethe)	

In den Versen eins bis sechs, die durch ↗Kreuzreim miteinander verbunden sind, werden das Erwachen, der morgendliche Aufstieg auf den Berg und die taufrischen Wiesen beschrieben. Alles ist in Bewegung umgesetzt. Nach der sechsten Zeile ist ein gedanklicher Einschnitt, eine Pause. Im letzten Reimpaar werden die einzelnen Eindrücke während des Aufstiegs noch einmal, jetzt aber in einem neuen ↗Bild zusammengefaßt; der junge Tag wird personifiziert (vgl. ↗Personifikation); durch den doppelten Einsatz des Verbums „erquicken" wird das Hochgefühl des Wanderers hervorgehoben: „Und alles war erquickt, mich zu erquicken".

Stil, der

[lat. – Griffel, Schreibweise]

Unter Stil versteht man erstens die charakteristische, unverkennbare Schreib- und Ausdrucksweise eines Autors und zweitens die angemessene Übereinstimmung zwischen dem dargestellten Gegenstand oder Thema und seiner sprachlichen Darbietung. Der Stil umfaßt die Gesamtheit einer Komposition. Eine Gebrauchsanweisung ist anders gestaltet als ein Liebesgedicht. Auch literarische Strömungen und Epochen (z.B. Barock, Aufklärung, Romantik) haben einen jeweils eigenen, für sie kennzeichnenden Stil. Dies gilt ebenso für literarische Gattungen; die Tragödie hat eine andere Stilebene als die Komödie; eine scharfzüngige ↗Satire ist keine beschauliche ↗Stimmungslyrik. Entscheidend ist aber immer die persönliche „Handschrift" des Autors.

Stimmungslyrik, die [siehe unter ↗Erlebnislyrik]

Strophe, die

[griech. – Wendung]

Der Begriff stammt aus der griechischen Antike; er meinte die Hinwendung des Chores – beim Vortrag seines Liedes – zum Altar der Gottheit, der dieses Festgedicht gewidmet war. Diese „Choreographie" hatte eine gewisse, sich wiederholende Regelmäßigkeit. Darauf greift die heutige Bedeutung des Begriffs „Strophe" zurück.

Die Strophe ist eine Anordnung von ↗Versen, die sich in einem ↗Gedicht nach einer bestimmten, erkennbaren Gliederung wiederholt. Der Strophenbau kann innerhalb eines Gedichts gleich sein und sich wiederholen:

Die Stadt

Am grauen Strand, am grauen Meer
Und seitab liegt die Stadt;
Der Nebel drückt die Dächer schwer,
Und durch die Stille braust das Meer
Eintönig um die Stadt.

Es rauscht kein Wald, es schlägt im Mai
Kein Vogel ohne Unterlaß;
Die Wandergans mit hartem Schrei
Nur fliegt in Herbstesnacht vorbei,
Am Strande weht das Gras.

Die Verse sind aus ↗Jamben gebaut. Die zweite und die fünfte Zeile jeder Strophe ist dreihebig; die anderen Zeilen haben vier ↗Hebungen. Das Reimschema ist a b a a b.

Doch hängt mein Herz an dir,
Du graue Stadt am Meer;
Der Jugend Zauber für und für
Ruht lächelnd doch auf dir, auf dir,
Du graue Stadt am Meer.
(Th. Storm)

Die regelmäßige Wiederholung des Strophenbaus ist vor allem beim gesungenen Lied wichtig; denn ein veränderter Strophenbau würde sich nicht in die Melodie des Liedes fügen.

Der ↗Endreim ist kein notwendiger Bestandteil der Strophe. Es gibt Strophen ohne Endreim, die trotzdem ein sehr strenges, sich wiederholendes Ordnungsgefüge haben. Dies gilt vor allem für antike Strophenformen (vgl. ↗Alkäische, ↗Asklepiadeische, ↗Sapphische Strophe), aber auch für zeitgenössische Gedichte.

Juni

Schön wie niemals sah ich jüngst die Erde. — weiblich
x́ x x́ x x́ x x́ x x́ x — fünf Trochäen

Einer Insel gleich trieb sie im Winde. weiblich
Prangend trug sie durch den reinen Himmel weiblich
ihrer Jugend wunderbaren Glanz. männlich

Funkelnd lagen ihre blauen Seen,
ihre Ströme zwischen Wiesenufern.
Rauschen ging durch ihre lichten Wälder,
große Vögel folgten ihrem Flug.

Voll von jungen Tieren war die Erde.
Fohlen jagten auf den grellen Weiden,
Vögel reckten schreiend sich im Neste,
gurrend rührte sich im Schilf die Brut.

Bei den roten Häusern im Holunder
trieben Kinder lärmend ihre Kreisel;
singend flochten sie auf gelben Wiesen
Ketten sich aus Halm und Löwenzahn.

Unaufhörlich neigten sich die grünen
jungen Felder in des Windes Atem,
drehten sich der Mühlen schwere Flügel,
neigten sich die Segel aus dem Haff.

Unaufhörlich trieb die junge Erde
durch das siebenfache Licht des Himmels;
flüchtig nur wie einer Wolke Schatten
lag auf ihrem Angesicht die Nacht.
(M.L. Kaschnitz)

In einem Gedicht können verschiedene Strophenformen nach einem Gesamtplan angeordnet sein, der das ganze Gedicht betrifft; z.B. im ↗Sonett. Strophenförmige Untergliederungen unterschiedlicher Größe können sich auch nach inhaltlichen Kriterien richten; z.B. bei den ↗Freien Rhythmen oder bei den modernen ↗Prosa-Gedichten.

Symbol, das

[griech. – Merkmal, Wiedererkennungszeichen]

Stell dir folgende Szene vor: Im alten Griechenland geht ein Kaufmann auf eine längere Reise. Er gibt sein Geld einem Freund, damit er es verwahre. Beim Abschied brechen sie einen Ring in zwei Teile. Der Kaufmann sagt zu seinem Freund: „Behalte du die eine Hälfte des Rings! Wenn ich das Geld brauche und nicht selbst kommen kann, schicke ich dir jemand mit der anderen Hälfte des Rings."

Aus dieser ursprünglichen Bedeutung entstand die übertragene Bedeutung des Wortes Symbol; es geht auf das Verbum *symballein*, „zusammenstoßen" oder „zusammenpassen" zurück. Zwei Teile müssen genau aufeinanderpassen; dann sind sie ein Wiedererkennungszeichen, ein Symbol. Der eine Teil des Symbols ist ein Bild, etwas Anschauliches oder Vorstellbares. Seinen Sinn, seine Bedeutung erhält dieses Bild aber erst, wenn es auf etwas bezogen wird, das es verdeutlicht oder erklärt. Dieser andre Teil ist ein Gedanke oder eine Aussage, die durch das Bild „versinnlicht" wird; deshalb spricht man auch von einem

↗Sinnbild. Im Unterschied zur ↗Metapher oder zum ↗Vergleich besteht beim Symbol kein unmittelbarer Zusammenhang zwischen dem Dargestellten und seiner Bedeutung. Der Zusammenhang kann auf einer „Vereinbarung" gründen – z.B. bei den Verkehrszeichen –, er kann sich im Verlauf der Überlieferung allmählich ergeben – z.B. das Kreuz für das Christentum, der Halbmond für den Islam – oder er ist ein Ergebnis mehrerer sich wiederholender Hinweise innerhalb eines Textes – z.B. die Kraniche als Symbol der strafenden Gerechtigkeit in Schillers Ballade *Die Kraniche des Ibykus* –.

Es gibt Symbole, die jeder sofort versteht, weil sie Gemeinbesitz sind – z.B. die Farbsymbolik: schwarz für Trauer, grün für Hoffnung –. Diese sofort und leicht „wiedererkennbaren" Symbole treten zwar auch in der Dichtung auf; häufiger sind aber die zu einem Gesamtbild ausgestalteten Symbole, die ein gewissenhaftes Lesen des ganzen Gedichts erfordern:

Die antenne

1
Sie abzusägen, drohte
die straße

Die antenne flüchtete
unter den first, hier

zeigte auf sie
das haus

Die antenne flüchtete
ins zimmer, hier

zeigten auf sie
die wände

Die antenne flüchtete
in den kopf, er

bot sicherheit

2
Vorerst
(Reiner Kunze)

Die Funktion einer Antenne ist es, die Wellen von Sendern aus aller Welt zu empfangen, damit der Radiohörer oder Fernsehzuschauer umfassend informiert wird. Je freier und höher am Haus die Antenne montiert ist, desto besser der Empfang. In Kunzes Gedicht flüchtet sich die Antenne „unter den first", „ins zimmer", in den kopf"; sie zieht sich immer enger zurück, ihre Position wird immer ungünstiger für den Empfang. Aber gerade dadurch – das ist der scheinbare Widersinn – rettet sie sich „Vorerst". Was ist die gedankliche Entsprechung zu diesem zunächst widersinnigen Bild? Dort wo die Antenne montiert war, ist Information nicht erwünscht oder sogar verboten; deshalb flüchtet sich die Antenne oder rettet sich in den Kopf des Menschen, für den sie eigentlich die Antenne zur Außenwelt sein sollte. Die ihrer Funktion beraubte Antenne ist hier das Symbol für die Bedrohung der Meinungsfreiheit durch totalitäre Systeme, die den Bürger unter Kontrolle halten, ihn manipulieren wollen, und dies mit Mitteln der brutalen Gewalt.

Der Sinn des Symbols – vor allem in der Dichtung – ist es, einen Gedanken, eine Argumentation in ein Bild zu fassen oder in eine Handlung einzubinden. Das Bild oder die Handlung ist ein Einzelfall, der den Gedanken bestätigt; aber – dieser Einzelfall – z.B. die Flucht der Antenne in den Kopf des Menschen – läßt sich wiederum auf viele Situationen übertragen, sozusagen als „Wiedererkennungszeichen": das Symbol, d.h. die Verbindung zwischen Antenne und Unterdrückung der Meinungsfreiheit, „paßt" bei allen demokratiefeindlichen Systemen „zusammen".

Synästhesie, die

[griech. – Unterschiedliches zugleich wahrnehmen]

Die Synästhesie ist eine Sonderform der Metapher. In ihr sind Eindrücke aus verschiedenen Sinnesgebieten – gemeint sind die fünf Sinne – miteinander vermischt. Diese Gleichzeitigkeit verschiedener Sinneseindrücke ist auch in der Alltagssprache zu finden: kaltes oder lautes Licht, ein dunkler oder süßer Ton, ein warmes Grün oder ein schreiendes Gelb, ein greller oder ein schriller Duft. Besonders in der Dichtung ist die Synästhesie ein Mittel der Ausdruckssteigerung:

Abendständchen

Hör', es klagt die Flöte wieder,
Und die kühlen Brunnen rauschen.
Golden wehn die Töne nieder,   Golden [sehen] – Töne [hören]
Stille, stille, laß uns lauschen!

Holdes Bitten, mild Verlangen,
Wie es süß zum Herzen spricht!   süß [schmecken] – spricht [hören]
Durch die Nacht, die mich umfangen,
Blickt zu mir der Töne Licht.   Blickt [sehen] – Töne [hören]
(C. Brentano)

Synekdoché, die

[griech. – die Mitaufnahme eines Ausdrucks in einem anderen]

Die Synekdoché ist mit der ↗Metonymie verwandt. Es gibt zwei Spielarten:

- Ein engerer Begriff steht für einen umfassenderen aus dem gleichen Bereich: – *Herd* für *Haus, ein schlauer Kopf* für *ein schlauer Mensch.* – Diese Spielart nennt man auch *Pars pro toto* (lat. – ein Teil für das Ganze).
- Der umfassendere Begriff steht für den engeren Begriff aus dem gleichen Bereich – *die Sterblichen* für *die Menschen* (sterblich sind aber nicht nur die Menschen) –.

Der Sinn der Synekdoché ist die Abwechslung im Ausdruck, um Wiederholungen zu vermeiden.

Ein Winterabend

Wenn der Schnee ans Fenster fällt,   Fenster
Lang die Abendglocke läutet,
Vielen ist der Tisch bereitet   Tisch
Und das Haus ist wohlbestellt.   Haus

Mancher auf der Wanderschaft	
Kommt ans Tor auf dunklen Pfaden.	Tor
Golden blüht der Baum der Gnaden	
Aus der Erde kühlem Saft.	
Wanderer tritt still herein;	
Schmerz versteinerte die Schwelle.	Schwelle
Da erglänzt in reiner Helle	
Auf dem Tische Brot und Wein.	Tisch
(G. Trakl)	

Das gastfreundliche Haus (gemeint ist im Sinne der ↗Metonymie: die gastfreundliche Familie) ist der umfassendere Begriff für die einzelnen Hinweise. Bezeichnend ist die doppelte Nennung von „Tisch"; dieses Wort steht auch in der letzten Zeile, die inhaltlich am wichtigsten ist.

Terzine, die

[ital. – aus lat. „tertius", der Dritte]

Die Terzine kommt aus der italienischen Renaissance-Dichtung. Sie ist eine dreizeilige ↗Strophe. Ihr ↗Versfuß ist der ↗Jambus. In der italienischen Dichtung hatte jede Zeile elf Silben. In der deutschen Dichtung ist das ↗Versmaß der jambische Fünfheber. Das häufigste Reimschema (vgl. ↗Reim) ist aba bcb cdc usw. Der ↗Endreim der mittleren Zeile wiederholt sich jeweils in der ersten und dritten Zeile der folgenden Strophe. Dadurch sind die einzelnen Strophen wie Glieder einer Kette miteinander verbunden. Die Kette endet, wenn der Mittelvers der letzten Strophe mit einem freistehenden Schlußvers reimt. Dieser Schlußvers ist meist auch inhaltlich hervorgehoben:

Wir sind aus solchem Zeug wie das zu Träumen,	a
Und Träume schlagen so die Augen auf	b
Wie kleine Kinder unter Kirschenbäumen,	a
Aus deren Krone den blaßgoldnen Lauf	b
Der Vollmond anhebt durch die große Nacht.	c
... Nicht anders tauchen unsre Träume auf,	b
Sind da und leben, wie ein Kind, das lacht,	c
Nicht minder groß im Auf- und Niederschweben	d
Als Vollmond, aus Baumkronen aufgewacht.	c
Das Innerste ist offen ihrem Weben;	d
Wie Geisterhände in versperrtem Raum	e
Sind sie in uns und haben immer Leben.	d
Und drei sind Eins: ein Mensch, ein Ding, ein Traum.	e
(H.v. Hofmannsthal, *Über Vergänglichkeit III*)	

Die Reimfolge kann von dem Grundmuster aber auch abweichen:

Noch spür ich ihren Atem auf den Wangen: a
Wie kann das sein, daß diese nahen Tage b
Fort sind, für immer fort, und ganz vergangen? a

Dies ist ein Ding, das keiner voll aussinnt, c
Und viel zu grauenvoll, als daß man klage: b
Daß alles gleitet und vorüberrinnt. c

Und daß mein eignes Ich, durch nichts gehemmt, d
Herüberglitt aus einem kleinen Kind c
Mir wie ein Hund unheimlich stumm und fremd. d

Dann: daß ich auch vor hundert Jahren war e
Und meine Ahnen, die im Totenhemd, d
Mit mir verwandt sind wie mein eignes Haar, e

So eins mit mir als wie mein eignes Haar. e
(H.v. Hofmannsthal, *Über Vergänglichkeit I*)

Trochäus, der
[griech. – laufend]

Der Trochäus ist ein antiker ↗Versfuß. Er besteht aus einer langen und einer kurzen Silbe. Nach antiker Zählung ergaben zwei Trochäen ein ↗Metrum. In der deutschen Nachbildung besteht er aus einer betonten und einer unbetonten Silbe (vgl. ↗Hebung, ↗Senkung): x́ x. Als Baustein des ↗Versmaßes wird er im Deutschen nach den Hebungen gezählt; in der Senkung können bisweilen auch zwei Silben stehen. In der deutschen Literatur taucht er vor allem in der Versform des trochäischen Vierhebers auf:

Meeresstille

Tiefe Stille herrscht im Wasser, x́ x x́ x x́ x x́ x
Ohne Regung ruht das Meer,
Und bekümmert sieht der Schiffer
Glatte Fläche rings umher.
Keine Luft von keiner Seite!
Todesstille fürchterlich!
In der ungeheuren Weite
Reget keine Welle sich.
(J.W. Goethe)

Umarmender Reim

Der Umarmende Reim ist ein ↗Endreim. Er bildet eine Vierergruppe, bei der das Reimpaar der zweiten und dritten Zeile von dem anderen Reim umschlossen wird:

Ich bin ein Mensch; doch bild ich mir nicht ein, a
Ich könnt im Dunkeln besser sehn als Eulen, b
Ich könnte lauter als die Wölfe heulen b
Und stärker als ein Löwe sein. (...) a
(J. Krüss, *Lied des Menschen*)

Unreiner Reim [siehe unter ↗Reiner Reim]

Vergleich, der

Ein Vergleich ist die bildliche (vgl. ↗Bild) Umschreibung oder Erklärung eines Sachverhaltes, um ihn zu veranschaulichen. Das, was erklärt werden soll, und das Vergleichsbild, mit dem das Gemeinte verdeutlicht wird, müssen eine vergleichbare Gemeinsamkeit – wenn auch auf unterschiedlicher Ebene – haben; sonst mißlingt der Vergleich oder er wird nicht verstanden. Meist wird ein Gedanke oder etwas sinnlich nicht Wahrnehmbares (Seele, Leben, Ewigkeit, usw.) in dem Vergleichsbild sinnlich erfaßt und gestaltet. Im Unterschied zur ↗Metapher ist im Vergleich das Verhältnis zwischen dem Sachverhalt und dem Vergleichsbild auch sprachlich ausformuliert, meist durch den Hinweis „wie", „als ob" oder ähnliches:

Er benahm sich wie ein Elefant im Porzellanladen.
Sie sprang über den Bach, als ob sie eine Gazelle wäre.
Sein Blick war kalt wie die Polarnacht.
Ich bin glücklich, so glücklich, als hätte ich das große Los gezogen.
Sie fühlten sich wie im siebten Himmel.

Der ausgeführte Vergleich ist in der ↗Lyrik seltener; meist haben wir es mit einem verkürzten Vergleich (Metapher) zu tun.

Mondnacht

Es war, als hätt der Himmel
Die Erde still geküßt,
Daß sie im Blütenschimmer
Von ihm nun träumen müßt.

Die Luft ging durch die Felder,
Die Ähren wogten sacht,
Es rauschten leis die Wälder,
So sternklar war die Nacht.

Und meine Seele spannte
Weit ihre Flügel aus,
Flog durch die stillen Lande
Als flöge sie nach Haus.
(J.v. Eichendorff)

Eichendorff vergleicht die Abendstimmung mit einer Liebesszene, er personifiziert seine Eindrücke: der Himmel ist der Bräutigam oder der Liebhaber, die Erde ist die glückliche Braut oder Geliebte (vgl. ↗Personifikation). Dieser Vergleich ist so alt wie die Dichtung. Aber diese Abendstimmung ist nur der Anlaß, um im übertragenem Sinne von der Bestimmung des Menschen zu sprechen; Eichendorff vergleicht die Seele mit einem Vogel, der in die Höhen aufsteigt, um in seine Heimat zurückzukehren. Der Vergleich wird deutlich als ein Gedankenspiel markiert; Eichendorff spricht im Konjunktiv: „Als flöge sie nach Haus."

Vers, der

[lat. – Furche, Zeile, Vers]

Die Herkunft (Etymologie) des lateinischen Wortes *versus* ist nicht ganz geklärt. Wahrscheinlich geht es nicht auf das Verbum *vertere* („Umwenden der Erde beim Pflügen") zurück, sondern auf *verrere* („Furchen ziehen"). Beide Erklärungen über die Herkunft des Wortes stehen sich aber inhaltlich sehr nahe; der Vers wird mit einer Ackerfurche verglichen. Wie eine einzelne Ackerfurche noch keinen Sinn hat, sondern erst mehrere gezogene Furchen den Acker für die Bebauung vorbereiten, so wird auch der Vers erst in Verbindung mit anderen Versen ein sinnvolles Gebilde: ein einzelner Vers ist – etwas überspitzt gesagt – noch kein Vers. Erst in der bewußt gestalteten Anordnung der Verse wird der einzelne Vers als Teil einer übergeordneten Struktur erkannt, wie auch mehrere Furchen erst das bearbeitete Feld erkennen lassen. Das Gemeinsame in diesem bildlichen Vergleich zwischen Vers und Ackerfurche ist das beiden Bereichen zugrundeliegende Ordnungsprinzip. Dieser Vergleich ist für die Erklärung von Form und Aufgabe sehr hilfreich. Zum einen: Die Furchen können nicht willkürlich über den Acker gezogen werden. Um Reihen zu bilden, auf denen angepflanzt werden kann, müssen sie sinnvoll zueinander angeordnet sein. Und sie haben sich den Bedingungen des Geländes anzupassen. Zum andern: Die Furchen können nicht einmal breit oder eng gezogen werden, sie müssen einander angepaßt oder zugeordnet sein. Ähnliches läßt sich auch über den Vers sagen. Wie der gepflügte Acker noch nicht das erntereife Feld ist, so kann auch der Vers nur die vorbereitende, die formale Bedingung für ein ↗Gedicht sein.

Der Vers ist eine gebundene Rede. Diese unterscheidet sich von der freien Redeweise (vgl. ↗Prosa) schon dadurch, daß sie nicht fortlaufend geschrieben ist, sondern jeweils in einer bestimmten Zeilenlänge. Diese graphisch gegliederte Anordnung, dieses Schriftbild, ist auch für den Vortrag wichtig; denn ↗Gedichte werden nicht nur gelesen, sondern auch gehört.

Die Verse haben eine bestimmte Länge, die sich entsprechend wiederholt oder innerhalb einer Strophe abwechselt. Es gibt einfache und sehr kunstvoll gegliederte Strophen und Gedichte.

Der Vers ist gekennzeichnet durch die Anzahl seiner ↗Hebungen, die regelmäßig wiederkehren. Die ↗Senkungen können einfach oder mehrfach gefüllt werden. Dies gilt vor allem für den deutschen Vers, für den der ↗Akzent wichtig ist. In der Antike zählte man nach Längen und Kürzen. In den romanischen Sprachen herrscht die Silbenzählung vor (vgl. ↗Metrum).

Verse können mit einer betonten oder einer unbetonten Silbe beginnen (vgl. ↗Auftakt). Dies hat Einfluß auf den ↗Versfuß, das ↗Metrum und das ↗Versmaß. Verse, die mit einer Senkung beginnen, bestehen meistens aus ↗Jamben. Verse, die mit einer Hebung beginnen, bestehen meistens aus ↗Trochäen.

Verse enden mit einer betonten oder unbetonten Silbe (vgl. ↗Kadenz). Für die Abfolge innerhalb einer Strophe gibt es verschiedene Kombinationsmöglichkeiten, die bei gereimten Gedichten von der Art des ↗Reims abhängen.

Der metrische Ablauf des Verses ist nicht nur durch regelmäßig wiederkehrende Hebungen und Senkungen strukturiert, sondern auch durch Pausen (vgl. ↗Zäsur) und Sprechblöcke (vgl. ↗Kolon), die nach einem erkennbaren System auftreten. Diese „Markierungen" beeinflussen auch die Satzstruktur der gebundenen Rede.

Das Versende ist nicht nur ein optischer oder graphischer Einschnitt im Schriftbild, es ist auch ein akustischer Einschnitt im Redefluß. Oft endet der Satz oder ein abgeschlossener Satzteil, der eine Sprechpause zuläßt, mit dem Versende. Punkt oder Komma unterstreichen den Einschnitt.

Der reine Zeilenstil – d.h. die Übereinstimmung von Verslänge und Satzlänge – kann eintönig wirken oder einfach wie im ↗Volkslied. In kunstvolleren Versgestaltungen „springt" der Satz über das Versende in die nächste Zeile (vgl. ↗Enjambement); dies erzeugt eine Spannung zwischen formalem Versbau und Satzmelodie.

Die Betonung der Wörter und Satzglieder und des Inhalts kann zwar nicht dem Versmaß zuwiderlaufen – dadurch würde eine unnatürliche und holprige Sprechweise entstehen –, durch die Möglichkeit aber, zwischen einem Hauptton und einem Nebenton zu unterscheiden, können die einzelnen Hebungen im Vers entsprechend dem Wortakzent und dem Sinnakzent abgestuft werden. Der lebendige ↗Rhythmus des Redeflusses überlagert das formale, starre Versschema. Wer sich beim Gedichtvortrag nur an das Versschema hält und nicht auch an den Sinn des Gesagten denkt, gerät schnell ins „Herunterleiern". Sinnakzent und Versakzent dürfen sich zwar nicht stören – d.h. eine wichtige Wort- oder Sinnbetonung kann nicht in einer Senkung stehen –, wohl aber kann der Versakzent etwas zurückgenommen werden, wenn der Wortsinn nicht so gewichtig ist. Man spricht dann von der „schwebenden" Betonung.

Wenn man von Versen und Gedichten spricht, denkt man sofort an den ↗Reim. Den Dichtern der Antike aber war er unbekannt; und auch heute gibt es noch reimlose Gedichte, sogar immer häufiger (vgl. ↗Freie Rhythmen). Der ↗Endreim, die häufigste Reimform, kam erst im Mittelalter auf. Durch den Reim werden mehrere Verse miteinander verbunden. Die einfachste Form ist der ↗Paarreim; es gibt aber auch kunstvollere Kombinationen, die sich über die Strophe oder das ganze Gedicht erstrecken. Das Reimschema ist ein zusätzliches formales Strukturelement der ↗Lyrik. Es kann auch zu einem „Zwang" werden, wenn einem die Reimwörter fehlen: „Reim dich, oder ich freß dich!" Je weniger dieser Zwang hörbar ist und auffällt, desto besser das Gedicht.

Versfuß, der

Der Versfuß ist der kleinste Baustein für das ↗Metrum und das ↗Versmaß. In der antiken↗ Metrik wurde der Versfuß nach Längen und Kürzen beschrieben, in der deutschen Verslehre wird er nach betonten und unbetonten Silben, nach ↗Hebung und ↗Senkung beschrieben. Wir verwenden aber trotzdem noch die antiken Bezeichnungen. Die häufigsten Versfüße sind der ↗Jambus, der ↗Trochäus und der ↗Daktylus; seltener ist im Deutschen der ↗Anapäst.

Versmaß, das

Das Versmaß ist eine geordnete Kombination von ↗Versfüßen bzw. ↗Metren, die den Charakter des ↗Verses bestimmt und sich in geregelter Weise wiederholt. Die Verse können entweder durchgehend gleich gebaut sein (vgl. ↗Hexameter und ↗Alexandriner) oder innerhalb einer ↗Strophe unterschiedlich strukturiert sein. Das antike Versmaß wurde nach der Abfolge und Anzahl der Längen und Kürzen gemessen. Im Deutschen bestimmt die Anzahl und Anordnung der betonten Silben (vgl. ↗Hebung, ↗Akzent) das Versmaß. In den romanischen Sprachen wird meistens nach der Anzahl der Silben gezählt. Da die deutsche Verslehre von der antiken Verslehre beeinflußt ist, gibt es in der Bestimmung des Versmaßes Überschneidungen von Silbenzählung und Beschreibung nach den Hebungen. Die Füllung der Senkungen ist im deutschen Vers nicht streng geregelt; es besteht eine gewisse Füllungsfreiheit. Verse, die mit einer unbetonten Silbe beginnen, bestehen meistens aus ↗Jamben. Verse, die mit einer betonten Silbe beginnen, bestehen meistens aus ↗Trochäen oder – bei regelmäßiger Doppelfüllung in den Senkungen – aus ↗Daktylen. Dies ist aber – besonders bei unregelmäßiger Füllung der Senkungen – nicht immer genau zu bestimmen. Wichtig ist für den deutschen Vers die Anzahl der Hebungen. Wortakzent bzw. Sinnakzent und Betonung im Versmaß sollten jeweils übereinstimmen, damit das Versmaß nicht holprig wirkt. Für die Bestimmung des Versmaßes ist auch das Versende von einiger Bedeutung; denn die Verse können betont oder unbetont enden (vgl. ↗Kadenz).

Zwei Beispiele für die Bestimmung des Versmaßes:

I. Kleine Blumen, kleine Blätter
x́ x x́ x x́ x x́ x
Streuen mir mit leichter Hand
x́ x x́ x x́ x x́
Gute junge Frühlingsgötter
x́ x x́ x x́ x x́ x
tändelnd auf ein luftig Band. (...)
x́ x x́ x x́ x x́
(J.W. Goethe, *Mit einem gemalten Band*)

Die Strophe besteht aus vier Zeilen mit jeweils vier Hebungen. Alle Verse beginnen mit einer betonten Silbe (Hebung). Das Versmaß besteht aus Trochäen, die in der Senkung gleichmäßig gefüllt sind. Zwei Zeilen enden betont, die vom Versmaß gedachte letzte Senkung fällt aus. Wir können dieses Versmaß als trochäischen Vierheber bestimmen.

II. In einem kühlen Grunde
x x́ x x́ x x́ x
da geht ein Mühlenrad,
x x́ x x́ x x́
Mein Liebste ist verschwunden,
x x́ x x́ x x́ x
Die dort gewohnet hat. (...)
x x́ x x́ x x́
(J.v. Eichendorff, *Lied*)

Die Strophe besteht aus vier Zeilen mit jeweils drei Hebungen. Alle Verse beginnen mit einer unbetonten Silbe (Senkung). Das Versmaß besteht aus Jamben. Zwei Zeilen enden über die letzte Hebung hinaus mit einer zusätzlichen unbetonten Silbe. Wir können dieses Versmaß als jambischen Dreiheber bestimmen.

Volksballade, die

Volksballaden sind mündlich überlieferte ↗Balladen; ihre Verfasser sind nicht mehr namentlich bekannt; vielleicht hat sich im Laufe der Überlieferung auch der Text verändert. Ende des 18. Jahrhunderts begann man, sie zu sammeln. Die Volksballaden gehen zum Teil auf ältere Heldenlieder und Heldenepen zurück. Dies ist nicht nur am Inhalt, sondern auch an der Strophenform (vgl. ↗Nibelungenstrophe, ↗Volksliedstrophe) zu erkennen. Volksballaden können vereinfachte Nacherzählungen älterer literarischer Werke sein. Ihr Erzählstoff kann aber auch aus Sage, Legende, Märchen, Schwank usw. kommen. Ein gemeinsames Merkmal ist der unkomplizierte Aufbau und der einfache Satzbau.

Der Rattenfänger von Hameln

Wer ist der bunte Mann im Bilde?
Er führet Böses wohl im Schilde,
Er pfeift so wild und so bedacht;
Ich hätt mein Kind ihm nicht gebracht!

In Hameln fochten Mäus und Ratzen
Bei hellem Tage mit den Katzen,
Es war viel Not; der Rat bedacht,
Wie andre Kunst zuweggebracht.

Da fand sich ein der Wundermann,
Mit bunten Kleidern angetan,
Pfiff Ratz und Mäus zusamm ohne Zahl,
Ersäuft sie in der Weser all.

Der Rat will ihm dafür nicht geben,
Was ihm ward zugesagt soeben;
Sie meinten, das ging gar zu leicht
Und wär wohl gar ein Teufelsstreich.

Wie hart er auch den Rat besprochen,
Sie dräuten seinem bösen Pochen,
Er konnt zuletzt vor der Gemein
Nur auf dem Dorfe sicher sein.

Die Stadt, von solcher Not befreiet,
Im großen Dankfest sich erfreuet,
Im Betstuhl saßen alle Leut,
Es läuten alle Glocken weit.

Die Kinder spielten in den Gassen,
Der Wundermann durchzog die Straßen,
Er kam und pfiff zusamm geschwind
Wohl auf ein hundert schöne Kind.

Der Hirt sie sah zur Weser gehen,
Und keiner hat sie je gesehen,
Verloren sind sie an dem Tag
Zu ihrer Eltern Weh und Klag.

Im Strome schweben Irrlicht nieder,
Die Kindlein frischen drin die Glieder,
Dann pfeifet er sie wieder ein,
Für seine Kunst bezahlt zu sein.

Ihr Leute, wenn ihr Gift wollt legen,
So hütet doch die Kinder gegen,
Das Gift ist selbst der Teufel wohl,
Der uns die lieben Kindlein stohl.

(nach mündlicher Überlieferung aus *Des Knaben Wunderhorn*)

Viele Dichter haben später aus Begeisterung für die Volksballade diesen schlichten Ton nachgeahmt.

Der König in Thule

Es war ein König in Thule
Gar treu bis an das Grab,
Dem sterbend seine Buhle
Einen goldnen Becher gab.

Es ging ihm nichts darüber,
Er leert' ihn jeden Schmaus;
Die Augen gingen ihm über,
Sooft er trank daraus.

Und als er kam zu sterben,
Zählt' er seine Städt' im Reich,
Gönnt' alles seinem Erben,
Den Becher nicht zugleich.

Er saß beim Königsmahle,
Die Ritter um ihn her,
Auf hohem Vätersaale
Dort auf dem Schloß am Meer.

Dort stand der alter Zecher,
Trank letzte Lebensglut
Und warf den heilgen Becher
Hinunter in die Flut.

Er sah ihn stürzen, trinken,
Und sinken tief ins Meer.
Die Augen täten ihm sinken;
Trank nie einen Tropfen mehr.
(J.W. Goethe)

Volkslied, das

Die Bezeichnung Volkslied geht auf Johann Gottfried Herder (1744 – 1803) zurück. Herder hatte den jungen Goethe während des gemeinsamen Studienaufenthaltes in Straßburg dafür gewonnen, in die Dörfer zu reiten und die Lieder, die man dort abends gemeinsam sang, aufzuzeichnen. Die Verfasser der Volkslieder sind unbekannt. Die Texte, die man gemeinsam sang, wurden von Generation zu Generation mündlich weitergegeben und auch verändert oder um neue Strophen ergänzt. Zum Teil haben sie eine lange Geschichte hinter sich, die bis ins hohe Mittelalter zurückreicht. Herder und nach ihm die Romantiker sahen in der Volksdichtung das unverfälschte Gegenstück zur Kunstdichtung; sie meinten, daß die Volkslieder unmittelbar aus dem Volk kämen, daß sie noch „natürlich" und nicht „künstlich" seien. Das stimmt und stimmt auch nicht. Zwar erzählen die Volkslieder von den Sorgen und Nöten, von den Freuden und Festen des einfachen Volkes, und auch Kritik an den hohen Herren ist zu hören, – aber schon die Herkunft der ↗Volksliedstrophe zeigt, wie eng die Kunstdichtung und die sogenannte Volksdichtung miteinander verbunden sind. Aus Begeisterung für die Volksdichtung – vor allem zur Zeit der Romantik zu Beginn des 19. Jahrhunderts – haben viele Dichter diesen „Volksliedton" nachempfunden, und manches ihrer Gedichte ist selbst wieder zum Volkslied geworden:

Das zerbrochene Ringlein

In einem kühlen Grunde,
Da geht ein Mühlenrad,
Mein Liebste ist verschwunden,
Die dort gewohnet hat.

Sie hat mir Treu versprochen,
Gab mir ein'n Ring dabei,
Sie hat die Treu gebrochen,
Mein Ringlein sprang entzwei.

Ich möcht als Spielmann reisen
Weit in die Welt hinaus,
Und singen meine Weisen,
Und gehn von Haus zu Haus.

Ich möcht als Reiter fliegen
Wohl in die blutge Schlacht,
Um stille Feuer liegen
Im Feld bei dunkler Nacht.

Hör ich das Mühlrad gehen;
Ich weiß nicht, was ich will –
Ich möcht am liebsten sterben,
Da wärs auf einmal still!
(J.v. Eichendorff)

Volksliedstrophe, die

Die Volksliedstrophe ist aus der ↗Nibelungenzeile und ↗Nibelungenstrophe entstanden. Sie ist – in ihrer häufigsten Form – eine vierzeilige ↗Strophe. Die ↗Verse sind jambische Dreiheber (vgl. ↗Jambus, ↗Versmaß) mit ↗Kreuzreim; sie enden abwechselnd weiblich und männlich (vgl. ↗Kadenz). Die ↗Senkungen können sehr frei gefüllt werden. Wortwahl und Satzbau sind einfach. Mit dem Versende fällt meist auch eine Pause im Satz zusammen (vgl. ↗Kolon). Die Volksliedstrophe findet sich nicht nur im ↗Volkslied. Seit Herders und Goethes Begeisterung für die Volksdichtung haben Dichter immer wieder im „Volksliedton" gedichtet:

Ich weiß nicht, was soll es bedeuten,	a	weiblich	
Daß ich so traurig bin;	b	männlich	Kreuzreim
Ein Märchen aus alten Zeiten,	a	weiblich	
Das kommt mir nicht aus dem Sinn.	b	männlich	

Die Luft ist kühl und es dunkelt,
Und ruhig fließt der Rhein; — Jambische Dreiheber
Der Gipfel des Berges funkelt
Im Abendsonnenschein.

Die schönste Jungfrau sitzet Dort oben wunderbar, Ihr gold'nes Geschmeide blitzet, Sie kämmt ihr goldenes Haar.	Vierzeiler
Sie kämmt es mit goldenem Kamme, Und singt ein Lied dabei; Das hat eine wundersame Gewaltige Melodei.	Zusammenfall von Versende und Satz- oder Sinnpause
Den Schiffer im kleinen Schiffe Ergreift es mit wildem Weh; Er schaut nicht die Felsenriffe, Er schaut nur hinauf in die Höh'.	Unreiner Reim: Weh/Höh'
Ich glaube, die Wellen verschlingen Am Ende Schiffer und Kahn; Und das hat mit ihrem Singen Die Lore-Ley getan. (H. Heine)	

Zu diesem Grundmuster gibt es viele Varianten; z.B. ↗Trochäus, vier Hebungen:

Markt und Straßen stehn verlassen,
Still erleuchtet jedes Haus,
Sinnend geh ich durch die Gassen,
Alles sieht so festlich aus. (...)
(J.v. Eichendorff, *Weihnachten*)

↗Paarreim:

In Hameln fochten Mäus und Ratzen
Bei hellem Tage mit den Katzen,
Es war viel Not; der Rat bedacht,
Wie andre Kunst zuweggebracht. (...)
(*Der Rattenfänger von Hameln* aus *Des Knaben Wunderhorn*)

Waise, die

Die Waise ist eine reimlose, „verwaiste" Verszeile innerhalb gereimter Verse (vgl. ↗Endreim). Durch ihre Sonderstellung fällt sie auf; ihr Inhalt wird hervorgehoben.

Es ist ein Ros entsprungen	a
aus einer Wurzel zart.	b
Wie uns die Alten sungen,	a
aus Jesse kam die Art,	b
und hat ein Blümlein bracht	c
mitten im kalten Winter	Waise
wohl zu der halben Nacht.	c
Das Röslein, das ich meine,	
davon Isaias sagt:	
Maria ist's, die Reine,	
die uns das Blümlein bracht.	
Aus Gottes ew'gem Rat	
hat sie ein Kind geboren	Waise
und blieb doch reine Magd.	

(Weihnachtslied, 16. Jahrhundert)

In beiden Waisen wird von etwas Erstaunlichem, Wunderbarem berichtet: die Blume mitten im Winter, die Geburt des Gottessohnes.

Zäsur, die

Die Zäsur ist ein vom ↗Versmaß geforderter, regelmäßig wiederkehrender Einschnitt im Vers. Durch diese Pause wird das ↗Metrum getrennt oder unterbrochen. Am deutlichsten ist die Zäsur als formales Strukturelement beim ↗Alexandriner zu erkennen:

Ihr Honigvögelein, die ihr von den Violen
x x́ x x́ x x́ // x x́ x x́ x x́ x
Und Rosen abgemeit den wundersüßen Saft,
x x́ x x́ x x́ // x x́ x x́ x x́
Die ihr dem grünen Klee entzogen seine Kraft,
Die ihr das schöne Feld so oft und viel bestohlen. (...)
(M. Opitz, *An die Bienen*)

Wenn ständig das Ende einer Sprecheinheit (vgl. ↗Kolon) mit der Zäsur zusammenfällt, wenn ↗Rhythmus und Versmaß sich nicht unterscheiden, kann ein Gedicht sehr gleichförmig und schwerfällig wirken.

Zeilensprung [siehe unter ↗Enjambement]

Quellenverzeichnis

Vorbemerkung: Kurzzitate (d.h. Auszüge aus Gedichten) werden nach gängigen Ausgaben zitiert, die nicht im einzelnen genannt werden.

S. 8: *Der Kirschdieb* aus: B. Brecht, Gesammelte Werke, Band 9, (Frankfurt: Suhrkamp Verlag, 1967); S. 11: *Nachts* aus: Joseph von Eichendorff, Werke (München: Carl Hanser, 1972); S. 18: *Katharina* aus: Die Stadt der Kinder, hg. von Hans-Joachim Gelberg (Recklinghausen: Georg Bitter, 1975); S. 20: *Leute* aus: Ich und du und die ganze Welt, hg. von Gertraud Middelhauve (Köln: G. Middelhauve, 1979); S. 22: *An einem Tag* aus: Geh und spiel mit dem Riesen, hg. von Hans-Joachim Gelberg (Weinheim: Verlag Beltz und Gelberg, 1971); S. 24: *Vom unordentlichen Max* aus: Die schönsten deutschen Kindergedichte, hg. von Herbert Heckmann (München: Carl Hanser, 1977); S. 26: *Nachmittag* aus: Gedichte für Anfänger, hg. von Joachim Fuhrmann, (Reinbek: Rowohlt, 1980); S. 29: *Lügenmärchen* aus: Allerleirauh, hg. von Hans Magnus Enzensberger (Frankfurt: Suhrkamp, 1961); S. 31: *Die vertauschten Wörter* aus: Allerleirauh; S. 32: *Verkehrte Welt* aus: Allerleirauh; S. 33: Nasobēm aus: Chr. Morgenstern, Gesammelte Werke (München: Piper, 1950); S. 34: *Der Abend im Frack* aus: Gedichte für Anfänger; S. 37: *An den Mond* aus: J. W. von Goethe, Werke (München: C.H. Beck, 1974); S. 40: *Der Mond* aus: M.L. Kaschnitz, Gesammelte Werke (Frankfurt: Insel, 1985); S. 43: *Der Mond kommt jetzt sehr früh herauf* aus: G. Britting, Gedichte (München, Nymphenburger Verlagsbuchhandlung, 1967); S. 45: *Vorfrühling* aus: Hugo von Hofmannsthal, Gedichte (Frankfurt: Insel, 1976); S. 48: *Kurzes Unwetter* aus: Herz tröste dich. Poesie für jeden Tag, hg. von K. Rühm (Freiburg: Herder, 1984); S. 50: *Herbstbild* aus: Fr. Hebbel, Werke (Darmstadt: Wissenschaftliche Buchgesellschaft, 1965); S. 51: *Vereinsamt* aus: Fr. Nietzsche, Gedichte (Stuttgart: A. Kröner, o. J.), S. 55: *Natur* aus: L. Fels, Ernüchterung (München: G. Renner, 1975); S. 57: *Augen in der Großstadt* aus: Kurt Tucholsky, Gesammelte Werke, Bd. 3 (Reinbek: Rowohlt, 1960); S. 60: *Blauer Abend in Berlin* aus: O. Loerke, Gedichte und Prosa (Frankfurt: Suhrkamp, 1958); S. 61: *Im Schatten der Hochhäuser* aus: J. Becker, Erzähl mir nichts vom Krieg (Frankfurt: Suhrkamp, 1977); S. 63: *Weg zum Bahnhof* aus: G. Eich, Gesammelte Werke (Frankfurt: Suhrkamp, 1973); S. 66: *Erlkönig* aus: Goethe, Werke; S. 70: *Erlkönigs Tochter* aus: Herders Werke (Leipzig: Bibliographisches Institut, o.J.); S. 72: *Der Ring des Polykrates* aus: Der Deutsche Balladenschatz, hg. von Georg von Turnitz (München: Heyne, [5]1981); S. 75: Auszug aus Herodot aus: Herodot, Historien (Stuttgart: A. Kröner, 1955); S. 81: *Der Handschuh* aus: F. Schiller, Gedichte, Erzählungen (Frankfurt: Insel, 1966); S. 87: *Das Riesenspielzeug* aus: Das große deutsche Balladenbuch (Königstein/Ts: Athenäum, 1978); S. 91: *Schelm von Bergen* aus: H. Heine, Werke (Wiesbaden: R. Löwit, o.J.); S. 96: *Das Lied vom braven Hund* aus: Warum weinst du, holde Gärtnersfrau? (München: Franz Ehrenwirth, 1959); S. 99: *John Maynard* aus: Th. Fontane, Ausgewählte Werke (Leipzig: Philipp Reclam jun., o.J.); S. 103: *Kinderkreuzzug* aus: Brecht, Gesammelte Werke, Band 10; S. 112: *Welle der Nacht* aus: Gottfried Benn, *Statische Gedichte* © 1948, 1983 by Arche Verlag AG, Raabe + Vitali, Zürich; S. 113: *August* aus: Storms Werke (Berlin: Aufbau-Verlag, 1979); S. 114: *Es ist alles eitel* aus: Das Zeitalter des Barock (München: C.H. Beck, 1968); S. 115: *An die Parzen* aus: Fr. Hölderlin, Sämtliche Werke (Frankfurt: Insel, 1965); *Die Heimat*, ibid.; S. 116: *Der glückliche Garten* aus: P. Huchel, Die Sternenreuse, Gedichte 1925-1947 (München: Piper, 1967); S. 119: *Mignon* aus: Goethe, Werke; S. 122: *Western Ballade* aus: D. Süverkrüp, Da habt Ihr es! (Hamburg: Hoffmann und Campe, 1968); *Die Moritat vom kühnen Adolph* aus: Bänkelsang und Moritat (Stuttgart: Katalog der Ausstellung der Staatsgalerie, 1975); S. 124. *Der Radwechsel* aus: Brecht, Gesammelte Werke, Band 10; *Ostia antica* aus: M.L. Kaschnitz, Gesammelte Werke, Band 5 (Frankfurt: Insel, 1985); S. 125: *Baumgedicht* aus: P. Maar, Onkel Florians fliegender Flohmarkt (Hamburg: Oetinger, 1977); S. 126: *Der Ball* aus: R. Wolf, Punkt ist Punkt, Fußball-Spiele (Frankfurt: Suhrkamp, 1971); S. 129: *Mein blaues Klavier* aus: E. Lasker-Schüler, Gesammelte Werke, Band 1 (München: Kösel, 1961); S. 130: *Der Panther* aus: R.M. Rilke, Werke in drei Bänden (Frankfurt: Insel, 1966); S. 131: *Komm in den totgesagten Park* aus: St. George, Werke in zwei Bänden. hg. von Robert Boehringer (Stuttgart: Klett-Cotta, 4. Aufl. 1984); S. 132: *Die Beiden* aus: H.v. Hofmannsthal, Ausgewählte Werke in zwei Bänden, Band 1 (Frankfurt: S. Fischer, 1957); S. 133: *Die Sänger der Vorwelt* aus: Schillers Werke (Frankfurt: Insel, 1966); S. 134: *Elegie von Abschied und Wiederkehr* aus: C. Zuckmayer, Gedichte (Frankfurt: S. Fischer, 1977); S. 137: *Gefunden* aus: Goethe, Werke; S. 138: *Der römische Brunnen* aus: C.F. Meyer, Sämtliche Werke (Bern: Benteli, 1963); *An die Gesetzgeber* aus: Schillers Werke; *Außer diesem Stern* aus: Brecht, Gesammelte Werke; S. 140: *Prometheus* aus: Goethe, Werke; S. 142: *Hoffnung* aus: Fr. Schiller, Dramen und Gedichte (Stuttgart: E. Schreiber, 1955); *Sensible Wege* aus: R. Kunze, Sensible Wege (Reinbek: Rowohlt, 1967); S. 144: *Ghasel* aus: H.v. Hofmannsthal, Ausgewählte Werke; S. 145: *Gesang der Geister über den Wassern* aus: Goethes Werke; S. 146: *Weltende* aus: J.v. Hoddis, Dichtungen und Briefe (Zürich: Arche, 1987); S. 147: *Der Werwolf* aus: Chr. Morgenstern, Alle Galgenlieder (Berlin: Bruno Cassirer, 1932); *Septembermorgen* aus: E. Mörike, Sämtliche Werke (München: Carl Hanser, 1964); S. 148: *Früher, da ich unerfahren* aus: W. Busch, Narrheiten und Wahrheiten (Frankfurt: Büchergilde Gutenberg, 1959); *In fünfzig Jahren ist alles vorbei* aus: O. Reutter, Unsterbliche Otto-Reutter-Vorträge (Darmstadt: Otto Teich, o.J.); S. 149: *Kinderlied* aus: G. Grass, Gesammelte Gedichte (Neuwied: Luchterhand, 1971); S. 153: *Zwei Knaben stiegen auf einen Baum* aus: K. Valentin, Gesammelte Werke anderer Teil (München: Piper, 1969); S. 154: *Alle Menschen groß und klein* aus: Goethes Werke; S. 155: *Die Teilung der Erde* aus: Schillers Werke; S. 156: *Amerika* aus: Kitsch-Lexicon von A bis Z (Gütersloh: Bertelsmann, 1972); S. 157: *schweigen* aus: E. Gomringer, worte sind schatten (Reinbek: Rowohlt, 1969); *Lichtung* aus: E. Jandl, Laut und Luise (Olten: Walter, 1966), © Luchterhand; *man muß was tun* aus: Fr. Mon, Lesebuch (Neuwied: Luchterhand, 1967); S. 158: *Die Brück' am Tay* aus: Th. Fontane, Sämtliche Werke, Band 20 (München: Nymphenburger Verlagsbuchhandlung); S. 160: *Das Grab am Busento* aus: A.v. Platen, Werke (Leipzig: Bibliographisches Institut, o.J.); S. 161: *Wiegenlied* aus: C.v. Brentano, Gedichte und Erzählungen (Berlin: Union Verlag, 1978); S. 162: *auf dem land* aus: E. Jandl, Laut und Luise; *Leberreime* aus: Deutsche Unsinnspoesie (Stuttgart: Reclam 1978); S. 163: *Über den Frieden* aus: Brecht, Gesammelte Werke, Band 10; S. 165: *Wünschelrute* aus: Eichendorff, Werke; *Ein Wort* aus: Gottfried Benn, *Statische Gedichte* © 1948, 1983 by Arche Verlag AG, Raabe + Vitali, Zürich; *Sommerbild* aus: Hebbels Werke (Leipzig: Bibliographisches Institut, o.J.); S. 166: *Denk es, o Seele* aus: E. Mörike, Sämtliche Werke; S. 167: *Abendlied* aus: G. Keller, Sämtliche Werke (München: Carl Hanser, 1979); S. 168: *Todesfuge* aus: P. Celan, Gedichte in zwei Bänden (Frankfurt: Suhrkamp, 1975); S. 169: *Fragen eines lesenden Arbeiters* aus: Brecht, Gesammelte Werke, Band 9; S. 172: *Was ein Kind gesagt bekommt* aus: ibid.; S. 173: *Reklame* aus: I. Bachmann, Gesammelte Werke, Band 1 (München: Piper, 1978); S. 174: *Mailied* aus: Goethes Werke; S. 175: *Im Sommer* aus: S. Kirsch, Rückenwind (Berlin: Aufbau-Verlag, 1976); S. 176: *Unterwegs nach Utopia II* aus: G. Kunert, Unterwegs nach Utopia, Gedichte (München: Carl Hanser, 1977); *Natur-Gedicht* aus: J. Becker, Das Ende der Landschaftsmalerei (Frankfurt: Suhrkamp, 1974); S. 178: *Das große Lalula* aus: Chr. Morgenstern, Gesammelte Werke (München: Piper, 1965); S. 179: *Wenn die Möpse Schnäpse trinken* aus: J. Krüss, James' Tierleben (München: Annette Betz, 1965); S. 180: *Blödsinnverse* aus: K. Valentin, Der gesammelten Werke anderer Teil; S. 182: *An die Hoffnung* aus: Fr. Hölderlin, Sämtliche Werke; S. 183: *Der König Erl* aus: Das große Heinz Erhardt Buch (Goldmann TB 6678); *Über allen Gipfeln* aus: Goethe, Werke; S. 184: *Heimatlied* aus: G. Kalow, Erdgaleere (München: Piper, 1969); S. 185: *Er ist's* aus: E. Mörike, Sämtliche Werke; S. 186: *Das Finkennest* aus: Das große Heinz Erhardt Buch; S. 187: *Kennst du das Land, wo die Kanonen blühn?* aus: Kästner für Erwachsene (Zürich: Atrium, 1966); S. 188: *Kälbermarsch* aus: Brecht, Gesammelte Werke, Band 5; *Herrschaftsfreiheit* aus: E. Fried, Beunruhigungen (Berlin: Klaus: Wagenbach, 1984); S. 189: *Die mauer* aus: Reiner Kunze, Grenzfallgedichte, hg. von A. Chiarloni u. H. Pankoke (Berlin: Aufbau-Verlag, 1991); *Einer jener klassischen* aus: R.D. Brinkmann, Westwärts 1 & 2 (Reinbek: Rowohlt, 1975); S. 190: *Der Rauch* aus: Brecht, Gesammelte Werke, Band 10; S. 191: *Ich stehe am Fließband* aus: M. Schreiber, Ein Steinbock steht im Zimmer (Neuwied: Luchterhand, 1967); S. 192: *Heidenröslein* aus: Goethe, Werke; *Weißt du, wie viel Sterne stehen* aus: Deutsche Lieder (Frankfurt: Insel, 1980); S. 194: *Wünschelrute* aus: Eichendorff, Werke; *Was einer ist, was einer war* aus: H. Carossa, Gesammelte Werke, Band 1 (Frankfurt: Insel 1978); S. 195: *Leise zieht durch mein Gemüt* aus: H. Heine, Werke; S. 197: *Der frohe Wandersmann* aus: Eichendorff, Werke; *Willkommen und Abschied* aus: Goethe, Werke; S. 198: *Der Bauer* aus: G.A. Bürger, Gedichte, Deutsche National-Literatur 78 (Berlin 1883); S. 199: *Die Vögel warten im Winter vor dem Fenster* aus: Brecht, Gesammelte Werke, Band 10; S. 202: *Die Entwicklung der Menschheit* aus: E. Kästner, Gesang zwischen den Stühlen (Zürich: Atrium, 1932); *Lob der Faulheit* aus: G.E. Lessing, Gesammelte Werke (Berlin: Aufbau-Verlag, 1954); S. 203: *O unberachenbere Schreibmischane* aus: J. Guggenmos, Was denkt die Maus am Donnerstag (Recklinghausen: Georg Bitter, 1967); *Gruselett* aus: Morgenstern, Alle Galgenlieder; S. 204: *Abendlied* aus: M. Claudius, Werke (Stuttgart: J.G. Cotta'sche Buchhandlung, 1962); S. 206: *Was ist die Welt?* aus: H.v. Hofmannsthal, Gedichte und lyrische Dramen (Frankfurt: S. Fischer, 1952); S. 208: *Die Stadt* aus: Th. Storm, Werke (Stuttgart: J.G. Cotta'sche Buchhandlung, o.J.); *Juni* aus: M.L. Kaschnitz, Überallnie (Hamburg: Claasen, 1965); S. 210: *Die antenne* aus: R. Kunze, Sensible Wege; S. 211: *Abendständchen* aus: C. Brentano, Werke; *Ein Winterabend* aus: G. Trakl, Dichtungen und Briefe (Salzburg: Otto Müller, 1969); S. 212: *Wir sind aus solchem Zeug wie das zu Träumen* aus: H.v. Hofmannsthal, Ausgewählte Werke; S. 213: Meeresstille aus: Goethe, Werke; S. 214: *Mondnacht* aus: Eichendorff, Werke; S. 219: *Der König in Thule* aus: Goethe, Werke; S. 220: *Das zerbrochene Ringlein* aus: Eichendorff, Werke; *Ich weiß nicht, was soll es bedeuten* aus: H. Heine, Werke.